牧野文化研究 | 赫兴无 —— 著

牧野地理

李景旺 / 主编

李金玉　聂好春 / 副主编

中国社会科学出版社

图书在版编目（CIP）数据

牧野地理 / 赫兴无著. —北京：中国社会科学出版社，2020.10
（牧野文化研究）
ISBN 978-7-5203-7149-0

Ⅰ.①牧… Ⅱ.①赫… Ⅲ.①新乡—概况 Ⅳ.①K926.13

中国版本图书馆CIP数据核字（2020）第 169119 号

出 版 人	赵剑英
责任编辑	张 浩
责任校对	张爱华
责任印制	李寡寡

出　　版	中国社会科学出版社
社　　址	北京鼓楼西大街甲158号
邮　　编	100720
网　　址	http://www.csspw.cn
发 行 部	010-84083685
门 市 部	010-84029450
经　　销	新华书店及其他书店

印　　刷	北京明恒达印务有限公司
装　　订	廊坊市广阳区广增装订厂
版　　次	2020年10月第1版
印　　次	2020年10月第1次印刷

开　　本	710×1000　1/16
印　　张	19.25
字　　数	315千字
定　　价	116.00元

目　录

新 乡 赋

——《牧野文化研究丛书》代序

王国钦

　　新乡，是中华文明发祥地之一，新石器时期就有先民在此活动。新乡古称鄘国，春秋隶卫，战国属魏，汉为获嘉，自隋文帝开皇六年（586）置县，至今已1400余年。1949年5月7日和平解放，1949年8月至1952年11月曾为平原省省会。其建制、区划屡更，现辖两市、四区、六县。近年来，荣获了全国文明城市、国家卫生城市、国家园林城市、国家森林城市、中国最佳平安城市、中国优秀旅游城市、中国竞争力百强城市、中国十佳和谐可持续发展城市、《福布斯》中国大陆最佳商业城市、中国金融生态城市等光荣称号。2011年，新乡成为中原经济区中原城市群核心城市之一，2016年5月，新乡成为国家自主创新示范区。

　　新乡者，古来兵家必争之乡也。战鸣条而伐无道，终夏桀而起商汤；征牧野而绾恶纣，盟诸侯而成周武——其故事众所皆知也。围魏救赵，孙膑大败庞涓于桂陵；决战官渡，曹操以少巧胜于袁绍。赵匡胤黄袍加身，大宋文化陈桥始；岳鹏举精忠报国，义军抗金十八营……新中国之初，新乡曾为平原省会，当下乃十五项国家荣誉获得者、国家二级交通枢纽、河南之省辖市、豫北经济之重镇也。其北邻安邑而南望郑汴，古都鼎立于外而内获新生。登巍巍太行乎居高而临下，瞰滔滔黄河兮达古而通今。更东鲁西晋壤接两省者，鼓双翼正翩翩奋飞也。

　　新乡者，中华姓氏主要发源之乡也。周武王赐林姓于比干之子；姜太公庇祖荫兮尊享双姓。传黄帝之师建都封父，始为封姓；有周公之子被赐胙地，胙姓见称。辉县原乃共城，姓衍共洪龚恭段；伯倏被封延津，国开曾立南北燕。叔郑封毛，后有毛遂勇于自荐；司寇捐躯，封丘长留牛父英灵。知否季䪍食宁，始有宁氏双雄起；且看获嘉城外，长立蒙族五姓碑……史载六十七姓源出新乡，乃海外游子问祖中原之主要热土也。

新乡者，名人荟萃辈出之乡也。英雄治水，共工怒触不周山；剖心尽忠，国神复封忠烈公。直钩垂钓，吕尚得遇文王；名士遁世，孙登长啸苏门。辅国理政，原阳一十六相；同门三宰，人杰更显地灵。张苍精通历算，《九章算术》校正功千载；邵雍发愤苦读，《梅花组诗》预言九百年。解道闲愁，古今一场梅子雨；报国歌头，北宋唯有贺方回。孙奇逢躬耕百泉，位列三大名儒；李敏修宣讲新学，力倡教育救国。秵文甫堪称学界巨子；徐世昌保持气节暮年……知否杨贵，十春秋奋战悬崖绝壁，创造出人工天河，高扬起一面精神旗帜……古往今来，新乡人能不油然而生自豪之情乎？

新乡者，文化积淀厚重之乡也。青铜器商代铸双璧，国之最圆鼎号子龙。汲冢竹书为纪年之祖；孟庄遗址乃文化之尊。登杏坛则忆圣人风采，品《木瓜》得赏《诗经》名篇。镏金兽头出土魏王墓；三晋贵族重现车马坑。祖辛提梁卣堪称国宝；战国铸铁窑陶范水平。竹林七贤、李白高适、苏轼岳飞、元好问、郭小川、刘知侠、刘震云等名流隐士、墨客文人，或生于斯或游于斯，皆留下千古佳话矣。成语如天作之合、脱颖而出、歃血为盟、善始善终、运筹帷幄、细柳屯兵，以及没心菜、孟姜女、相思树、香泉寺、柳毅传书、翟母进饭之传说等，亦典出新乡之地或新乡之人也。流连于仰韶文化遗址，吟咏于龙山文化遗存，可观原生之民歌民舞，可玩创新之民间剪纸，复可赏传统之民戏民居……八方来者，亦将因祥符调、二夹弦之美妙乐曲而陶然乐矣哉！

新乡者，文化名胜俊游之乡也。太公庙庇护牧野大地，君子尊崇；比干庙彰表谏臣极则，妈祖归根。武王伐纣盛会同盟山；张良椎秦名噪博浪锥。三善难尽蒲邑之美；奇兽见证潞王奢华。三石坊勒石两代；千佛塔雕佛千尊。魏长城宏伟当年，遗迹已存两千载；中药材百泉大会，海内交易六百秋。太极书院，理学渊薮成风景；关山地貌，雄深险峻叹奇观。彭了凡瓮葬饿夫墓；陈玉成铁骨傲英魂。破司马迷魂兮忆故城络丝，望鸿门夜月兮染五陵晓色；赏李台晚照兮思牧野春耕，观原庄夏景兮漾卫水金波。平原省委旧址，记录辉煌历史；文化步行新街，彰显古贤精神。天苍苍野茫茫，山顶草原跑马岭；林密密水淙淙，避暑胜境白云寺。大河安澜，六十载浩荡东流去；湿地隐秘，万只鸟栖息嬉客来。万仙山、八里沟，壮美太行秀色；七里营、京华园，韵飘人文风光……旅而游之者，能不因之而流连忘返乎？

新乡者，堪谓中原美食之乡也。农博会金奖双获，原阳米无愧第一；原产地认证独颁，金银花绽放中原。封丘芹菜石榴，明清享用宫廷；辉县山楂香稻，今已惠及百姓。黄河鲤鱼跳龙门，双须赤尾；新乡熏枣益健康，色泽鲜明。肥而不腻乎罗锅酱肉；酥香软烂者新乡烧鸡。松酥起层，缠丝烧饼牛忠喜；长垣尚厨，中国烹饪第一乡。他如红焖羊肉、延津菠菜等，均亦远近闻名也……海内愿饱口腹之欲者，新乡岂非中州首选乎？

新乡者，创新更新鼎新之乡也。忆当年人民公社，曾领先时代，留几多思辨；看今日城乡统筹，再与时俱进，敢万里弄潮。刘庄群众感念史来贺，问其间几多历史传奇？无私奉献不忘郑永和，慨辉县精神敢为人先。让一段岁月流金，太行公仆碑树吴金印；造几多乡村都市，刘志华好个巾帼英雄……耿瑞先宏图大展领头雁，范海涛变废为宝担责任，裴春亮富而思源惠乡邻。电池回收换来新乡少污染，挂壁公路终使汽车进山来……尽为民服务兮感动中国，数风流人物兮还看新乡。仰先进群体兮群星灿烂，育英雄辈出兮雏凤高鸣。

新乡者，和谐奉献崇文常新之乡也。季候分明兮冬寒夏热，人民勤劳兮春早秋凉。矿藏丰富兮振兴经济，土地肥沃兮图画粮棉。人才战略兮持续强市，机械制造兮海内闻名。战略重组，产业升级，集群发展迈新步；铜管铜业，冰箱冰柜，金龙新飞两夺冠；白鹭化纤、华兰生物，产品崛起赖创新。能源汽车、生物医药，数十产品领先同行列前五；神九神十、蛟龙航母，核心部件与祖国同行，破茧催生新乡模式。让新乡常新，改革成就新乡精神。机遇和挑战并存兮，路漫漫其修远；牧野兼榴花火红兮，泪盈盈而沾襟。

原载 2009 年 4 月 20 日《光明日报》
2018 年 5 月 28 日修订于中州知时斋

第一章 牧野的地理区位与历史沿革

第一节 牧野的地理区位

牧野地区即新乡地区，位于河南省北部，包括红旗区、卫滨区、牧野区、凤泉区4个城区和辉县市、卫辉市、延津县、封丘县、长垣县、原阳县、新乡县、获嘉县8个县市，总面积8249平方千米。

一 自然地理位置

自然地理位置分为绝对地理位置和相对地理位置。从绝对地理位置即经纬度位置看，牧野地区位于东经113°30′—115°30′和北纬34°55′—35°50′，跨越最大直线距离，东西长约149.25千米，南北长约106.5千米。从经度位置看，牧野地区属于东八区；从纬度位置看，牧野属于中纬度地区。从相对地理位置看，牧野地区地处东部季风区腹地、华北平原中部、华中地区北部和河南省北部，北依太行山，南傍黄河；北与安阳、鹤壁、濮阳三市相邻，东与山东菏泽市隔黄河相望，南与开封市、郑州市隔黄河相望，西与焦作市、山西晋城市相接。

二 政治地理位置

1949年8月，平原省宣告成立，下辖新乡、濮阳、安阳、菏泽、聊城、湖西6个专区，新乡市为平原省省会。1952年，平原省宣告撤销。虽然平原省只存在了三年，但它奠定了牧野地区在豫北地区重要的政治地位，使牧野地区成为豫北地区的政治中心。

三　经济地理位置

牧野地区具有非常优越的经济地理位置。它地处中部经济地带和中原经济区腹地、中原城市群和郑洛新国家自主创新示范区核心区，是豫北地区的经济中心，可辐射安阳、鹤壁、濮阳、开封、焦作及山西晋城、山东菏泽等周边地区。牧野地区地处几大方位区的交会处，东联华东地区，西通西北地区，南连华中地区，北接华北地区；南距河南省省会郑州市约80千米，距华中地区区域中心武汉约600千米，北距首都北京约600千米。

四　文化地理位置

历史上，牧野地区地处黄河流域，是中国古代文明的发祥地。按文化区划分，它属于中原文化区，四周邻近燕赵文化区、齐鲁文化区、荆楚文化区、关陕文化区、三晋文化区，文化地理位置优越，五千年来一直承担着向四周地域传播中原文化、黄河文明的重任。今天，牧野地区拥有河南师范大学、河南科技学院、河南工学院、新乡医学院、新乡学院、新乡职业技术学院等10所高等院校，其高等院校数量在全省名列第二；拥有中国农田灌溉研究所、中国电波传播研究所、中国精密铜管工程研究中心3所国家级科研单位，其国家级科研单位数量在全省名列第二；它还拥有河南省第二大博物馆——平原博物院。悠久的历史，灿烂的文化，发达的教育与科技，使牧野地区成为豫北地区的文化中心。

五　交通地理位置

牧野地区是国家重要的铁路运输枢纽城市，京广铁路和新焦、新荷铁路在此交会[①]，京广高铁纵贯全境。牧野地区还是国家重要的公路运输枢纽城市，南北方向有京港澳高速、大广（黑龙江大庆—广东广州）高速、107国道纵贯境域，东西方向有晋新（山西晋城—河南新乡）高速、长济（河南长垣—河南济源）高速横穿而过。优越的地理位置，便捷的交通，使牧野地区成为豫北地区的交通枢纽。

---

① 新焦、新荷铁路为太石（山西太原—山东日照石臼所）铁路的一段。

第二节　牧野的历史沿革

一　历史沿革概述

新乡市为中华民族古代文化发源地之一，北依太行，气候温和，草木繁茂，适宜人类生存繁衍。多少万年以前，人类的祖先就在这里生活、劳动，使这一区域逐渐得到开发。

（一）先秦时期的牧野

从发现的古代文化遗址看，原始社会中期，新乡大部分区域已进入仰韶、龙山文化时期。原始社会末期，即传说的尧、舜时期，我国分为九州，辉县、卫辉、获嘉、新乡县、新乡市区属冀州，延津、长垣、原阳、封丘属豫州。

夏代，今新乡辖区是夏族活动的中心区域。相传，夏后氏之世，古封父国即在今封丘县境内。夏末有名的鸣条之战，就发生在封丘、长垣一带，最后桀败夏亡。

商代，今新乡辖区大部属畿内地。这时的小城邑有牧（今卫辉北）、凡（今辉县南凡城）、宁（今获嘉西）、鸣条（今封丘东）、封父（今封丘西）等。

西周时期，周武王灭殷，分殷畿内地为三个诸侯国，以监殷民，史称"三监"。即周武王之弟管叔封于庸城（今新乡市区、新乡县、卫辉一带），蔡叔封于卫（今滑县、淇县一带），霍叔封于邶（今汤阴东）。今新乡辖区大部分属庸国，部分属卫国。周武王死后，"三监"叛周，周公讨平"三监"，将其地全部封给他的弟弟康叔。康叔居于卫（今淇县），今新乡辖区即为卫地。当时区内的小诸侯国和一些小城邑还有凡、共（今辉县）、胙（今延津城东35里大城村）和封父等。

春秋时期，西周分封的许多诸侯国日益强大，出现了诸侯林立、大国争霸的局面。今新乡市区、新乡县、卫辉、辉县、获嘉、封丘、长垣和延津北部当时属卫，延津南部及原阳属郑。公元前632年，晋楚城濮之战后，晋国逐渐称霸中原，今新乡辖区全属晋土。[①]

---

① 新乡市地方史志局：《新乡年鉴·2014》，中州古籍出版社2014年版，第17页。

战国时期，七国争雄，连年征战。公元前403年，韩、赵、魏三家分晋，今新乡市区、新乡县、卫辉、辉县、获嘉、原阳、延津属魏，封丘、长垣先属韩，继而属魏。公元前266年后，全区均属秦所有。

（二）秦汉时期的牧野

秦统一中国后，分中国为36郡，后增至40郡，郡下设县。今新乡辖区当时设有8个县，分属三川郡和东郡。属三川郡的有修武（今获嘉和新乡市区及新乡县西南部）、汲（今卫辉和新乡县北部，另说属东郡东境）、共（今辉县）、卷（今原阳西）和阳武（今属原阳）5县。属东郡的有酸枣（今延津，另说先属三川、后属东郡）、平丘（今封丘东部）、长垣3县。

西汉时期，全国设司隶部和十三刺史部，部辖郡，郡辖县。今新乡辖区设12县，分属2部4郡。属司隶部河内郡（郡治怀县）的有汲（今卫辉和新乡县部分）、共（今辉县）、获嘉（始置，今新乡市区及新乡县西南部）、修武（今获嘉）4县。属司隶部河南郡（郡治洛阳）的有原武（今属原阳）、阳武（今原阳东南）和卷（今原阳西）3县。属兖州刺史部陈留郡（郡治陈留）的有封丘（今封丘一部分）、平丘（今封丘东部）和酸枣（今延津）、长垣4县。属兖川刺史部东郡（郡治濮阳）的有燕（今延津城东北）。

东汉时期，除司隶部改为司隶校尉部、河南郡改为河南尹外，其他与西汉大体相同。

（三）魏晋南北朝时期的牧野

三国时期，今新乡辖区属魏。设12县，先后分属3州、3郡、1尹、1国。汲、获嘉、共、修武4县先属司州（州治洛阳）河内郡，魏文帝黄初年间，河内郡析置朝歌郡（郡治淇县）改属冀州（治今河北冀州区），4县随之改属，后又回归河内。属司州河南尹的有卷（今原阳西）、原武、阳武3县。属兖州（州治廪丘，今山东鄄县东北）陈留国的有封丘、酸枣、平丘、长垣4县。属兖州东郡的有燕。

西晋时期，今新乡辖区设10县，分属2州、3郡、1国。属司州汲郡的有汲、共、获嘉、修武4县。属司州荥阳郡的有卷（原武省入）和阳武2县。属兖州陈留郡的有酸枣、封丘、长垣3县。属兖州濮阳国的有东燕（今延津境）。

十六国时期，今新乡辖区先后曾属前赵、后赵、前燕、前秦、后燕等国，当时战乱频仍，郡县区划变化不大，多沿晋制。

北魏时期，今新乡辖区设有11县，分属司州（治洛阳）的3郡。属汲郡的有汲、获嘉、共、南修武（今获嘉）4县。属东郡的有酸枣、南燕、封丘和长垣4县。属荥阳郡的有原武（孝昌中复置）、卷和阳武3县。534年，北魏分为东西魏，今新乡辖区均属东魏。设11县，分属3州6郡。属司州（治邺，今安阳市）汲郡（治枋头城，今卫辉东北）的有汲、获嘉、南修武3县。属司州林虑郡（治林州）的有共县。属司州东郡（治滑县老城）的有酸枣、南燕、长垣3县。属司州荥阳郡的有卷县。属梁州（治大梁，今开封）陈留郡的有封丘。属北豫州（治成皋）广武郡的有原武和阳武。另外，兴和二年（540）曾侨治义州和伍城郡于汲。

北朝的齐、周对峙时期，今新乡辖区设有6县，分属4郡。属汲郡的有伍城（废义州，省汲入伍城）和共2县。属广宁郡（治原山阳）的有修武县，移修武（原治今获嘉）治于今修武县（北齐废获嘉又废北修武和山阳，今获嘉及新乡西南归入修武县）。属广武郡的有阳武（北齐废卷入荥阳，废原武入阳武）。属东郡的有南燕（北齐废封丘、酸枣入南燕）、长垣2县。后北周废广宁郡，于南修武（今获嘉）置修武郡，改阳武属郑州。

（四）隋唐时期的牧野

隋统一全国，结束了南北朝时的分裂局面，重新调整行政区划。今新乡辖区设10县，分属4郡。属河内郡的有获嘉（开皇初，废修武郡，改名获嘉，此后，获嘉均指今获嘉县）、新乡（开皇初，始置新乡县，治古新乐城）2县。属东郡（治白马县，今滑县境）的有封丘、胙城［旧称东燕，开皇十八年（598）改名］、长垣（一度称匡城）3县。属荥阳郡的有酸枣、阳武和原武3县。属汲郡（郡治卫县，今淇县）的有汲（改伍城为汲）、隋兴［今汲县境，开皇六年（586）置，寻又析置阳源县，大业初省入］2县。

唐代，在行政区划上实行道、州（府）、县三级体制。今新乡辖区设11县，分属2道7州。属河北道怀州（州治河内，短时期曾属都畿道）的有获嘉县。属卫州［州治卫县，今淇县境，贞观元年（627）移治汲县］的有汲（省隋兴入汲）、共城、新乡3县［武德元年（618）在汲县置义州，辖汲县和新乡，四年（621）废义州，在获嘉置殷州，辖获嘉、新乡、共城等县，贞观元年（627）废］。属河南道滑州（治白马，滑县境）的有胙城、酸枣、匡城，长垣［贞观八年（634）废长垣入匡城］4县。属河南郑州（治管城，即今郑州，一度属畿内道）的有原武、阳武2县。属汴州（州治浚仪，今开封西北）的有封丘。

五代时期，今新乡辖区设10县，分属4州1府。属怀州的有获嘉、共2县。属滑州的有胙城。属郑州的有原武。属卫州的有汲县、新乡2县。属开封府的有酸枣（后唐时曾属滑州）、阳武（后唐属汴州）、封丘、长垣（一度与匡城分治）4县。

（五）宋元时期的牧野

北宋时期，分全国为24路，路辖州（府），州（府）辖县。今新乡辖区设10县，分属3路1府3州。属京畿路开封府的有封丘、阳武、延津［政和七年（1117）由酸枣县改］、鹤丘［建隆元年（960）为避太祖讳，改匡城为鹤丘，寻复曰长垣］。属京西北路郑州的有原武，属京西北路滑州的有胙城。属河北西路卫州的有汲、新乡、获嘉和共城4县。

金代，建五京，置14总管府，共为19路，路辖州（府），州（府）辖县。今新乡辖区当时设10县，分属2路1府2州。属南京路开封府的有封丘、阳武、延津［贞祐三年（1215）升为延州，州治今原阳城东北延州村，辖延津、原武、阳武］、长垣［明昌五年（1194），因黄河改道，改属大名府开州］。属南京路郑州的有原武。属河北西路卫州的有汲、新乡、苏门［由共城改，大定二十九年（1189）改为河平，明昌三年（1192）改为苏门，贞祐三年（1215）九月升为辉州］、获嘉、胙城［初属开封府，后属卫州，贞祐五年（1217）为卫州倚郭］。

元代，立中书省1个，行中书省11个，省辖路，路辖县。也有路辖州，州又辖县的。今新乡辖区设9县，分属直隶中书省和行中书省。属直隶中书省卫辉路的有新乡、汲县、获嘉、胙城4县和辉州（省苏门县入辉州）。属直隶中书省大名路的有长垣。属河南江北行中书省汴梁路（一度称南京路）的有原武、阳武、延津、封丘4县。

（六）明清时期的牧野

明代洪武初，废行中书省，分全国为京师和13布政使司，并改路为府，司辖府（州），府（州）辖县。今新乡辖区设10县，分属河南布政使司开封府、卫辉府和开州。属开封府的有阳武、原武、封丘和延津4县。属卫辉府的有汲县、胙城、新乡、获嘉、辉县（元代辉州改）5县。属大名路开州的有长垣县。

清代，今新乡辖区设9县，分属2省3府。原武［雍正二年（1724）由开封府来属］和阳武［乾隆四十八年（1783）由开封府来属］属河南省怀庆府。汲县、新乡、辉县、获嘉、延津［雍正二年（1724）来属，五年（1727）废胙城入延津］和封丘［乾隆四十九年（1784）来属］属河南省卫辉府。长垣属直隶省大名府。

（七）民国时期的牧野

1912年，中华民国建立，全国废府存县，县为省直属。1913年河南成立豫北道，1914年改为河北道（道治汲县）。今新乡辖区新乡县、获嘉、汲县、辉县、阳武、原武、延津、封丘8县属之，长垣属直隶省大名道。1927年北洋政府下令撤销道级建制。1932年南京国民政府调整地方行政区划，河南省下设行政督察区，今新乡辖区除长垣属河北省第十一行政督察区、汲县属河南第三行政督察区（治安阳）外，其余均属河南第四行政督察区（治新乡）。

1937年7月7日，日本侵略军挑起卢沟桥事变。1938年2月底，今新乡辖区大部分县城沦陷，出现日伪、国民党、共产党三种政权并存局面：国民党政权多属流亡性质；日伪政权分属河南省豫北道、河北省冀南道；抗日民主政权分属太行行署七专区、八专区、太岳行署四专区、冀鲁豫行署四专区管辖。

抗日战争胜利后，太行行署八专区改为四专区，辖获嘉一部分。辉县、汲县、新乡、原阳及获嘉一部分归太行行署五专区管辖。延津、封丘归冀鲁豫行署四专区管辖，长垣归河北省第十四行政督察区管辖。

解放战争时期，国民党军队于1945年9月占据了今新乡辖区大部分县城和农村，并恢复原行政督察专员公署，辖国民党统治区地面。1946年6月，全国内战爆发。今新乡辖区人民在中国共产党和民主政府领导下，积极开展革命斗争。1947年，解放延津、封丘、长垣。1948年，解放获嘉、汲县、原阳以及新乡县广大农村。1948年11月7日，汲县改为卫辉市（次年撤销）。1948年11月，中共新乡市委、新乡市人民政府在新乡县小冀镇成立。1949年5月5日，驻新乡的国民党四十军在新乡县陈堡与中国人民解放军签订协议，接受改编。7日，举行入城仪式，新乡实现和平解放，中共新乡市委、新乡市人民政府进城办公，至此，全区获得彻底解放。根据革命形势发展的需要，1949年8月20日，中共中央决定撤销太行、太岳及冀鲁豫行署，成立平原省，辖新乡、濮阳、安阳、菏泽、聊城、湖西6个专区、56个县和新乡、安阳2市，新乡市为平原省省会。太行行署四专区改为新乡专区（驻焦作），今新乡辖区获嘉、辉县、汲县、新乡、延津、原武、阳武7县归其领导，封丘、长垣归濮阳专区管辖。

（八）中华人民共和国成立以来的牧野

1949年10月1日，中华人民共和国成立，1950年原武、阳武合并为原阳县。1952年11月，平原省建制撤销，将新乡、安阳、濮阳3专区划归河南省；菏泽、聊城、湖西3专区划归山东省。新乡市归河南省直辖，同时新乡专署迁驻新乡市。封丘、长垣归濮阳专区，其他各县均归属新乡专区。1954年，濮阳专区撤销，封丘、长垣改属新乡专区。1955年，长垣县划归安阳专区。1958年，新乡、安阳两专区合并为新乡专区，今新乡辖区全境属之。1959年2月，撤销郊区建制。1960年，撤销新乡、获嘉两县建制并入新乡市。1961年10月，恢复新乡、获嘉两县建制，同时新乡、安阳两专区分治。新乡市和获嘉、辉县、新乡、汲县、原阳、延津、封丘归新乡专区。长垣县归安阳专区。1966年1月，恢复新乡郊区建制。1967年，新乡专区改名新乡地区。1974年，新乡市改为省地双重领导。1978年1月，又改归新乡地区领导。1983年9月，新乡县和汲县划归新乡市领导。获嘉、辉县、原阳、延津、封丘仍隶属新乡地区。1983年，安阳地区撤销，长垣属新设的濮阳市。1986年2月，经国务院批准，新乡地区撤销，新乡市辖新乡县、汲县、获嘉、辉县、原阳、延津、封丘、长垣8县。至此，形成了新乡延续至今的市带县体制。1988年11月，经国务院批准，汲县改为卫辉市，辉县改为辉县市，隶属关系未变。2003年12月，国务院批准新华区更名为卫滨区，北站区更名为凤泉区，郊区更名为牧野区。2013年底，新乡市辖卫辉市、辉县市、新乡县、获嘉县、原阳县、延津县、封丘县、长垣县8县市，城区设有卫滨、红旗、牧野、凤泉4区。

二　分区沿革

（一）新乡市区

1948年11月，新乡市人民政府成立于新乡县小冀镇。

1949年4月，设三个行政区建制。5月7日入城后，市政府机关驻大桥街水电公司旧址。在区划上，第一区位于新华街以北，第二区位于新华街以南，第三区位于环城河以东。[①]

1949年12月，以新乡县新划入区域为主，增设第四区。

1951年9月，新乡县留庄营等26个自然村划入市区后，区划随之也有较大调整。第一区位于市区中部，东起环城河，西至京广铁路，南起孟姜女河，北至卫河。第二区位于市区北部，东起杨岗，西达冀场，南至卫河，北至小朱庄。第三区位于市区东部，东起牧村、留庄营，西至环城河，南达马小营，北至卫河。第四区位于市区西南部，东起臧营，西至八里营，南达朱召，北至孟姜女河。

1952年底撤销第四区建制，次年1月将原第四区辖区分别划属第一、二、三区。基本上形成了第一、二区管辖城区，第三区管辖郊区的格局。1953年春，市政府机关迁入人民路现址（原平原省政府所在地）。

1955年12月，第一区更名为新华区，第二区更名为和平，第三区更名为郊区。

1958年8月中旬起，郊区和市区街道先后建立人民公社。公社建立后，撤销区的建制。1959年2月，调整为新华、和平、牧野、卫北4个人民公社。1961年8月，恢复区的建制，郊区则以乡为基础，仍称人民公社，由区管辖。

1966年，和平区更名为红旗区。

1968年9月，进行部分区划调整，新华区、红旗区分界线由环城河西移至胜利路中心，并将新华区原辖的石榴园划属红旗区，红旗区原辖的工人街办事处（西部）划属新华区。

1982年4月，将郊区北站人民公社划出，成立北站区。1983年，人民公社改称乡。

1985年，新乡市共辖新华、红旗、北站、郊区四个区。

新华区　位于城区西部，东以胜利路中心与红旗区为界，南、西、北和郊区相邻，面积15平方千米。治所在孟姜女路，辖新辉路、中同街、自由路、解放路、胜利路、卫北、健康路、南桥8个办事处，97个居民委员会。人口约15万，除汉族外，还有10个民族成分，其中回族多数聚居

---

① 新乡市地方史志编纂委员会：《新乡市志·上册》，生活·读书·新知三联书店1994年版，第92页。

于新荣街、中同街等地。

红旗区　位于市区东部，西以胜利路中心与新华区为界，东、南、北三面和郊区相邻，面积19平方千米。治所在平原路新生巷，辖北干道、南干道、东干道、荣校路、花园、东街、西街、渠东、卫河9个办事处，115个居民委员会。人口约20万，除汉族外，还有14个民族成分，其中回族居多数，聚居在东关大街、北关大街等地。

北站区　位于市区北部，东邻汲县，西临新乡县，北连辉县，南接郊区，面积65平方千米。治所在北站市场南街东侧，辖潞王坟、耿黄两个乡，24个村民委员会，宝山东路、宝山西路2个办事处，15个居民委员会。人口约8万，除汉族外，还有回族等5个民族成分。

郊区　位于市建成区周围，东、南、西三面内与新华区、红旗区毗连，外和新乡县相接，北邻北站区，东北与汲县隔河相望，面积86平方千米。治所驻北干道中段路南，辖平原、牧野、王村3个乡，71个村民委员会，69个自然村。人口约8.2万，除汉族外，还有回族。

2003年12月，国务院批准新华区更名为卫滨区，北站区更名为凤泉区，郊区更名为牧野区。

（二）辉县市

辉县市远古时期为共工氏部族居地。

夏代属九州之冀州地域。

殷商时期系畿内地（王都直辖区）。

西周时期称凡国、共国。

春秋时期先属卫国，后属晋国。战国时期归魏国。

秦代属河内郡。

西汉时期，县境东部设共县，西部属山阳县。统隶河内郡。

东汉因之。

三国时期，魏置朝歌郡，共县改属朝歌郡。

西晋时期，改朝歌郡为汲郡，共县改属汲郡。

东晋义熙五年（409），共县改属黎阳郡。[①]

北魏时期，共县、山阳县同属汲郡，后共县归林虑郡。孝明帝孝昌二

---

①　辉县市史志编纂委员会：《辉县市志》，中州古籍出版社1992年版，第69页。

年（526）置山阳郡，治初在共城，后移山阳城。东魏时期，设共县，属林虑郡。北齐天保七年（556），并共县入获嘉县，移获嘉县治于共县城。

隋文帝开皇六年（586），省山阳县，改置共城县。属卫州河内郡。

唐高祖武德元年（618），于共城置共州州治，辖共城、凡城（治在今市西南凡城）二县，属河北道。武德四年（621）废州，并凡城县入共城县，属殷州。唐太宗贞观元年（627）改属卫州。贞观六年（632）并博望县（治在今卫辉市北吕村附近）入共城县。天宝元年（742）改属汲郡。乾元元年（758）复属卫州。

五代时期，共城县属卫州。

北宋时期，共城县属卫州。金代，共城县仍属卫州。

金显宗大定二十六年（1186）为避河患，徙卫州治于共城，大定二十八年（1188）复归旧治。大定二十九年（1189）避显宗允恭（共之谐音）讳，改共城县为河平县。金章宗明昌三年（1192），改为苏门县，属卫州管辖。贞祐三年（1215）九月，因百泉威惠王祠有清辉殿（取谢灵运"山水含清辉"诗句命名），故以"辉"为名，升苏门县为辉州。兴定四年（1220）析修武县之重泉（即今市区西南之邓城）置山阳县，属辉州。

蒙古太宗四年（1232），辉州属彰德路彰德府，领苏门、山阳二县。后改属卫辉路。蒙古世祖至元三年（1266），废苏门县，改山阳为镇，仍称辉州。元代因之。

明洪武元年（1368），废州立县，改辉州为辉县，属河南布政使司卫辉府。

清代，辉县仍属卫辉府。

民国二年（1913），辉县属豫北道，翌年改称河北道。

民国十六年（1927），撤销道建制，辉县为省直辖。同年天门会在西平罗建立合平县，不久即废。民国二十一年（1932），辉县属河南省第四行政督察区（专署驻新乡县城）。民国二十八年（1939）元月，改属第十三行政督察区（专署先驻滑县，后移辉县西平罗）。

抗日战争时期，共产党，国民党及日伪三种政权并存。民国二十七年（1938）二月，国民党第一战区在辉县西部石门建立辉县县政府，同年七月投降日军。同年四月，河南省政府在辉县北部杨家岭建立另一个辉县县政府（县政府先后驻西平罗、尚庄、九峰山等地）。民国三十二年（1943）

六月，所属武装全部投靠日军。同年7月，中共太行区委在县城北部山区沙窑村建立辉县抗日县政府（县政府先后驻南平罗、西平罗等地，后改为辉北县抗日政府）。民国三十三年（1944）二月十一日，在峪河口杏树庄（今部队营区）建立辉嘉县抗日县政府（县政府先后驻薄壁、瓦房庄——今振国村等地）。同年10月在杨闾川麦窖建立新乡县抗日县政府（县政府先后驻麦窖、滑峪等地）。三个抗日县政府同属晋冀鲁豫边区太行行署第七专区。民国二十七年（1938）四月，侵辉日军在城内建立日伪辉县县公署。民国三十四年（1945）八月，日军投降，辉北县抗日政府进驻城内。

解放战争时期，国民党、共产党两种政权对峙。民国三十四年（1945）十月，国民党军队进犯县城，国民党县政府入城，辉北县抗日政府转移西平罗。是年12月，辉北县抗日政府（驻西平罗）改称辉北县政府。同时，撤销新乡县抗日县政府，建立辉县县政府（驻赵窑）。辉县西部仍设辉嘉县（民主政府）。三县同属太行行署第五专区。民国三十五年（1946）六月，三县合并为辉县（县政府驻宪禄村），改属太行行署第四专区，次年又改属第五专区。

1949年2月国民党军队投降，辉县县政府进城，属太行行署第四专区（专署驻焦作）。同年8月，平原省建立，辉县属平原省新乡专区。

1952年11月，撤平原省，改属河南省新乡专区。1986年2月，新乡专区撤销，辉县属新乡市管辖。1988年10月11日，撤销辉县，建立辉县市，属县级，省管辖，新乡市代管。

（三）卫辉市

卫辉市夏代属九州之冀州地。

殷商时期为畿内牧野地（王都直辖区）。

西周时期，周武王灭纣，封邶、鄘、卫三国，此地属鄘国。公元前1022年，周成王平定武庚叛乱后，邶、鄘国并于卫国，此地属卫国。[1]

春秋时期先属卫国，后卫遭狄侵，戴公东渡，此地更属于晋国。[1]战国时期属魏国，始有汲邑之称。

秦代初属河东郡，后属河内郡。

汉高祖二年（前205），始置汲县，属河内郡。汉高祖十一年（前

---

①　卫辉市志编纂委员会：《卫辉市志》，生活·读书·新知三联书店1991年版，第78页。

196），封公上不害于汲，称终侯（即汲绍侯），国名汲。

东汉因之。东汉顺帝年间（126—144年），县令崔瑗筑县城于汲城村。

三国时期属曹魏朝歌郡。

晋武帝泰始二年（266），设汲郡，郡治汲城。辖汲县、朝歌、共县、获嘉。

北魏道武帝登国元年（386），迁郡治于枋头（今浚县枋城），孝文帝太和二年（488），郡治复迁汲县。东魏兴和二年（540）夏，西魏行台宫延和、陕州刺史宫元庆率户归属东魏，侨置义州于陈城（今城区城关），辖伍城郡伍城县等7郡19县。北齐废义州存伍城郡。北周武帝宣政元年（578），废汲郡、伍城郡，置卫州，州治朝歌，改汲县为伍城县，属卫州，县治设陈城，原汲城县治废。

隋文帝开皇六年（586），改伍城县为汲县。隋炀帝大业三年（607），改卫州为汲郡，郡治卫县（今浚县卫贤），汲县属之。

唐高祖武德元年（618），设义州，州治汲县。武德四年（621）废义州，汲县改属卫州，州治卫县。唐太宗贞观元年（627），州治移汲。辖汲县、卫县、共城、新乡、黎阳5县。

五代时期属卫州，州治汲县。

北宋时期属卫州，州治除先后短时间迁共城和胙城外，其余时间均在汲县。

金代属卫州河平军，金世宗大定二十六年至二十八年（1186—1188年）州治曾迁共城，金宣宗贞祐三年（1215）迁胙城。

蒙古世祖中统二年（1260），属卫辉路总管府，路治汲县。领录事司、辉州、淇州。辖汲县、新乡、获嘉、胙城4县。

明、清代属卫辉府，府治汲县。先后辖汲县、胙城、新乡、获嘉、淇县、辉县、延津、浚县、滑县、封丘、考城11县。

民国二年（1913），废府改道，属河南省豫北道，道治汲县。民国三年（1914）豫北道改称河北道。辖汲县、武陟、安阳、汤阴、临漳、林县、内黄、武安、涉县、新乡、获嘉、淇县、辉县、延津、浚县、滑县、封丘、沁阳、济源、原武、修武、孟县、温县、阳武24县。

民国十六年（1927）废道，实行省县两级制，汲县直属河南省。民国二十二年（1933）二月，河南省划分为11个行政督察区，汲县属第三行政督察区。民国三十年（1941）末，河南省改划为13个行政督察区，汲县属第十三行政督察区（专署先驻滑县，后移辉县西平罗）。民国三十三年（1944）九月，又改属第三行政督察区，直至县城解放。

民国三十二年（1943）五月，中国共产党领导的汲县抗日民主政府在西北部山区柳树岭村成立，属太行行署第七专区领导。民国三十三年（1944）十二月，汲县抗日民主政府与淇县抗日民主政府合并，成立汲淇联合县抗日民主政府，仍属太行行署第七专区。政府机关先后驻正面、狮豹头、小店河、塔岗等村。

民国三十四年（1945）八月，抗日战争胜利后，汲淇联合县抗日民主政府改为汲淇联合县民主政府，仍属太行行署第七专区。10月改属太行行署第五专区。民国三十五年（1946）六月，汲淇联合县民主政府改属太行行署第三专区。民国三十六年（1947）三月，撤销汲淇联合县，成立汲县民主政府，属太行行署第五专区。

民国三十七年（1948）11月7日，县城解放，县政府机关迁驻县城。划城区和城郊部分村庄成立卫辉市，与汲县同属太行行署第五专区。

1949年2月，撤销卫辉市，其辖区复归汲县，汲县改属太行行署第四专区（专署驻焦作）。5月，汲县改属太行行署新乡专区。8月，平原省建立，汲县属平原省新乡专区。

1952年11月，平原省撤销，改属河南省新乡专区。1983年9月1日，改属河南省新乡市。1988年10月，撤销汲县，建立卫辉市，属河南省直辖，由新乡市代管。

（四）获嘉县[①]

获嘉县有人类活动的历史，至少可以追溯到新石器时代晚期。考古工作者在县境内同盟山、东张巨、大清、羊二庄等地发现属于龙山文化遗址的肿骨鹿下颌骨化石、鹿骨化石、石斧、石铲、石凿、骨簪、骨锥、骨箭头、鸡冠耳盆、饕餮纹铜鼎等，大量出土文物证明，在四五千年前，我们的祖先就已繁衍生息劳动在这块土地上。

---

① 汉武帝元鼎五年（前112），南越国丞相吕嘉叛乱，汉武帝遣将军路博德、杨濮率师讨伐。元鼎六年（前111），武帝东巡，行至汲县新中乡（今新乡市西南6000米的张固城村）时，恰逢南越叛乱平息，路博德遣使献吕嘉首级，武帝大喜，遂以乡置县，定名"获嘉"。获嘉县由此得名。

夏代，该区是夏族活动的中心区域，属冀州。

商代，为宁邑，属畿内地（王都直辖区）。[1]

西周时期，周武王伐纣，勒兵于宁，改宁为修武。相传周武王伐纣曾与八百诸侯会盟于此，今县城东北2.5千米处有同盟山即会盟处。周武王灭商建立周朝后，将殷之畿内地分为邶、鄘、卫三个诸侯国，修武属鄘国。后属卫国。

春秋时期，修武亦曰南阳，先属卫国，后属晋国。战国时期，韩、赵、魏三家分晋，修武属魏国。秦王政二十三年（前225）灭魏，修武遂属秦国。

秦始皇元年（前221），始置修武县，属三川郡。

汉高祖二年（前205）置河内郡，修武县属之。

东汉因之。

三国时期修武县属魏朝歌郡。

晋武帝泰始元年（265）修武县隶司州汲郡。

北魏孝明帝孝昌二年（526），在此置南修武县，隶司州汲郡，县治于今获嘉县城。北周武帝宣政元年（578），于南修武县置修武郡，隶司州。

隋文帝开皇四年（584），废修武郡，移获嘉县治[2]于修武城（古宁邑，今之获嘉县城），取代南修武县。隶冀州河内郡。自此，获嘉之名均指今之获嘉地。获嘉县名源于汉代，从汉代到北朝北齐，县治均在今新乡县境内。开皇十六年（596）于获嘉置殷州。隋炀帝大业元年（605）废州留县。

唐高祖武德四年（621），复于获嘉县置殷州，辖获嘉、修武、武陟、新乡、共城五县，并置博望县。属河北道。唐太宗贞观元年（627）废州留县，为望县，属河北道怀州。

五代多数地区以州统县，少数地区以军府统县。获嘉县属怀州。

北宋政区分路、州（或府、军）、县三级。宋仁宗天圣四年（1026），获嘉县改属河北路卫州，为上县。宋钦宗靖康元年（1126），宋室南迁，在金统治期间，获嘉县属河北西路卫州河平军。

---

① 获嘉县志编纂委员会：《获嘉县志》，生活·读书·新知三联书店1991年版，第70页。

② 北魏太和二十三年（499），获嘉县治自新中乡（今新乡市西南6千米的张固城村）迁至新乐城（今新乡市）。北齐天保七年（556）废共县，获嘉县治自新乐城移至共城（今辉县城）。

元政区设中书省、行中书省，省以下设路、州府、县。获嘉县直属中书省卫辉路总管府，为下县。

明改中书省为承宣布政使司。明太祖洪武十年（1377），将获嘉县并入新乡县。洪武十三年（1380），恢复获嘉县制，属河南承宣布政使司卫辉府。

清改制称省，获嘉县属河南省卫辉府。

民国二年（1913），废府置道。获嘉县属豫北道。民国三年（1914）改为河北道（道治汲县）。

民国十六年（1927）撤销道建制，属河南省直辖。民国二十一年（1932）河南省下设行政督察区，属第四行政督察区（专署治所新乡县城）。民国二十七年（1938）二月十八日，日军侵占获嘉县，属伪豫北道。日本投降后，获嘉县仍属河南省第四行政督察区管辖。

抗日战争期间，中国共产党在县北建立了辉嘉县，在县西南建立了修获武县，同属晋冀鲁豫边区政府太行行署七专区领导。后分别改属五专区和四专区领导。

民国三十七年（1948）11月2日，中国人民解放军解放了获嘉县城，原修获武县政府机关进驻获嘉县城，建立获嘉县人民政府，属华北人民政府太行行署第四专区（专署驻焦作）领导。

1949年8月划归平原省新乡专区。

1952年11月平原省撤销，划归河南省新乡专区。1960年8月，撤销获嘉县并入新乡市。1961年10月恢复获嘉县，仍属新乡专区。1986年2月撤销新乡专区，划归新乡市管辖。

（五）新乡县

新乡县境内出土的历史文物和文化遗址证明，早在新石器时期已有人类在这块土地上劳动、繁衍、生息。

夏代此地属冀州。

商代，商王盘庚迁殷后，此地属畿内地（王都直辖区）。

西周时期，周武王灭商后，将商都畿内地分为邶、鄘、卫三国，此地属鄘国。公元前1022年，改封武王之弟康叔，国号为卫，遂属卫国。

春秋时期属卫国，周襄王二十年（前632），属晋国。周威烈王二十三年（前403），韩、赵、魏三国分晋后，此地属魏国。

秦王政二十三年（前225）灭魏，此地属秦。秦始皇二十六年（前221），统一中国，分全国为36郡，此地属三川郡汲县。

汉高祖二年（前205），此地为汲县之新中乡，属河内郡。汉武帝元鼎五年（前112），南越国丞相吕嘉叛乱，汉武帝遣将军路博德、杨濮率师讨伐。元鼎六年（前111），武帝东巡，行至汲县新中乡（今新乡市西南6千米的张固城村）时，恰逢南越叛乱平息，大将路博德送来叛相吕嘉之首，武帝大喜，遂以乡置县，定名"获嘉"，隶司隶部河内郡。

东汉光武帝建武元年（25），冯石继承获嘉长公主爵位，称获嘉侯，此地属获嘉侯地。[①]

三国魏黄初元年（220），此地属魏之获嘉县，隶河内郡。黄初中期，改属朝歌郡。

东魏天平元年（534），此地属东魏，仍为获嘉县。北周宣政元年（578），废获嘉县入修武，今新乡地属修武、汲县。

隋文帝开皇六年（586），割获嘉县、汲县两邑部分属地，取新中乡首尾二字为县名，以新乐城（今新乡市区）为治所，设置新乡县，属河内郡。

唐高祖武德元年（618），新乡县属义州。四年，废义州改属殷州。唐太宗贞观元年（627），废殷州，改属河北道卫州汲郡，为望（三等）县。

五代时期，以州统县。新乡县属卫州。

北宋时期，新乡县属河北西路卫州，为紧（四等）县。宋神宗熙宁六年（1073），废县为镇，地属汲县。宋哲宗元祐二年（1087），复置新乡县，属卫州。

金代，新乡县属河北西路卫州河平军。

元世祖至元十六年（1279），置中书省。新乡县属中书省燕南河北道卫辉路总管府，为中级县。

明太祖洪武元年（1368），改中书省为承宣布政使司，新乡县隶河南布政使司卫辉府。洪武十年（1377），获嘉县并入新乡县。洪武十三年（1380），复置获嘉县。

清世祖顺治元年（1644），置省。新乡县属河南省卫辉府。后又改属彰卫怀道卫辉府。

---

① 新乡县志编纂委员会：《新乡县志》，生活·读书·新知三联书店1991年版，第69页。

民国二年（1913），改府、州、厅为道。新乡县属河南省豫北道。后又改为河北道。

民国十六年（1927）废道，实行省县两级制，新乡县直属河南省。民国二十一年（1932），新乡县属河南省第四行政督察区（专署驻新乡县城）。民国三十五年（1946），国民党河南省政府下设12个行政督察区，国民党新乡县政府仍属第四行政督察区。

民国二十七年（1938）二月十七日，新乡县城被日军侵占，属日伪豫北道尹公署。民国三十三年（1944）十月，中国共产党建立新乡县抗日民主政府，属中国共产党太行行署。次年底，撤销新乡县抗日民主政府建制，并入辉县抗日民主政府。

民国三十六年（1947）三月，中国共产党建立新乡县人民民主政府，属中国共产党太行行署第五专区。

1949年8月20日，平原省人民政府建立。新乡县属平原省新乡专区。

1952年11月30日，撤销平原省，新乡县属河南省新乡专区。1959年4月23日，撤销新乡县建制，并入新乡市，7月1日执行。1961年8月24日，恢复新乡县建制，9月1日执行，仍属新乡专区。1983年9月，国务院批准新乡县划归新乡市，12月执行。

（六）延津县

夏代，延津境属豫州。相传县西南畟村，即因夏代寒浞之子畟，凭力沙地行舟于此而得名。

商代，盘庚迁都于殷（今安阳小屯）后，延津境属畿内地（王都直辖区）。

周武王灭殷，分殷畿内地为三个诸侯国，以监殷民，史称"三监"。延津境大部属庸国，小部分属卫国。周武王死后"三监"叛周，周公讨平之，将其地封与弟康叔，康叔居于卫（今淇县），延津属卫国。西周时期境内有燕、胙、棘津。司马迁《史记》"吕尚困于棘津"；李白《梁父吟》"君不见朝歌屠叟辞棘津"，即此。

春秋时期，置廪延邑，以境内有虚廪堆延绵不断而得名。[1]《左传》："郑共叔段侵地，收西鄙、北鄙以为己邑，至于廪延。"属郑国。

---

[1] 延津县志编纂委员会：《延津县志》，生活·读书·新知三联书店1991年版，第69页。

晋文公五年、楚成王四十年（前632），晋楚城濮之战后，晋称霸中原，廪延属晋国。周威烈王二十三年（前403），韩、赵、魏三家分晋，廪延属魏国。

秦王政五年（前242），秦将蒙骜伐魏，取酸枣、燕、虚等二十城，初置东郡。廪延属秦国东郡。同年，以境内多棘，置酸枣县，归东郡。《水经注》云："天子建国名邦，或以河名，或以山林，故豫章以树氏郡，酸枣以棘名邦，故曰酸枣。"

西汉时期，全国设州部，下设郡县，酸枣县属兖州陈留郡。

东汉因之，后于酸枣地封樊倏为侯邑。

三国时期，酸枣属魏之兖州陈留郡，境内有乌巢泽，为官渡之战曹操破袁绍处。

西晋时期，《水经注》云："河水东至酸枣县西，濮水出焉。河水又东北，统称延津。石勒袭刘曜途出于此，以河水冰封为神灵助，号是处为灵昌津。"属晋之兖州陈留郡。

北魏道武帝登国元年（386），酸枣并入小黄，旋又置酸枣县，属豫州陈留郡。东魏时属司州之东郡。北齐时并入南燕。

隋文帝开皇六年（586），酸枣自南燕析出，复置酸枣县，属豫州滑州。隋炀帝大业元年（605），改置豫州荥阳郡。

唐高祖武德元年（618），东梁州辖酸枣县。武德三年（620），析酸枣、胙城地置守节县。武德四年（621），守节县与梁州俱废。其后，酸枣县属河南道滑州。

五代后梁时，属东郡开封府郑州。后唐时属滑州。后晋属开封府郑州。

宋徽宗政和七年（1117）改酸枣县为延津县，属京畿路开封府。

金宣宗贞祐三年（1215）七月，升延津为延州，属南京路开封府。

元世祖至元九年（1272）废延州，仍属南京路开封府，至元二十五年（1288）改南京路为汴京路，延津属之。

明代全国设十三个布政使司，改路为府，司辖府县。延津属河南布政使司开封府（时胙城属卫辉府）。

清世宗雍正二年（1724），以河限，延津由开封府改属卫辉府。雍正五年（1727），胙城并入延津（此前胙城沿革见表1—1）。

表1—1　　　　　　　　　　　　延津、胙城历代建置沿革表

纪年（公元）	朝代	延津沿革名称	所属	胙城沿革名称	所属	备注
公元前21—前16世纪	夏		豫州			
公元前16—前11世纪	商		畿内			
公元前11世纪—前771年	西周		卫国	胙国	卫国	治所在今之大庞固
公元前770—前476年	春秋	廪延	郑国、晋国	南燕国	晋国	
公元前475—前221年	战国	廪延	魏国	南燕国	魏国	
公元前221—前206年	秦	酸枣县	东郡	南燕县	东郡	
公元前206—23年	西汉	酸枣县	兖州陈留郡	南燕县	东郡	
25—220年	东汉	酸枣县	兖州陈留郡	燕县	东郡	
220—265年	三国	酸枣县	（魏）兖州陈留郡	燕县	（魏）东郡	
265—316年	西晋	酸枣县	兖州陈留郡	东燕县	兖州濮阳国	
317—420年	东晋	酸枣县	豫州陈留郡	东燕县	兖州濮阳国	
420—589年	南北朝	酸枣县	（北魏）豫州陈留郡（东魏）司州东郡	南燕县	东郡	酸枣并入小黄，不久又恢复。北齐省封丘、酸枣入南燕。
581—618年	隋	酸枣县	豫州滑州豫州荥阳郡	胙城县	滑州兖州东郡	酸枣自南燕析出，改南燕为胙城县，析酸枣地置灵昌。
618—907年	唐	酸枣县	滑州灵昌郡	胙州南燕县	滑州灵昌郡	武德二年（619）置胙州并置南燕县，四年州废省南燕入胙城武德三年（620）析酸枣、胙城地置守节县，四年（621）废。

纪年（公元）	朝代	延津沿革名称	所属	胙城沿革名称	所属	备注
907—960年	五代	酸枣县	（后梁）东郡开封府（后唐）西郡滑州（后晋）开封府郑州	胙城县	滑州灵昌郡	
960—1127年	北宋	酸枣县延津县	京畿路开封府	胙城县	京西路滑州	政和七年（1117）改为延津县
1115—1234年	金	延津县	南京路开封府	胙城县	南京路开封府	贞祐三年（1215）升延津为延州。
1271—1368年	元	延津县	南京路	胙城路	卫辉路	至元九年（1273）废延州
1368—1644年	明	延津县	河南省布政使司开封府	胙城县	河南布政使司卫辉府	成化十五年（1479）黄河徙于县南、延津处于河北。
1644—1911年	清	延津县	河南省卫辉府	胙城县	河南省卫辉府	以河限，故雍正二年（1724）延津改属卫辉府，雍正五年（1727）胙城并入延津。
1912—1949年	中华民国	延津县	河南省豫北道河南省第四行政督察区			1927年以前属豫北道，以后属第四行政督察区，沦陷期间属伪豫北道，抗日胜利后又属第四行政督察区。
1949年至今	中华人民共和国	延津县	平原省新乡专区河南省新乡专（地）区河南省新乡市			

民国初年（1912），废府设道；1913年成立豫北道，延津属之。

民国十六年（1927）撤道，延津直属河南省。民国二十一年（1932）省县之间设督察区，延津属河南省第四行政督察区。民国二十七年至民国三十四年（1938—1945年），日伪豫北道辖延津。日本投降后，延津仍属河南省第四行政督察区。

民国三十四年（1945）六月，中国共产党卫滨、延津县委和政府建立，以王楼、魏邱、胙城为界，北为卫滨县，南为延津县。民国三十五年（1946）四月，卫滨县并入延津。继而国民党复据延津，属河南省第四行政督察区。

1949年8月20日，平原省人民政府建立。延津属平原省新乡专区。

1952年平原省撤销，改属河南省新乡专区。"文化大革命"时期，改专区为地区；1986年地区撤销，延津属新乡市。

（七）原阳县

原阳县是1950年由旧治原武、阳武两县合并而成。

公元前21—前16世纪的夏朝时县境属九州之豫州。

公元前16—前11世纪的商朝时属畿内地（王都直辖区）。

公元前11世纪时周灭商后，划畿内为邶、鄘、卫三国，原阳地方大部分属鄘，部分属卫。

公元前770—前476年春秋时期属郑国，境内有扈、衡雍、城棣、修泽、践土等小邑和小国。后属晋国。公元前476—前221年战国时期属魏国。

公元前211年，秦始置阳武县，治今县城东南14千米黄河河床处，辖今原阳县东部、中部；置卷县，治今境西部原武镇古卷地之圈城村一带。二县同属三川郡。今县境东北部则属酸枣县辖。

汉高祖元年（前206），析阳武县置原武县，治今原阳县城，辖今县境中部；阳武县辖今县境东南部。阳武、原武、卷三县皆属河南郡。汉武帝征和四年（前89），属司隶校尉部（监察区）河南郡，新莽时改阳武县为阳桓县，改原武县为原桓县。

东汉光武帝建武年间，阳桓、原桓复名阳武、原武，与卷县皆属司隶校尉部河南尹。

三国时期，阳、原、卷三县先属魏司州河南尹。魏正始五年（244），析河南尹置荥阳郡，三县皆属之。魏嘉平元年（249），废荥阳郡，三县仍属河南尹。咸熙初，于原武县置原武郡。

西晋初（281年），废原武郡、县，并入阳武县，阳武、卷属荥阳郡[①]。

十六国时期（304—420年），阳武、卷随荥阳郡先后属前赵、后赵、冉魏、前燕、前秦、后燕。

南朝宋武帝永初年间（420—422年），复置司州，领荥阳郡，阳武、卷均属之。少帝景平元年（423），司州之地皆入北魏。北魏时，阳武、卷属北豫州荥阳郡。太武帝太平真君八年（447），卷县废，与中牟县皆并入

---

① 晋武帝泰始二年（266）置。

阳武。孝文帝太和十一年（487），复置卷县，与阳武同属北豫州荥阳郡。宣武帝景明初（500—503年），析阳武，复置中牟县。孝明帝孝昌二年（526），复置原武县，仍属北豫州荥阳郡。东魏孝静帝天平元年（534），析荥阳郡置广武郡（亦属北豫州），阳武、原武属之。卷仍属荥阳郡。北齐文宣帝天保七年（556），废卷县入荥阳县，属荥阳郡；废原武县入阳武县，阳武县治移汴水南一里，仍属广武郡。北周建德六年（577），置荥州，阳武县隶于荥州广武郡。

隋文帝开皇三年（583）废郡存州，阳武县属郑州［开皇元年（581）荥州改为郑州］。开皇五年（585），阳武县治由汴水南迁原址。开皇十六年（596），置原陵县，治古卷县之阳池城（今原武镇），辖今县境西部，与阳武同属管州（郑州改）。隋炀帝大业三年（607），改管州为荥阳郡，原陵、阳武俱属荥阳郡。

唐高祖武德元年（618），改原陵县复为原武县。武德四年（621），阳武县移治汉原武城（今原阳县城），二县皆属管州（荥阳郡改）。唐太宗贞观元年（627），原、阳二县属河南道郑州（管州改）。唐玄宗天宝元年（747），改州为郡原、阳二县属荥阳郡。嗣后，郑州、荥阳郡之名反复更改，但名异而地域同，皆属河南道管辖。

五代时，后梁太祖开平初（907—911年）置开封府，阳武县隶之，原武县仍属河南道郑州。后唐，开封府降为汴州，后晋天福中（936—947年），仍升为开封府，阳武县皆属之。[①]后汉、后周因袭后晋，阳武属开封府，原武属郑州。

宋初（960年），阳武属京东路开封府，原武属京西路郑州。宋仁宗皇祐五年（1053），阳武属京畿路开封府，原武属京畿路辅郡郑州。宋英宗治平年间（1064—1067年）置原武监（为牧马行政区，与县平级），宋神宗熙宁初（1068年）即废。宋神宗熙宁五年（1072），原武县并入阳武县。宋哲宗元祐初（1086—1094年），复置原武县与原武监，均属京西北路郑州（京西路于庆历中分为南、北两路）。绍圣四年（1097），废原武监。宋徽宗崇宁四年（1105），郑州划为京畿路西辅；大观四年（1110），仍改为京西北路，原武县隶属随郑州改。政和七年（1117），酸枣县（属京畿路开

---

① 原阳县志编纂委员会：《原阳县志》，生活·读书·新知三联书店1991年版，第75页。

封府）改名延津县，今原阳县东北部分村庄为其所辖。

金海陵王完颜亮贞元年（1153），阳武县属南京路开封府，原武县属南京路郑州。金章宗泰和年中（1201—1208年），延津县（属南京路开封府）迁治延州店（今原阳县延州村）。金宣宗贞祐三年（1215），置延州（治延州店），辖延津、阳武、原武三县。

元世祖至元八年（1271），原武、阳武和延津三县均属河南江北行中书省南京路。原武初属郑州，不久改归开封府，后又属延州；阳武、延津仍属延州。至元九年（1272）废延州，旧延州州治及附近村庄（今原阳县东北部）由延津县划入阳武县，原武、阳武直隶于南京路。至元二十五年（1288），南京路改称汴梁路，阳武、原武仍隶之。

明太祖洪武元年（1368），析原武县置安城县，辖今原阳县西南部，县治旧址在今蒋庄乡胡村铺。安城、原武、阳武三县同属河南布政使司开封府。明英宗正统年间（1436—1448年），废安城县。明代宗景泰三年（1452）四月，大河淹原武县城，县治移古卷城（今原武镇圈城村），水退后复还旧治。

清初（1644年），原、阳二县皆属河南省开封府。清世宗雍正二年（1724），原武县改属河南省彰卫怀道怀庆府。清高宗乾隆四十八年（1783），阳武县亦改属怀庆府。

民国二年（1913）废府，设豫北道，翌年改河北道，原、阳二县隶之。

民国十七年（1928），废道设行政督察区，原、阳二县属河南省第二行政督察区。翌年，废行政督察区，二县直属河南省。民国二十一年（1932）八月，设行政督察区，原、阳二县分属第十三、十四行政督察区；10月，同改属河南省第四行政督察区。民国二十六年（1937），抗日战争爆发，原、阳二县相继沦陷，1939年4月被划入伪豫北道。1945年抗战胜利，二县仍属第四行政督察区。

1945年3月，中国共产党晋冀鲁豫边区太行行署首置原阳县，于官厂村李家祖庙设原阳县抗日民主政府，属太行行署七专区，辖原武、阳武二县南部滩区。1946年初，原阳县建制撤销。1947年7月，重置原阳县，属冀鲁豫行署第四专区。1948年5月，晋冀鲁豫边区撤销，原阳县随冀鲁豫行署归华北人民政府管辖。是年10月，原武、阳武二县解放，隶于冀鲁豫行署第四专区。

1949年，中华人民共和国成立，原武、阳武二县属平原省新乡专区。

1950年3月，原武、阳武二县正式合并为原阳县，同时与郑县、广武、新乡、封丘等县调整边界。1952年12月，平原省撤销，原阳县改属河南省新乡专区。1969年改属新乡地区。1986年2月，新乡地区撤销，原阳县划归新乡市管辖。

（八）封丘县

封丘县夏代为豫州地域。据《唐书·宰相世系表》记载，封父的祖先姜钜，因参加皇帝伐蚩尤的涿鹿之战有功，夏后启时代，被封为诸侯，食邑于封丘；在不足70里的地域建立了封父侯国。[①]商代属畿内地，西周时期属卫国，春秋时期属卫国，战国时期先后属韩国、魏国。秦朝时属三川郡，西汉初期始置封丘县。以后，隶属屡变，撤复多次。历代隶属沿革如表1—2。

表1—2　　　　　　　　　　　封丘县隶属沿革表

时代		年代	县以上行政机构	当时本县名称	附注
夏		公元前21世纪—前16世纪	豫州	封父侯国	
商		公元前16世纪—前11世纪		封父侯国	
西周		公元前11世纪—前770年	卫国	封父侯国	
春秋		公元前770—前476年	卫国		
战国		公元前476—前221年	韩国、魏国		
秦朝		公元前221—前206年	三川郡	南燕县	
汉	西汉	公元前206—23年	兖州陈留郡	封丘县平丘侯国	始置封丘县
	东汉	25—220年	兖州陈留郡	封丘县平丘县	
三国（魏）		220—265年	兖州陈留郡	封丘县平丘县	

---

① 封丘县志编纂委员会：《封丘县志》，中州古籍出版社1994年版，第53页。

时代		年代	县以上行政机构	当时本县名称	附注
晋	西晋	265—316年	兖州陈留郡	封丘县 平丘县	其间撤平丘并归封丘
	东晋	317—420年	兖州陈留郡	封丘县	
南北朝	宋	420—479年	兖州陈留郡	封丘县	
	北魏	386—534年	兖州陈留郡	封丘县	448年撤封丘县并归酸枣。至景明二年（501），恢复封丘县建制
南北朝	东魏	534—550年	梁州开封府	封丘县	
	北齐	550—577年	扬州陈留郡	酸枣县	550年撤销封丘县建制，归酸枣县
	北周	557—581年	汴州陈留郡	酸枣县	
隋		581—618年	兖州东郡	封丘县	596年，又恢复封丘县建制
唐		618—907年	河南道陈留郡	封丘县 守节县	618年，再次废封丘县制。619年又恢复封丘县建制
五代		907—960年	开封府	封丘县	
北宋		960—1127年	京畿开封府	封丘县	
金		1115—1234年	南京路开封府	封丘县	
元		1271—1368年	江北道汴梁路	封丘县	
明		1368—1644年	河南布政使司开封府	封丘县	
清		1644—1911年	河南省开封府	封丘县	乾隆四十一年（1776）改属卫辉府
中华民国		1912年	河南省	封丘县	
		1916年	河南省河北道	封丘县	
		1924年	河南省	封丘县	
		1932年	河南省第四行政督察区	封丘县	
		1937年	河南省豫北道	封丘县	日伪在省下设道（1937年日寇占据封丘，改属豫北道）
		1945年	河南省濮阳专区	封丘县	
中华人民共和国		1949年	平原省濮阳专区	封丘县	
		1952年	河南省新乡专区	封丘县	
		1967年	河南省新乡地区	封丘县	
		1986年	河南省新乡市	封丘县	

（九）长垣县

长垣境内现有浮丘店仰韶文化遗址和大岗、宜丘、苏坟等龙山文化遗址，可以证明几千年前就有人在此劳动生息。[1]

夏代天下划分为九州，长垣属九州之豫州地域。

商代属畿内地。

西周时期属卫国。

春秋时期为卫国的蒲邑、匡邑。蒲城即今长垣县城所在地，《孔子家语》"子路为蒲宰"即此。匡城在今张寨乡孔庄村（古名匡庄），《论语》"子畏于匡"即指此地。战国时先属韩国，后属魏国，并匡、蒲，置首垣邑。邑治在今县城东北5千米陈墙，旧名陈墙里村。

秦代设长垣县，始有长垣之名，属三川郡，后属东郡。

西汉时期名长垣县，新置平丘县和长罗侯国，皆辖今长垣县一部分，俱属兖州陈留郡（平丘故城在今封丘县东南，即平街。长罗故城在今滑县妹村以东）。新莽改长垣县为长固县，属兖州陈留郡。

东汉时期置长垣侯国与平丘县，光武帝建武五年（29）复置长罗侯国，俱属兖州陈留郡。建武十五年（39）长罗侯国废。

三国时期属魏，隶兖州陈留郡。

西晋时期长垣属陈留国陈留郡。

东晋十六国时期，先后为后赵、前燕、前秦、后燕、后秦、东晋六国所辖，东晋两次控制此地约6年。

南北朝时期，南朝宋武帝尽得河南之地，置兖州于滑台，辖谯郡长垣。北魏属司州东郡。太武帝太平真君八年（447），将长垣并入外黄（今杞县东北，兰考东南）。宣武帝景明三年（502）复置长垣县，仍属东郡。东魏、北齐时隶属不变。自战国（魏）至隋初历时八百余年，县治皆在陈墙村。

隋代初仍名长垣县。隋文帝开皇十六年（596）移县治于妇姑城（今司坡一带），因该城西南有古匡城，故改为匡城县；同年又于韦城（在今滑县东南妹村）置长垣县。隋炀帝大业元年（605）废匡城县并入长垣，皆属东郡。

唐高祖武德元年（618），仍分匡城、长垣两县，皆属河南道滑州。唐

①　长垣县地方史志编纂委员会：《长垣县志》，中州古籍出版社1991年版，第67页。

太宗贞观八年（634）废长垣县又并入匡城县。

五代时，后梁改匡城为长垣，属东都开封府；后唐改为匡城县，属汴州；后晋匡城仍属之；后汉、后周不变；以至于宋。

宋太祖建隆元年（960）为避太祖"匡"字讳，改匡城县为鹤丘县。大中祥符二年（1009）复改为长垣县，皆属京畿路开封府。自隋至金初历时608年，县治皆在今司坡一带。

金初，长垣属南京路开封府。金章宗明昌五年（1194）黄河改道，自阳武东流。为避水患，于泰和四年（1204）迁县治于柳冢一带（今旧城）。因与开封府隔河不便，于泰和八年（1208）改属大名路开州（今濮阳）。

元初，曾改县为保垣州，不久仍改为长垣县，隶中书省，初归大名府，至元二年（1265）属开州。金、元两代计165年，县治均在柳冢。

明代属大名府开州。明太祖洪武二年（1369）因黄河水患，迁县治于蒲城镇，即今治所在地。

清代属直隶省大名府。

民国时期初年属河南省大名道。

民国十七年（1928）裁道，直属河南省管辖。民国十八年（1929）改直隶为河北省，长垣属之。民国二十五年（1936）属河北省第十一行政督察区。民国二十七年（1938），日本侵略军占据长垣县城，成立伪政权，属河北省冀南道。民国三十四年（1945）秋日军投降后，国民党部队抢进县城，成立县政府。民国三十五年（1946）属河北省第十四行政督察区。

抗日战争时期，抗日民主政府与国民党、日伪政府并存。民国二十九年（1940）4月，长垣县抗日民主政府成立，属冀鲁豫行署第四专区管辖，同年撤销。民国三十年（1941），中国共产党领导的冀鲁豫行署第四专区决定长垣县河东部分的北部划归东垣县抗日民主政府管辖；民国三十二年（1943）又决定将长垣西北部划归卫南县抗日民主政府管辖；同时，划长（垣）、滑、濮（阳）、东（明）四县边区成立滨河县抗日民主政府。民国三十四年（1945），以上三县撤销，恢复长垣县建制，成立长垣县人民政府，县政府在佘家、丁栾一带办公。

1949年春，县人民政府进驻县城办公，属冀鲁豫行署第四专区管辖。8月，冀鲁豫边区建制撤销，平原省建立，省会驻新乡。长垣县属新建的平原省濮阳专区。

1952年12月平原省撤销，并入河南省，长垣属河南省濮阳专区；1954年6月濮阳专区撤销，长垣改属新乡专区；1955年2月，长垣划归安阳专区；1958年4月，安阳专区撤销，长垣又属新乡专区；1961年12月，安阳专区恢复，长垣复归安阳专区。1967年，专区改为地区，长垣属安阳地区。1983年安阳地区撤销，长垣属新设的濮阳市。1986年3月长垣划归新乡市。

第二章　牧野自然地理

第一节　牧野的地貌

地貌，是指地球表面各种形态的总称，也称地形。地球地貌包括陆地地貌和海底地貌两大一级地貌单元。其中海底地貌又可分为大陆架、大陆坡、大洋底部三个次级地貌单元。地貌构成了地球的基本骨架，是地理环境的核心组成要素，对气候、水文、生物、土壤等地理环境其他要素具有重要影响。

一　地貌类型与特征

根据地表高低起伏形态的差异，陆地地貌可分为山地、丘陵、平原、高原、山地五种基本类型。其中山地是指海拔500米以上，地面峰峦起伏，坡度陡峻的地区；丘陵是指海拔200—500米，地面起伏不大，坡度和缓的地区；平原是指海拔200米以下，地面平坦或略有起伏，无坡度或略有坡度的地区；高原是指海拔500米以上，地面比较平坦或呈波状起伏，略有坡度，但边缘坡度陡峻的地区；盆地是指四周被山地或丘陵环绕，中间较低平的盆状地形。此外，陆地地貌还包括褶皱地貌、断层地貌、火山地貌、坡地地貌、岩溶地貌、黄土地貌、风成地貌、流水地貌、冰川地貌、海岸地貌、冻土地貌等非常态地貌。

牧野地区处于我国地势第二阶梯向第三阶梯的过渡地带，地势与我国整体地势一致，由西北向东南逐渐降低。海拔高度最低60米，最高1732米，最高点在辉县市的太行山脉九峰山十字岭。

牧野地区地貌类型复杂多样，按大类可划分为：山地、丘陵、平原。

按小类细分，山地包括中山和低山；平原包括洪积扇平原①和冲积平原。其中山地面积1025.35平方千米，占辖区面积的12.43%；丘陵面积513.91平方千米，占辖区面积的6.23%；平原面积6709.74平方千米，占辖区面积的81.34%。牧野地区西北为太行山地，山峰连绵；北部为丘陵，岗陵起伏；中南部为太行山山前倾斜平原（洪积扇平原）和黄河冲积平原，平坦辽阔。从行政区划看，山地、丘陵分布在辉县市、卫辉市和凤泉区；平原分布在其他县区。

二 山岭

一般将山地、丘陵统称为山岭。牧野地区的山岭主要有辉县市境内的太行山和卫辉市境内的苍峪山和霖落山。

（一）太行山

古代叫五行山、王姆山、女娲山。《水经注》曰大号山、沮洳山。呈西南—东北走向斜卧在牧野地区的西北边境。主脊从焦作修武县入境，到九峰山向北伸入安阳林州界。

驼峰岭 位于辉县市区西35千米处，峰耸似驼，故名。②附近有驼佛寺古庙遗址。

白鹿山 位于辉县市区西25千米处，海拔1307米，山形似鹿，故名。山上绝壁悬崖，白云缭绕；山间泉水涓涓，林木蔽天。山麓有古刹白云寺。

石门山 位于辉县市区西北25千米处，石壁对峙如门，故曰石门山。内有三潭，山势险峻，景色清幽，元好问等历史名人留诗甚多。抗日战争前山内林木茂密，出产山炭、木料、锤把、木锭、蚕丝、药材等，有"日出斗金"之说。

九莲山 位于辉县市上八里镇松树坪村西北部，因九座山峰形如莲花得名。旧时沿石阶攀登，甚险。

紫团巍 位于辉县市区西北30千米石门水库北，海拔1387.8米，俗称"老爷顶"。山峰四壁陡立，攀登甚险。因山峰常有紫云缭绕，故名。

---

① 山地河流带来的大量砾石和泥沙在山麓带发生堆积，形成一个半锥形的堆积体，平面呈扇形，称洪积扇。

② 辉县市史志编纂委员会：《辉县市志》，中州古籍出版社1992年版，第93页。

昔人依山凿级仅可容足，一足移错即落深渊。登1.5千米高，经一天门、二天门、三天门，始达绝顶，上面可容千人。古时山上产参，曰紫团参，为名贵药材，现极少。

九峰山　位于辉县市区西北30千米石门水库东北部，因周围有九座山峰得名。主峰十字岭，海拔1732米，为牧野境内最高峰。

华山　位于辉县市后庄乡小井村西，海拔1576米。

轿顶山　位于辉县市区西北40千米沙窑乡正西，海拔1398米，因山峰尖圆如轿顶得名，又名铁打寨山。

窟窿山　位于辉县市区西北36千米处，远望山峰北侧，如镶圆镜，南北两窟窿皆方圆数十丈，北窟人可行走，南窟不能登。日映西眺，如双月衔山。

道人峰　位于辉县市区西北50千米太行山上，峭峰耸立，宛如道人，故名。

双人峰　位于辉县市区西北50千米处，双峰并立，宛如双人面语，故名。

玉柱峰　位于辉县市区北25千米处，孤峰耸立如柱。

笔架山　位于辉县市秋沟村西岭，三峰直入云霄，宛如笔架，故名。

落伽山　位于辉县市秋沟村南，崇山峻岭环于外，灵岩翠岫绕于中，三面泉水下泻于潭，潭方亩许，石峰自潭中出，高70余米，巍峨挺拔，人莫能登。

紫荆山　位于辉县市北寨村东北，山势陡峻，石壁嶙峋，山顶建真武庙，俗称小金顶、北金顶。

旗杆垴　位于辉县市区西北40千米之白土岗南，山近鹿岭口，其峰独耸，犹如旗杆。

立子山　位于辉县市南平罗村南，平地突起，平圆无棱，居侯兆川之中。

六台山　位于辉县市高庄村北，平地突起一峰，海拔209.7米，旧有凌云寺，已废。现尚有古砖塔一座。相传昔有群鹿聚其上，亦名鹿台山。

金掌山　位于辉县市金章村西，平地突起，南北两峰对峙，又叫二郎山，也叫九仙山。山东凹原有崇福寺，久废。

苏门山　位于辉县市区西北3千米处，一名苏岭，又名百门山，海拔

139米。旧志云：苏门，乃樵苏者之门也，两山对峙，出入如门。①北牟群峦，南吐清泉，左依九山，右襟重门，山清水秀，景物清幽，为历代文人名士荟萃之地。

方山　位于辉县市东井峪村东北，海拔573米，顶平坦，山形方正，故名。

九山　位于辉县市区北3千米处，海拔413.5米，孤峰耸立，可视群山。山巅有古刹，通志云九日山，昔邑人常于重九日登此，故名。一云山产野韭，又名韭山。

共山　位于辉县市九山之东南，一名共山，又名共山首，俗呼共山头，海拔239.4米，因卫世子共伯封地得名，相传共伯葬于山侧。

黑麓山　位于辉县市区东北25千米处，海拔875.7米，山谷名黑麓河，山腰有古刹，名黑麓寺。山涧细流穿石，山坡卉木垂荫，盛夏无暑。

百福山　位于辉县市区东北15千米处，因山有寺院，内有白石佛，又名白佛山。

滑山　位于辉县市区东北5千米共山头之北，海拔492米，山峰突起，与九山东西对峙。

（二）苍峪山

又名苍山、苍岩山，因曾产苍珉石而得名。坐落在卫辉市狮豹头乡，跨越东经113°58′—114°03′和北纬35°35′—35°42′。山体长约24千米，面积约150平方千米。山体呈弧形，蜿蜒于沧河两岸，总趋势由西北向东南伸展。海拔高程，西北约900米，向东南逐渐递减至300米左右。山体最宽处在靳庄至罗圈北岭，达10千米；最窄处潘梯至东沟，仅5千米左右。岩石以奥陶纪石灰岩为主，地质构造以断层为主。因径流切割严重，山势峻拔，层峦叠嶂。土壤以红色沙质土为主。植被为稀疏单株树木、荆灌木丛及匍状草本植物，主峰黄梅草垴，海拔1069米，位于东拴马村北3.3千米，与林县交界处。

罗圈北岭　海拔1042米，位于卫辉市罗圈村北2.5千米，卫辉与淇县、林县交界处。坐标为东经113°59′，北纬35°42′。峰顶呈锯齿状。

柳树岭　西段位于卫辉市狮豹头乡柳树岭村西，呈西北至东南走向，

---

① 辉县市史志编纂委员会：《辉县市志》，中州古籍出版社1992年版，第94页。

东段为原东拴马、狮豹头两乡分界岭。东西长约7千米，南北最宽约2.5千米，最窄约0.5千米。主峰海拔937米。

跑马岭　呈东西走向，东起卫辉市狮豹头林场，西与柳树岭相接，长约6千米，是苍峪山和霖落山的东段分界岭。主峰海拔851米。

双山岭　位于卫辉市狮豹头乡西与辉县交界处，走向西北至东南，到里西沟村西南折向东北，与柳树岭、跑马岭交会，是苍峪山和霖落山的西段分界岭。主峰海拔965米。

方山　位于卫辉市狮豹头乡雪白庄西南，砂掌村东北，与跑马岭隔河相峙，呈东西方向。主峰海拔848米。

锅帽山　位于卫辉市狮豹头乡南部，距狮豹头约6千米，走向为西北至东南。主峰海拔497米。

（三）霖落山

山体坐落在卫辉市太公镇、狮豹头乡。因喀斯特发育，在香泉寺附近常有泉水出露，霖落而下，犹如甘霖降落，故名。处于东经113°52′—114°01′和北纬35°30′—35°41′，长约13千米，宽3千米，面积约40平方千米，总趋势呈西北至东南走向。岩石以奥陶纪石灰岩为主，在池山偶有火成岩露头。地质构造为缓倾斜断层，径流切割严重，构成支离破碎的单面山。岩石表层被红色土壤所覆盖。荒山秃岭缝隙之间，生长有稀疏的荆灌木丛，匐状草本植物。海拔高程一般为400—500米，主峰池山，海拔681米。

沙埚岭　位于卫辉市狮豹头乡西部，距大池山3.5千米左右，呈东西走向。主峰海拔617米。

南垴　位于卫辉市狮豹头乡西北与辉县市交界线上，距大池山约5千米，走向呈东北至西南。主峰海拔865米。

安得岭　位于卫辉市太公镇西北隅，距太公泉8.3千米，走向为西北至东南。主峰海拔536米。

谷驼山　位于卫辉市太公镇西南与唐庄镇交界处，距太公泉约6千米，走向为西北至东南。主峰海拔363米。

三　洞穴

水仙古龛　位于辉县市侯兆川西南悬崖下，阔近20米，长80余米，内建三官庙、广生庙。壁上滴水，壁下泉涌，或侧出，或悬流，或穴窜；龛内石如钟乳，微黑色，有如龙凤虎豹者。[1]

莲花洞　位于辉县市郭亮村莲花岭下，内有清泉，夏不溢，冬不涸。

白龙洞　位于辉县市郭亮村西2.5千米处，洞口高大，洞内有洞，入数百米后有水难涉，有钟乳石，形如罗汉。

红龙洞　位于辉县市郭亮村西2千米处，洞口草木簇拥，山耸路险，人莫能近。

黄龙洞　位于辉县市区西北55千米丹分村西，上有怪石，下有水潭，深处响声如雷。

桃花洞　位于辉县市黄水乡龙洞村旁。洞内有洞，上有乳石，下有钟石，如龙、虎、塔、柱，千姿百态，琳琅满目，雾气缭绕，入70米不见尽头。

四　地质灾害

地质灾害是指在地球的发展演化过程中，由各种地质作用形成的灾害性地质事件。常见的地质灾害有地震、火山喷发、滑坡、崩塌、泥石流、地面塌陷等。

牧野地区地质灾害主要是地震，不过一般震级较低，为无感地震（3级以下）和有感地震（3—5级）。据史志资料记载，秦代以来，震源在牧野境内且震级在3级以上的地震如下：

清乾隆二年（1737）九月初七（9月30日），新乡县（北纬35°18′，东经113°48′）发生5.5级地震。[2]

1967年3月26日，辉县市南村、司寨发生4.0级地震。[3]

1967年4月13日，卫辉市太公泉处发生4.0级地震。[4]

1967年11月6日，辉县市高庄、南村发生3.5级地震。[5]

1978年6月5日，卫辉市孙杏村发生4.5级地震。[6]

---

[1]　辉县市史志编纂委员会：《辉县市志》，中州古籍出版社1992年版，第95页。

[2]　新乡县志编纂委员会：《新乡县志》，生活·读书·新知三联书店1991年版，第62页。

[3]　辉县市史志编纂委员会：《辉县市志》，中州古籍出版社1992年版，第107页。

[4]　卫辉市志编纂委员会：《卫辉市志》，生活·读书·新知三联书店1991年版，第93页。

[5]　辉县市史志编纂委员会：《辉县市志》，中州古籍出版社1992年版，第107页。

[6]　卫辉市志编纂委员会：《卫辉市志》，生活·读书·新知三联书店1991年版，第93页。

1978年12月24日，新乡市（北纬35°19′，东经114°00′）发生3.0级地震。[①]

第二节　牧野的气候

气候是指某地大气物理特征的长期平均状态。光照、气温、降水、风等是构成气候的主要因子。气候是地理环境的重要组成因素，对水文、生物、土壤等地理要素的类型、特征和分布具有决定性影响。气候还对人类的农业、工业、交通运输业、旅游业等社会生产和衣、食、住、行等社会生活具有重要影响。

一　气候类型与特征

我国气候类型有多种划分方法。根据气温高低（热量多少），可以将我国气候分为热带气候、亚热带气候、温带气候（又可细分为暖温带气候、中温带气候、寒温带气候）和高山高原气候四种类型。根据降水多少（干燥程度），可以将我国气候分为湿润气候、半湿润气候、半干旱气候和干旱气候四种类型。根据海陆位置的不同，可以将我国气候分为季风气候（又可细分为海洋性季风气候和大陆性季风气候）和非季风气候两大类型[②]。统整气候要素综合划分，可以将我国气候分为热带季风气候、亚热带季风气候、温带季风气候、温带大陆性气候和高山高原气候五种类型。

牧野地区的气候类型可按照气候要素单独划分和统整气候要素综合划分。按照温度带划分，牧野地区属于暖温带；按照干湿地区划分，牧野地区属于半湿润地区；按照是否季风区划分，牧野地区属于季风区。统整气候要素综合划分，牧野地区属于暖温带大陆性季风气候，雨热同期，四季分明。牧野地区气候基本特征是夏季高温多雨，冬季寒冷少雨雪，春季干旱多风沙，秋季天高气爽。

---

① 新乡市地方史志编纂委员会：《新乡市志·上册》，生活·读书·新知三联书店1994年版，第131页。

② 大兴安岭—阴山—贺兰山—祁连山—巴颜喀拉山—冈底斯山一线以东、以南为季风区，以西、以北为非季风区。

二 光照

牧野地区太阳年辐射总量为114.4千卡/平方厘米，年光合有效辐射为56千卡/平方厘米。[①]年平均日照时数为2040.5小时[②]，日照率（实照时数与应照时数的比值）为54%。一年之中，夏季日照时间最长，春秋次之，冬季最短。在作物生长旺盛的3—8月，平均日照近7小时。充足的光照资源，满足了作物光合作用和一年两熟的需要。

三 气温

（一）年平均气温

牧野地区年平均气温14.4℃。[③]极端最高气温为43℃，出现在1967年6月4日（辉县市）[④]；极端最低气温为-21.3℃，出现在1951年1月13日（新乡市市区）[⑤]。38℃及以上的高温日，年平均出现4—5天。-10℃及以下的低温日，年平均出现2—3天。

（二）气温季节分布

由于牧野地区地处暖温带，四季分明，冬、春、夏、秋气温季节差异很大。具体而言，1月（代表冬季）平均气温0.1℃；4月（代表春季）平均气温15.7℃；7月（代表夏季）平均气温27.2℃；10月（代表秋季）平均气温15.1℃。

（三）气温空间分布

在空间上，由于纬度和海拔的不同，牧野地区的气温分布有一定差异。在水平方向上，气温由南向北降低，夏季南北温差很小，冬季南北温差稍大。这与我国气温的空间分布规律是一致的。在垂直方向上，太行山山顶的气温明显低于山麓的气温，所谓"高处不胜寒"。这是因为气温随着海拔的升高逐渐降低，且海拔每升高100米，气温降低0.1℃。

---

① 新乡市地方史志编纂委员会：《新乡市志（1986—2000）·上册》，中州古籍出版社2008年版，第47页。

② 新乡市地方史志局：《新乡年鉴（2014）》，中州古籍出版社2014年版，第15页。

③ 新乡市地方史志局：《新乡年鉴（2014）》，中州古籍出版社2014年版，第15页。

④ 辉县市史志编纂委员会：《辉县市志》，中州古籍出版社1992年版，第98页。

⑤ 新乡市地方史志编纂委员会：《新乡市志·上册》，生活·读书·新知三联书店1994年版，第143页。

（四）气温日变化

牧野地区通常一日中最高气温出现在14—15时，最低气温出现在凌晨日出前后。最低气温出现的时间，夏季偏早，冬季偏晚，春秋两季相近；最高气温出现的时间则与之相反。由于深居大陆内部，距离海洋较远，牧野地区气候的大陆性特征比较显著，气温日较差较大。其中春秋季气温日较差最大，可达10℃以上，冬季其次，夏季最小。

（五）气温年变化

牧野地区一年中月平均气温最低的月份出现在1月。1—7月，月平均气温渐次递增。其中5月升温最快，5月较4月一般升高6℃—7℃。7月，气温升至最大值，成为一年中月平均气温最高的月份。7月—次年1月，月平均气温渐次递减。其中11月降温最快，11月较10月一般降低7℃—8℃。冬夏两季气温变化较小，特别是6月、7月温差只有1℃左右。与气温日变化一样，牧野地区的气温年变化也具有明显的大陆性特征，最冷月1月平均气温只有0.1℃，而最热月7月平均气温高达27.2℃，气温年较差为27.1℃。

（六）四季的长短

有关四季的划分，有各种不同的标准。天文学上以"二分""二至"，即春分（3月21日前后）、夏至（6月22日前后）、秋分（9月23日前后）、冬至（12月22日前后）作为四季的开始；古书上常以"四立"，即立春（2月3日或4日）、立夏（5月5日或6日）、立秋（8月6—9日）、立冬（11月7日或8日）作为四季的开始；民间习惯上是以农历的1、4、7、10月作为四季的开始月份，1、2、3月为春季，4、5、6月为夏季，7、8、9月为秋季，10、11、12月为冬季；在气候统计上为方便起见，则以阳历的3、6、9、12月作为四季的开始月份，3、4、5月为春季，6、7、8月为夏季，9、10、11月为秋季，12、1、2月为冬季。上述各种四季划分方法，虽然标准不同，但仍有共同之处，即每一个地方，无论纬度高低、地形差异均各有四季，不过与各地实际情况不符，对农业生产的指导意义也不大。目前，我国实际四季的划分是根据候平均气温来确定的（5天为1候，全年73候），即候平均气温低于10℃为冬季的开始，高于22℃为夏季的开始，介于10℃—22℃的为春季和秋季。这样划分出来的四季同各地物候现象大体相符。

牧野地区虽然四季分明，但长短不一，冬夏季较长，春秋季较短。一般3月27日—5月20日为春季，平均长55天左右，最长年70天（如1998年），最短年35天（如1994年）；5月21日—9月14日为夏季，平均长117天左右，最长年135天（如2000年），最短年100天（如1998年）；9月15日—11月6日为秋季，平均长53天左右，最长年70天（如1995年），最短年35天左右（如1987年、1996年、1998年）；11月7日—次年3月26日为冬季，平均长140天左右，最长年达155天左右（如1987年、1988年），最短年120天左右（如1991年、2000年）。

（七）农业界限温度与积温

温度是影响农作物生长的主要因素之一，是农业气候上衡量热量多少的重要指标。与农业关系密切而具有普遍意义的指标是某些农业界限温度。所谓农业界限温度就是指农田作业的温度。[①]一般来说，日平均气温0℃、5℃、10℃、15℃、20℃的积温都是主要的农业界限温度，它们对农业生产都有着重要的意义。

日平均气温<0℃时，土壤开始冻结，农作物和树木停止生长，冬小麦进入越冬阶段。日平均气温<0℃的持续日期，即从头一年秋季初霜到第二年春季终霜期间，称为霜期。牧野地区初霜平均出现在10月27日，终霜平均出现在3月28日，霜期平均为155天。一年中除掉霜期的其他时期就是无霜期。牧野地区的无霜期平均为210天。

日平均气温≥0℃时，土壤开始解冻，农作物和树木复苏，冬小麦进入返青阶段，农事活动开始。所以，日平均气温≥0℃的持续日期称为农耕期。牧野地区日平均气温≥0℃的平均初日为2月16日，平均终日为12月15日，农耕期平均为302天。≥0℃的年平均积温为5183.7℃。

日平均气温≥5℃时，一切越冬农作物和树木恢复生长，冬小麦进入拔节阶段。因此，日平均气温≥5℃的持续日期称为生长期。牧野地区日平均气温≥5℃的平均初日为3月10日，平均终日为11月20日，生长期平均为255天。≥5℃的年平均积温为5004.3℃。

日平均气温≥10℃时，水稻、玉米、棉花等喜温作物开始生长，包括冬小麦在内的大多数农作物和树木开始活跃生长。所以，日平均气温≥10℃的持续时期称为活跃生长期。牧野地区日平均气温≥10℃的

---

① 李涛：《中国地理·上册》，东北师范大学出版社2007年第3版，第139页。

平均初日为4月1日，平均终日为11月3日，活跃生长期平均为217天。
≥10℃的年平均积温为4653.4℃。

日平均气温≥15℃时，水稻、玉米、棉花等喜温作物进入旺盛生长阶
段。所以，日平均气温≥15℃的持续时期为喜温作物活跃生长期。牧野地
区日平均气温≥15℃的平均初日为4月26日，平均终日为10月10日，喜
温作物活跃生长期平均为168天。≥15℃的年平均积温为3993.3℃。

日平均气温≥20℃时，水稻、玉米、棉花等喜温作物光合作用开始，
其逐渐进入成熟阶段。所以，日平均气温≥20℃的持续时期为喜温作物安
全成熟期。牧野地区日平均气温≥20℃的平均初日为5月18日，平均终日
为9月17日，安全成熟期平均为123天。

（八）温度带

根据日平均气温≥10℃的天数和积温数，参照自然景观及农作物分
布，我国可以划分为寒温带、中温带、暖温带、北亚热带、中亚热带、南
亚热带、边缘热带、中热带、赤道热带、高原寒带、高原亚寒带、高原
温带12个温度带。其中暖温带日平均气温≥10℃的天数170—218天，
≥10℃的年平均积温为3200℃—3400℃至4500℃—4800℃。牧野地区日
平均气温≥10℃的天数为217天，≥10℃的年平均积温为4653.4℃，属于
暖温带。

四　降水

（一）年平均降水量

牧野地区年平均降水量为575.9毫米。[①]7月为降水最多月，降水量达
170多毫米；1月为降水最少月，降水量只有5毫米。

（二）年降水量的空间分布

在空间上，牧野地区年降水量的分布有一定差异。就整体而言，年降
水量由东南向西北递减；从局部差异上看，山区多于平原，迎风坡多于背
风坡。这与我国降水的空间分布规律是一致的。

（三）年降水量的季节分配

由于牧野地区地处季风区，降水量季节差异很大。夏季降水量最大，

① 新乡市地方史志局：《新乡年鉴·2014》，中州古籍出版社2014年版，第15页。

秋季次之，春季再次之，冬季降水量最少。其中6—9月平均降水量高达434毫米，占全年降水总量的70%；而10月—次年5月平均降水量仅有141.9毫米，只占全年降水总量的30%。

春季（3—5月）：降水量为87毫米，占年降水量的14%。

夏季（6—8月）：降水量为393.9毫米，占年降水量的63.8%。

秋季（9—11月）：降水量为119毫米，占年降水量的19.3%。

冬季（12—次年2月）：降水量为17.9毫米，占年降水量的2.9%。

牧野地区降水集中在夏季，与其高温期是一致的，雨热同期，便于农作物和树木的生长。

（四）降水量的年际变化

由于牧野地区地处季风区，降水量的年际变化也很大。最大年降水量为1168.4毫米（1963年）[1]，而最小年降水量仅241.8毫米（1997年）[2]。年际变化在241.8—1168.4毫米，最多年为最少年的4.5倍，降水量相差926.6毫米。年降水量的不稳定性，导致旱涝灾害频发。

（五）降水日

牧野地区平均年降水日数（指日降水量达0.1毫米以上的降水日）为75.8天，最多年达112天，而最少年只有46天。

各月降水日数分布和降水量分布大致相同，最多月在7月，达10天以上；最少月在1月，只有2天左右。平均月降水日数6.5天以上者在4—9月。

小雨日数（指日降水量在10毫米以下的降水日）：全年60天左右。

中雨日数（指日降水量在10—24.9毫米的降水日）：全年10天左右。

大雨日数（指日降水量在25—49.9毫米的降水日）：全年4—5天。

暴雨日数（指日降水量在50毫米及以上的降水日）：全年2天左右。

（六）降水强度

降水强度是指单位时间内降水量的大小。牧野地区高强度的降水——大雨、暴雨、特大暴雨等主要出现在5—9月。

---

[1]　新乡市地方史志编纂委员会：《新乡市志·上册》，生活·读书·新知三联书店1994年版，第146页。

[2]　新乡市地方史志编纂委员会：《新乡市志（1986—2000）·上册》，中州古籍出版社2008年版，第47页。

表2-1　　　　　中华人民共和国成立以来新乡市历史上最大降水强度

类型	时间（年月日）	时长	雨量（毫米）
短时强降水	1962.8.8	1小时	76.0
	1961.8.13	3小时	112.1
长时强降水	1961.8.13	1日	214.7
	1963.8.6—8.8	3日	335.5

（七）降雪日与积雪日

牧野地区降雪平均初日为12月3日，平均终日为3月10日，年平均降雪日数为8.7天。积雪平均初日为12月12日，平均终日为2月10日，年平均积雪日数为8.9天。最大积雪深度395毫米（2009年）。

（八）干湿状况

牧野地区年平均蒸发量为1748.4毫米，年平均降水量为575.9毫米，蒸发量远远大于降水量。全年各季的蒸发量也都大于降水量。一年中最大蒸发量出现在6月，为310.1毫米；最小蒸发量出现在1月，为68.8毫米。春季干旱多风，蒸发量与降水量的差值在各季中最大，所以春旱最为频繁和严重。

干燥度是指某地区在 ≥ 10℃期间的可能蒸发量与降水量之比，用以表示一个地区的干湿程度。以干燥度为标志，我国可以划分为湿润地区（干燥度小于1）、半湿润地区（干燥度为1—1.5）、半干旱地区（干燥度为1.5—4）和干旱地区（干燥度大于4）。牧野地区在 ≥ 10℃期间的干燥度为1.28，属于半湿润地区。因此，大气降水不能满足牧野地区农作物生长发育需要，必须适当进行灌溉。这使得牧野地区农业类型为旱地农业。

五　风

季风是我国气候最突出的特征。根据夏季风的影响范围，我国可划分为季风区和非季风区，其分界线大致为大兴安岭—阴山—贺兰山—巴颜喀拉山—冈底斯山一线。牧野地区处于该分界线以东、以南，属于季风区，冬、夏季风向转换明显。冬季，冷空气入侵频繁且势力较强，多刮偏北风；春季，冷空气势力逐渐减弱，暖空气势力逐渐增强，此时主导风向由偏北转偏南；夏季，暖空气势力较强，多刮偏南风；秋季，冷空气势力逐渐增强，暖空气势力逐渐减弱，主导风向由偏南转偏北。全年最多风向为东北风。年平均风速为 2.4 米 / 秒，最大风速为 32 米 / 秒，最大风力 9—10 级。

六　气象灾害

气象灾害是指由气象要素变化而引起的自然灾害。牧野地区地处中纬度地区和亚欧大陆东部，大气环流不稳定，冷暖气团交替明显，季风气候显著，灾害性天气较多。主要气象灾害有大风、干热风、沙尘暴、高温、寒潮、霜冻、干旱、暴雨洪涝、连阴雨、大雪、冰雹等，对农作物、树木生长和人民生活危害较大。2014年以来，雾霾对牧野地区的影响比较明显。

第三节　牧野的水文

地球上的水，以气态、液态和固态三种形式存在于空中、地表与地下，组成了统一的水圈。按存在位置的不同，地球上的水体可以分为海洋水、陆地水、大气水三类，其中陆地水又包括河流、湖泊、沼泽、冰川、永冻土底冰、地下水、土壤水、生物水等。牧野地区地处华北平原腹地、暖温带季风气候区，水体类型主要有河流、湖泊和地下水。

一　河流

按照河川径流的最终归宿和循环方式，可将我国的河流分为两种：一种是直接或间接流入海洋的河流，叫外流河，为外流河提供径流的地区叫外流区域；另一种河流不流入海洋，而是注入内陆湖泊或消失于沙漠戈壁中，叫内流河，为内流河提供径流的地区叫内流区域。内外流域的分界线大致与季风区、非季风区的分界线一致，为大兴安岭—阴山—贺兰山—祁连山—巴颜喀拉山—冈底斯山。外流区域处于东部季风区，年降水充沛，水源充足，地表起伏显著，极少封闭地形，从而河流数量众多，流程长，水量大，具有汛期，最终注入大海。牧野地区地处外流区域，水系也具有外流河的这些特点。

牧野地区地跨海河和黄河两大水系，大致沿原阳县祝楼、黑羊山—新乡县八柳树、古固寨—延津县东屯—卫辉市庞寨—延津县丰庄一线，以西汉时期自西南流向东北的地上悬河古黄河（禹河）故道（古河道高出地面2—4米）为分水岭。西北侧为海河水系，水系面积3985平方千米，占全市总面积的48.78%；东南侧为黄河水系，水系面积4184平方千米，占全市总面积的51.22%。

（一）海河水系

牧野地区属于海河水系的河流主要有卫河及其纸坊沟河、峪河、石门河、黄水河、刘店干河、百泉河、香木河、十里河、香泉河、沧河、大狮涝河、孟姜女河等支流。

1. 卫河

概况　卫河系海河水系五大支流中最长的一支，是隋唐大运河的重要组成部分，为华北平原的重要内河航道，在古代南北漕运和明清以来新乡至天津的商运中均曾发挥过重大的作用。卫河发源于太行山南麓的山西省陵川县夺火镇[1]，呈西南—东北走向，流经山西、河南、山东、河北、天津五省市，于天津汇入海河（海河注入渤海），全长900余千米。卫河源头为大沙河（又名小丹河，全长115.5千米），在新乡县合河镇与百泉河汇流后始称卫河（全长347千米），在河北省馆陶县秤钩湾与漳河汇流后称卫运河（全长157千米），在山东省临清与会通河汇流后称南运河（全长309千米）。以上所说卫河是广义的卫河。狭义的卫河，即通常所说的卫河，仅指新乡县合河镇至河北省馆陶县秤钩湾一段，全长347千米[2]，其中在河南省境内长286千米，在牧野境内长92千米，流经新乡县、新乡市、卫辉市三地（如图2—1所示）。卫河在华北平原静静流淌了两千多年，哺育了牧野人民，孕育了牧野文化，被誉为牧野地区的母亲河。

历史　卫河历史悠久，两汉时叫清水（指新乡县合河镇至河北省馆陶县秤钩湾一段），魏晋南北朝时谓白沟（指淇河口至会通河口一段），隋唐时称永济渠，宋元时曰御河，明代因该河流发源于并主要流经春秋卫地，故称卫河，沿用至今。

河道　牧野段卫河河道长92千米，河床平均宽70米，河道比降平均1/9600，河道曲折率为1.78，流域不对称系数为1.34。

---

① 又一说，卫河发源于河南省辉县市百泉。
② 段晓华：《卫河与卫河航运》，《档案管理》2006年第6期。

图2—1 牧野卫河

（图片来源：赫兴无拍摄）

水系支流 卫河北岸太行山区流域广阔，地势高差大，支流众多，主要有纸坊沟河、峪河、石门河、黄水河、刘店干河、百泉河、香木河、十里河、香泉河、沧河。南岸平原区流域狭长，地势高差小，仅有少量沿沁河古泛道从西南流向东北入境的天然或半天然河道，如大狮涝河、孟姜女河。

水文特征 1952—1962年引黄济卫期间，新乡市区以下至淇河口，河面宽50米，平均水深6.95米，年平均流量80立方米/秒，年平均径流量20.6亿立方米。卫河流域地处季风区，降水比较丰富，年降水量一般为500多毫米，西部太行山区可高达700毫米以上。而季风区河流补给类型主要是降水补给，因此卫河的流量比较大。由于牧野段卫河流经平原区，地势和缓，因此河道落差小，水流平缓。由于卫河流域地处季风区，降水的季节变化和年际变化都非常大，这使得卫河径流量的季节变化和年际变化也都很大。春季是卫河径流明显增加的季节，一般占年径流量的10%左右；夏季是卫河径流最丰富的季节，一般占年径流量的50%左右；秋季是卫河径流明显减退的季节，一般占年径流量的35%左右，冬季是卫河径流的枯竭期，一般占年径流量的5%左右。可以看出，卫河径流量的季节差异非常显著。年最大径流量为1963年的64.8亿立方米，年最小径流量为1979年的7.26亿立方米，径流的年际变化非常大。

利用和治理 历史上，卫河为华北平原的重要内河航道，航运是其主要的功能，同时还具有灌溉、泄洪排涝、城市供水等综合功能。

卫河航运历代水源不足，冬春季节航运不便。宋、元、明、清、民国历代地方官员屡屡上书要求"引黄济卫""引沁济卫"，然终未成功。新中国成立后，为了扩大卫河水源，1952年建成了人民胜利渠，1958年建成了共产主义渠，引黄济卫成功。同时又在沁河筑坝，引沁河水济卫，使得卫河水源一度十分充足。20世纪60年代卫河航运达到鼎盛时期。

卫河航运因"引黄济卫"而发达，也因"引黄济卫"而终结。黄河含沙量大，长期引黄济卫使河道淤塞、河床抬高。尽管政府几次组织沿河民众清淤，但终未能使河床恢复到原来的自然深度。1969年，卫河河道淤塞严重，加上百泉河、大沙河水位下降，使得卫河航船难行。为此，政府只好分批安排船民转业，卫河航运终止。

进入20世纪七八十年代，豫北各地年年干旱，黄河水位大量下降，百泉河、大沙河又断流，卫河失去水源，卫河牧野段遂成一片死水，加上工厂大量污水和生活污水排入河床，使得卫河变成一条又黑又臭的污水河。

20世纪90年代以来，政府高度重视对卫河的综合治理，通过清淤、除污、河道硬化、河岸绿化等工程，卫河逐渐恢复了往日清水长流的面貌。

2. 纸坊沟河

系卫河北岸支流。其发源于山西省陵川县双头泉，经修武县境流向东南，在土高村西入辉县市境，过吴村、邓城村北、孔庄村南注入大沙河。境内长17千米，河宽60—100米，河道比降1/500—1/1000，最大行洪能力100立方米/秒，流域面积80平方千米。清代前清水长流，近代以泄洪为主。1996年，最大行洪流量400立方米/秒。

3. 峪河

《水经注》亦称瑶河，系卫河北岸支流。其发源于山西省陵川县横水，经武家湾村流入辉县市平甸村，称平甸河；水流急速而下，在潭头村形成百丈飞瀑，落入白龙潭后叫宝泉河；在宝泉村入宝泉水库，溢流下泄出山后始称峪河。出峪河口向东南，经卧龙岗分成两支，北支经杭庄村、毛庄村、峪河村、南小营村入大沙河；南支经小作村、峪河村、西寺庄村入大沙河。境内长39千米，河宽30—150米，最大行洪能力600立方米/秒，流域面积672平方千米，为卫河较大支流之一。1996年，最大行洪流量1750立方米/秒。

4.石门河

系卫河北岸支流。其发源于山西省陵川县进头窑，在松树坪村西北入辉县市境石门水库，溢流下泄，经石门口出山流向东南，经白古潭村、大富庄村、田庄村、毛屯村、东北流村、占城村等注入大沙河。境内长41千米，河宽20—180米，河道比降1/50—1/1000，最大行洪能力2670立方米/秒，流域面积317.6平方千米。过去，山洪暴发季节，长给下游占城一带造成灾害。20世纪70年代，石门水库修建之后，洪水很少出山，中游大片土地受益，下游两岸洪水灾害大大减少。

5.黄水河

系卫河北岸支流。其发源于辉县市黄水乡南盘，出黄水口向南流，经龙王庙村、西坪村，至河西村出山，出山后有石峪沟河汇入，经五里河村、高庙村向东南流，在花木村与孙村河相汇，过小罗召村、周圪垱村、蔡旗营村与石门河相汇，流入大沙河。全长45千米，河宽20—50米，河道比降1/50—1/1000，最大行洪能力150立方米/秒，流域面积258.3平方千米。1996年，最大行洪流量550立方米/秒，给下游造成巨大灾害。

6.刘店干河

系卫河北岸支流。其发源于辉县市南村镇二冲，自石岭村南称印底河，关王郊村以下叫郊东沟河。在拍石头村与黑沟水河汇流，经北窑村向南流，在张飞城村南与黑麓河水汇流，在石棚村出山，经下吕村、三庆桥村、小屯村、西刘店村、太平庄村、南云门村会百泉河入卫河。全长40千米，河宽10—40米，河道比降1/100—1/1200，最大行洪能力100立方米/秒，流域面积330平方千米。1963年，下游总洪量400多立方米/秒。自20世纪70年代在上游后庄村、长岭村、拍石头村、黑麓河村修建小水库以后，下游洪水灾害大大减少。

7.百泉河

系卫河北岸支流。其发源于辉县市苏门山之百泉，故称百泉河。百泉河由辉县南流至新乡县块村营村北入新乡县境，经孟庄村东、块村营村与石庄村之间，至合河镇流入卫河。全长15千米，河宽15米，深3米。在历史上是一条能灌、能排、能通航、水产丰富的清泉利河。中唐停止引沁入卫以来，百泉河成为卫河的主源。明清以来，在这条河上建闸、筑堤、修渠，提水浇地，两岸清溪纵横，稻谷飘香。1970年以后，百泉水减少，致使百泉河雨涝有水，干旱断流，渐渐成为排泄山洪河道。

8. 香木河

又名香磨河，俗称北河道，系卫河北岸支流淇河的上游。因古时两岸水打磨磨香末而得名，相传有"七十二盘龙拉磨，九十九顷水浇园"的说法。香木河发源于山西省陵川县淇山下，在小坪村入辉县市境陈家院水库，溢流下泻，至三盘磨村入三郊口水库，溢流下泻，出石门口与沙岳河相会东流去，经鹿庄村、要街村，汇十字河入林州市，继续东流，最后过淇县入卫河。境内河长35千米，河宽50—150米，河道比降1/50—1/1000，流域面积293.3平方千米。过去，由于山洪经常暴发，给沿岸人民带来巨大灾难。20世纪70年代以来，先后在香木河上修建了陈家院、三郊口等水库，洪水被蓄住，灾害基本控制。

9. 十里河

系卫河北岸支流。其起源于辉县市杨圪垱村，流经卫辉市太公泉乡韩窑村西，到虎掌沟村出山，于唐庄镇田庄村南流入共产主义渠，全长17千米。为一季节性河流，无堤防。

10. 香泉河

系卫河北岸支流。其起源于卫辉市狮豹头乡花园村，经猴梯村、王寺沟村、香泉寺村，由东寺庄村北出山，过田湾村、彭窑村、南关村、小屯村、小谷驼村折而向南，到甘庄村东注入共产主义渠。全长约26.5千米，流域面积132.3平方千米。正常流量0.1立方米/秒，最大洪水流量1470立方米/秒。该河无堤防。

11. 沧河

原称苍河，系卫河北岸支流。其发源于林州市石崖水和辉县市横岭村，在西拴马村汇合，经龙卧岩村、正面水库、狮豹头水库、塔岗水库，到口头村出山后潜入地下，下游分为三支复出地表，分别流入共产主义渠，全长70千米。正常流量塔岗水库以上1立方米/秒，塔岗水库以下0.5立方米/秒，最大洪水流量2.4万立方米/秒（1956年7月21日）。1958年后，因塔岗、狮豹头、正面水库先后建成，该河灌溉与防洪能力大大提高。

12. 大狮涝河

系卫河南岸支流。其原为历史上沁河在大樊决口时自然形成的泄洪道，但未形成河床。1957年由修武县、武陟县、获嘉县三县共同开挖成排涝河道，因上游从武陟大樊起，下游流至获嘉县狮子营入大沙河，故取名大狮涝河。境内全长12.4千米，流域面积57平方千米，河口宽20—22米，底宽5—7米，深3米，除涝标准三年一遇，设计排洪流量为46立方米/秒，防洪标准为二十年一遇。

13. 孟姜女河

系卫河南岸支流，其原为古黄河堤北的背河洼地。相传，秦始皇筑长城，孟姜女夫被征，孟姜女哭夫泪水成河。历史上为永济渠上游沁河支流。隋末因兵连祸接，民不聊生，河道逐渐荒废湮没，至唐初与沁河隔绝，成为旱涸涝涌的季节性排涝河道。

该河无源，从武陟县木栾店莲花池开始，分为东西两支。由获嘉县冯庄乡向东，经新乡县郎公庙乡、洪门镇，通过延津县小店镇，在卫辉市城关进入卫河的叫东孟姜女河。全长33.6千米，河口宽35—40米，底宽6—7米，深6—7米，比降为1/4000，最大流量为44.5立方米/秒。由获嘉县亢村乡，经新乡县小冀镇、翟坡乡，在大召营乡络丝潭村进入新乡市区汇入卫河的叫西孟姜女河，全长27.2千米，河口宽22米，底宽2—5米，深3—5米，比降1/4000，最大流量为25.4立方米/秒，可排除五年一遇的涝水。

（二）黄河水系

黄河是我国仅次于长江的第二大河，是我国的母亲河，发源于青藏高原巴颜喀拉山北麓的各姿各雅山下的卡日曲，流经青海、四川、甘肃、宁夏、内蒙古、陕西、山西、河南、山东九省区，在上东垦利县注入渤海，全长5464千米。黄河河道分为三段：从河源至内蒙古托克托县河口镇为上游；河口镇至河南孟津县孟津镇为中游；孟津至入海口为下游。黄河的水文特征：上中游水量较大，下游水量小甚至断流；以降水补给为主，径流量的季节变化和年际变化大；有汛期和结冰期，含沙量大。

牧野段黄河位于牧野地区南部、东部边境，是与郑州、开封、菏泽地区的界河。其自原阳县姚口村入境，至长垣县瓦屋寨出境，河道长165千米，大堤长153千米，河道宽6—10千米，长垣东边界一带最宽达25千米，为一游荡性河道，以东坝头河道急剧转弯处上、下的封丘、长垣段最为典型。该段河身宽浅散乱，流势摆动频繁，心滩消长无常，支汊纵横交织，滩岸变化复杂，堤防决口频繁，二级悬河更是黄河泛滥的心腹之患，该河段素有"豆腐腰"之称。

（三）人工河道

1.人民胜利渠

原名引黄济卫总干渠，是引黄灌溉兼济卫河的大型水利工程，是黄河下游兴建最早的大型灌溉工程。1950年勘察设计；1951年组织施工；1952年4月竣工放水。这一工程的建成，标志着人民治黄事业的胜利，故名人民胜利渠。渠首在黄河北岸武陟县秦厂村大堤南端（如图2—2所示），河水流经获嘉县、新乡县，在新乡市区饮马口流入卫河。全长52.7千米，渠口宽70米，底宽35米，正常引水量50—60立方米/秒，最大引水量100立方米/秒，灌溉武陟县、获嘉县、新乡县、原阳县、新乡市5县1市的数十万亩耕地。灌溉系统有五级固定渠道，依次为总干渠、干渠、支渠、斗渠、农渠。1958年停止引水至卫河，但仍具备灌溉与排涝功能。

图2—2　人民胜利渠渠首闸

（图片来源：赫兴无拍摄）

2.共产主义渠

是继人民胜利渠之后，又一个大型引黄济卫工程。1957年开工，1958年5月1日竣工放水。由于在施工方面，豫、鲁、冀三省人民充分发挥了共产主义大协作精神，故命名共产主义渠。渠首在黄河北岸武陟县秦厂村东，流经武陟县、获嘉县、新乡县、新乡市、卫辉市，在浚县老观嘴注入卫河。全长156.5千米，渠口宽100米，底宽70米，引水能力为280立方米/秒，水分三股分流，其中原延封三县灌区50立方米/秒，武嘉两县灌区30立方米/秒，通过新乡市的主渠道（称总干渠）200立方米/秒，可灌溉豫、鲁、冀三省1000余万亩土地，并供应天津市用水。

共产主义渠自1958年5月至1961年三年中共向卫河输水90亿立方米，对灌溉华北平原沿河农田，改良滨海地区低洼盐碱地，解决天津用水，沟通南北航运，代替卫河行洪、缩短卫河滞洪期等发挥了很大作用。但由于该渠设计工作缺乏全面深入的调查，导致出现了卫河河床淤积、牧野地区土地盐碱化扩大等问题。由于黄河含泥沙量特别大，大量黄河泥沙随着渠水淤积在卫河河床，仅牧野段三年淤高3.9米。河床淤积，水流不畅，使得两岸地下水位急剧上升，加上汛期涝水入渠受阻，进而扩大了牧野地区土地盐碱化。1962年，共产主义渠被迫停止放水，排涝泄洪成为该渠的主要任务。

3. 天然文岩渠

由天然渠和文岩渠汇合而成。天然渠西起原阳县王村，大部沿现行河道背河洼地向东经原武南、大宾、东老河入封丘县，经封丘县城南抵县东北界，长约95千米。文岩渠西起武陟县张菜园，向东经原阳县王禄、西磁固堤，原阳县城北，北东至韩庄入延津县，向东直达封丘县东界，境内长约105千米。二者大致平行出封丘县在长垣县西界大车集汇流为天然文岩渠后，沿今临黄大堤西侧取土筑堤遗留下的堤沟转向东北过孙庄出境，在濮阳渠村入黄河，境内长约41千米。天然文岩渠是原阳、延津、封丘、长垣四县的骨干防洪除涝河道。

二 湖泊

牧野地区地处北方半湿润地区，降水较之南方要少得多，天然湖泊甚少。不过人工湖泊——水库修建了不少。

（一）天然湖泊

1. 青龙湖

青龙湖是河南最大的一处淡水湖，因青龙庙而得名。它位于封丘县曹岗乡境内旧106国道东侧张寨村东。它是清乾隆二十六年（1761）黄河决口形成的自然湖泊。南北长3千米，东西宽500米，水面300公顷。水脉与黄河相连，湖水数百年不干，即使枯水季节，依然碧波荡漾，平均水深4.8米。湖中水产丰富，有鲤鱼、青鱼、鲢鱼、甲鱼、鳝鱼和鲴鱼等。据中科院水产研究所专家论证，所产鲴鱼的营养堪称天下一绝。湖边水草丰盛，芦蒲成丛，荷花成塘。水鸟、白天鹅、灰鹤、水鸭、鹭鸶、鸳鸯等珍禽成群飞舞，水中嬉戏，栖息繁殖。这里属国家级湿地鸟类保护区。

2.韦相湖

在原阳县陡门乡正北，原阳县与封丘县交界处有一汪500亩的湖面，人称韦相湖。湖面分东湖、西湖，湖中有湖心岛，湖岸上野草簇茂，杨柳依依，颇具野趣。湖水深处可达7米，鱼类繁多。据考，湖底为韦思谦府邸所在，引无数游客凭吊。

（二）人工湖泊——水库

中华人民共和国成立后，为了防洪和灌溉，辉县和卫辉人民在太行山区修建了众多的水库。

1.塔岗水库

位于卫辉市狮豹头乡塔岗村东北沧河上（如图2—3所示）。国家投资25万元，于1958年6月正式开工，9月基本建成。总库容1786万立方米，兴利库容954万立方米。最大坝高41米，坝顶高程185米，另有防浪墙1.2米，坝长157.7米，坝型为砌石混合坝。左岸副坝为土坝，高17米，长35

图2—3 塔岗水库

（图片来源：赫兴无拍摄）

米。库区河床多为石英砂岩和角闪片麻岩。控制流域面积234平方千米。按五千年一遇洪水标准校核。24小时暴雨780毫米，最大时降雨193毫米，净雨668毫米，洪峰流量5214立方米/秒，校核洪水位185.05米，相应库容1786万立方米。塔岗水库可以灌溉耕地4.8万亩，发电装机600千瓦。

2. 狮豹头水库

位于卫辉市狮豹头乡北狮豹头村东沧河上。国家投资102万元，于1959年11月正式开工；1960年经济困难时期停建；1966年复工；1967年4月建成。总库容1860万立方米，兴利库容1010万立方米。最大坝高50.7米，坝顶高程314.7米，另有防浪墙1.2米，坝长150米，坝型为浆砌石斜墙堆石坝。库区河床多为石英砂岩。控制流域面积160平方千米。按五千年一遇洪水标准校核。24小时暴雨780毫米，最大时降雨193毫米，净雨668毫米，洪峰流量3920立方米/秒，校核洪水位312.8米，校核库容1860万立方米。狮豹头水库可养鱼水面0.67平方千米，可以灌溉耕地3.5万亩，发电装机1000千瓦，补给塔岗水库。

3. 正面水库

位于卫辉市狮豹头乡南占沟村东南沧河上。国家投资350万元，于1970年11月正式开工，1973年8月建成。总库容1441万立方米，兴利库容1130万立方米。最大坝高52.8米，坝顶高程400.8米，另有防浪墙1.2米，坝长304.5米，中间120米长为溢流坝，高程395米，两端挡水坝坝长184.5米，坝型为砌石混合坝。库区河床多为花岗片麻岩和风化片麻岩。控制流域面积88.5平方千米。按五千年一遇洪水标准校核。24小时暴雨780毫米，最大时降雨193毫米，净雨668毫米，洪峰流量2818立方米/秒，校核洪水位399.45米，校核库容1441万立方米。正面水库可养鱼水面500亩，可以灌溉耕地1000亩，发电装机450千瓦，补给狮豹头水库。

4. 宝泉水库

位于辉县市薄壁镇宝泉村山崖下峪河上。国家投资2470万元，于1973年7月正式开工；1981年计划调整停工；1988年复工；1994年6月建成。总库容4458万立方米，兴利库容3070万立方米。最大坝高91.1米，坝顶高程252.1，坝长411米，中间109米长为溢流坝，高程244米，两端挡水坝坝长302米，坝型为浆砌石重力坝。控制流域面积为538.4平方千米。按五百年一遇洪水标准校核。宝泉水库可以灌溉耕地20万亩，可以发电装机1200千瓦。

5.石门水库

位于辉县市石门河上。于1970年9月动工，1975年5月建成。总库容3084万立方米，兴利库容2595万立方米[①]；多年平均调蓄水量2998万立方米，历年最大调蓄水量4267万平方米。最大坝高90.2米，另有防浪墙1米，坝长291米，溢流道在坝西端山坳处，宽60米，最大泄洪量2900立方米/秒，坝型为浆砌石重力坝。控制流域面积132平方千米。按五百年一遇洪水标准校核。石门水库可以灌溉耕地10万亩。

6.陈家院水库

位于辉县市南寨镇陈家院村西香木河（北河道）上。于1966年动工，1969年5月建成，是辉县市第一座中型水库。总库容1370万立方米，兴利库容1050万立方米。最大坝高80米，坝长205米，溢流道在坝东端山头南，最大泄洪量1900立方米/秒，坝型为浆砌堆石混合坝。控制流域面积117平方千米。按五百年一遇洪水标准校核。陈家院水库可以灌溉三郊口、南寨、西平罗、南村4乡镇5万亩耕地，补给三郊口水库。水库建成后，连续14年满库。1984年后，连年干旱，源水亏减，库不满盈。

7.三郊口水库

位于辉县市南寨镇三郊口村下香木河（北河道）上。1973年10月动工，1984年竣工。总库容2000万立方米，多年平均调蓄水量2386万立方米，历年最大调蓄水量3607万立方米。最大坝高61米，坝长400米，坝型为浆砌石重力坝。控制流域面积215平方千米。按五百年一遇洪水标准校核。三郊口水库可以灌溉三郊口、南寨、西平罗、南村、高庄等9乡镇8.14万亩耕地。

8.要街水库

位于辉县市南寨镇要街村东南香木河（北河道）上。1958年3月动工，7月建成。系林州市修建，1971年移交辉县市管理。总库容3137万立方米，控制流域面积426平方千米。按五百年一遇洪水标准校核。

---

① 辉县市史志编纂委员会：《辉县市志》，中州古籍出版社1992年版，第403页。

三　地下水——泉水

1. 百泉

百泉位于辉县市苏门山下，古时泉流百道，故名百泉，亦名百门泉、百门陂、搠刀泉、珍珠泉。历代有所开发，乾隆十四年（1749）大加修筑，湖面34017平方米。历史上最大水量8.6立方米/秒，从无枯竭记录。20世纪70年代中期，由于连年干旱，地下水得不到补给，而且苏门山以北，农业用机井成网，过度用水使得地下水水下降，自1978年开始，泉水断流。之后部分年份的秋季复有水出，但次年春季逐渐干涸。

2. 莲花泉

位于辉县市三小营村北，新乡市农科所南侧。旧志记载，晋水伏流至此始见，上建晋祠。泉水涌出地面，冒水翻砂，状若莲花，故名莲花泉，有小百泉之称，小南海之誉。历史上泉头面积3亩，泄流0.2立方米/秒，南流与万泉水汇流，灌溉良田10余顷。[①]20世纪70年代泉水降为0.1立方米/秒。自1977年起，旱时断流。

3. 富庄泉

又名陈公泉，位于辉县市大富庄西。泉头面积2亩，20世纪50年代流量0.5立方米/秒，70年代将至0.2立方米/秒，1983年减少至50公升/秒。可浇灌大富庄、东耿村附近土地。

4. 小凹泉

又名黄龙泉，位于辉县市上官庄西北。泉头面积30亩，流经姚村、聂桥、益三村，入王村河。20世纪50年代流量为0.1立方米/秒；60年代增大为0.2立方米/秒；70年代又降为0.1立方米/秒；1983年流量为50公升/秒。旱季断流。

5. 焦泉

位于辉县市薄壁镇焦泉村西。泉头面积0.5亩，20世纪50年代流量为0.4立方米/秒；60年代在西北、西南新开2泉，面积10亩，与老泉汇流。70年代降为0.2立方米/秒，1983年水量为15公升/秒。

---

① 辉县市史志编纂委员会：《辉县市志》，中州古籍出版社1992年版，第110页。

6. 王村泉

亦名丁公泉，位于辉县市王村北。泉头面积13.3亩，泉水下流与焦泉、张泉合一，经胡村、北流桥东南流入大沙河（小丹河），计长21千米。20世纪50年代流量为1立方米/秒；70年代减为0.23立方米/秒；1982年出水为10公升/秒。

7. 竹林泉

位于辉县市山阳村南，后汉时称浊鹿泉，又名梅竹泉、七贤泉、清水泉。古时泉涌平地，澄鲜如练，竹木丛蔼，景色幽胜，晋竹林七贤曾栖隐于此。泉头面积13亩，南流经鲁庄、李千户营、丰城，注入大沙河（小丹河），长20千米。20世纪50年代流量为0.3立方米/秒，近年春季断流。

8. 白沙泉

位于辉县市鲁庄东。泉头面积3亩，20世纪50年代流量为0.3立方米/秒；1978年泉头面积扩大为33亩，出水量增加为0.5立方米/秒。

9. 愚公泉

位于凤泉区潞王陵以西约1.5千米处。地处海拔130米的小山包上，系人工山泉。此泉1964年由后郭柳村农民在开山烧灰时发现。1966年冬，北站公社组织群众开挖第一、二号泉。1968年冬，开挖主体工程三号泉。1972年冬，继续开挖四号泉。1973年，愚公泉全面竣工后，主体工程长达120米，宽30米，深45米。有"一方石磋出泉口，五里盘旋十里走"之说。凤泉区人民，发扬"愚公移山"精神，连续奋战8年，工程浩大，终竟全功，故称愚公泉。

愚公泉出水量为1.6立方米/秒，年开采量达1892万立方米。水利配套工程有隧道3千米，水洞260余米，砌衬石渠75千米，大小渡槽15个，蓄水大池6个，灌溉面积达1.6万亩。

愚公泉水质良好，清澈甘爽，矿化度为0.3克/升，硬度15.03度（德国度），既适宜饮用，又为酿酒工业理想泉水。市平川酒厂采用此水，酒味醇正，销路大开。此泉建成以来，有130多个国家和地区的游人慕名而来参观，为潞王陵风景区的一大景观。

10. 玫瑰泉

位于凤泉区凤凰山东麓。此泉历史悠久，远在明嘉靖十五年（1536），重修关锁金灯寄母寺碑文中即有记载，原名美贵泉。民国二十三年（1934）前后，国民党新乡专员唐肯，以兴修水利为名，曾令新乡县、汲县予以疏浚，以水收费，水比米贵，人们愤称"米贵泉"。1973年，北站公社组织大规模开挖。前后8年，共挖土石方250万立方米，1980年全面竣工，易今名。此泉占地11万平方米，有主泉1眼、翻泉4眼，年开采量1784万立方米。水利配套设施有渠、槽与愚公泉连接贯通，可灌溉土地1.5万亩。

第四节　牧野的植被

地球上植被的分布具有明显的地域性特征，其核心影响因素就是气候。牧野的气候为暖温带大陆性季风气候，因此其对应的水平地带性植被为温带落叶阔叶林。由于太行山海拔较高，牧野地区西北和北部山区植被垂直地带性分布规律显著，在温带落叶阔叶林之上还有针叶林。此外，牧野地区还有灌木林、草甸（泛域草地）、沼泽植被和水生植被等植被的分布。

一　乔木林

（一）侧柏林

属于常绿针叶林，有野生林和人工林两个类型。野生侧柏林多分布在中高山地区，伴生树种有荆条等。人工侧柏林为丘陵低山区荒山绿化主要林种。侧柏林极耐干旱，保持水土能力强，生态效益大于经济效益。辉县市22年生侧柏林林分平均高5米，平均胸径5.51厘米，每亩立木蓄积量1.76立方米。

野生侧柏林由乔木层、灌木层、草本层组成。

乔木层的盖度为13%—18%，均由侧柏组成。冠幅89—159厘米，物候相为幼球果期。

灌木层的盖度为1%—2%，主要由荆条组成。植株高25—30厘米，物候相为营养期。偶有达乌里胡枝子、截叶铁扫帚和锦鸡儿等植物的生长。

草本层的盖度为10%—15%，优势种为白草。植株高2—10厘米，物候相为营养期。伴生植物有荩草、二色棘豆和沙珍棘豆等。

层间植物有乌头叶蛇葡萄和地稍瓜。

（二）油松林

属于常绿针叶林，有飞播林和人工林两个类型。飞播油松林多分布在人迹罕至的高山地区，伴生树种有栓皮栎、胡枝子、黄荆等。辉县市18年生飞播油松林林分平均高2.7米，平均胸径6厘米，每亩163株，郁闭度0.9。人工油松林多分布在中高山地区，多为纯林，立地条件较好，生产力比较高。

（三）栓皮栎林

属于落叶阔叶林，为天然次生林，广布于山地丘陵。群种为栓皮栎，林相不很整齐，郁闭度0.5左右。一般立地条件下，20年生栓皮栎林林分平均高7米，平均胸径6厘米，每亩立木蓄积量2.3立方米。伴生乔木树种有辽东栎、蒙古栎、白蜡、栾树、油松、山槐等。林下灌木层发育良好，代表植物有黄荆、胡枝子、黄蔷薇、柔毛绣线菊、黄栌、连翘、酸枣、马角刺等。林下草本层以禾本科植物为主，有野古草、长芒草、黄背草、白茅、苍术、马兜铃、野山菊等。

（四）杨树林

属于落叶阔叶林，多为四旁绿化树种。主要树种为毛白杨、大官杨、加拿大杨和小叶杨。其中尤以大官杨、毛白杨最多。毛白杨最适合本地生长，长势好，是很好的乡土树种。林下草本植物甚多，常见的有青蒿、黄蒿、猪毛蒿、蔺蒿、野塘蒿、夏至草、狗尾草、稗草、马唐、小白酒草等植物。

（五）榆树林

属于落叶阔叶林，多栽培于村落、庭院周围，也见于河堤附近。榆树是群众习惯栽培的一种树木，生长良好。林下草本植物较多，如藜、小白酒草、狗牙根、马唐、委陵菜、蒿类、夏至草、泥糊菜、荠菜、独行菜等植物。

二 灌木林

灌木林均为自然生长的植物群落，主要分布在丘陵地带以及河堤两侧的局部地段。

（一）荆条灌丛

本群落仅分布于丘陵地带，面积不大。群落所在地水土流失严重，土层极薄，枯枝落叶极少，生存环境较差。群落外貌绿色，结构简单，总盖度为20%—25%。

灌木层的盖度为5%—12%。优势种为荆条，长势较差，但生命力强，植株高30—72厘米。物候相为营养期和花蕾器。伴生植物有酸枣和乌里胡枝子。

草本层的盖度13%—17%。优势种为白草，个体数量多，生长缓慢，植株矮小，高仅2—17厘米。物候相为营养期。伴生植物有二色棘豆、沙珍棘豆、地黄、地构叶、苨草，糙叶黄芪、狭叶远志、小根蒜、委陵菜等。

层间植物有乌头叶蛇葡萄和地梢瓜。

荆条是良好的水土保持植物。其果、根茎、叶均可入药，有防治气管炎、感冒的效果。

（二）酸枣灌丛

本群落主要分布在丘陵地带，平原地区的村落附近和路边也有生长。群落所在地土壤比较贫瘠，生存条件较差。群落外貌绿色，结构简单，总盖度为25%—30%。

灌木层的盖度为4%—16%。优势种为酸枣，生命力强，植株平均高约45厘米，高者达115厘米。物候相为营养期。

草本层的盖度为15%—25%。优势种为白草，植株高3—14厘米。物候相为营养期。伴生植物有白草、猪毛菜、地构叶、紫花地丁和二色棘豆等。

层间植物有乌头叶蛇葡萄和地梢瓜。

酸枣是良好的水土保持植物。酸枣仁可入药，具有养心安神作用。利用酸枣嫁接大枣，可扩大枣源。

（三）柽柳灌丛

本群落主要分布在丘陵地带，多生长于潮湿的路边、河旁盐碱土壤里。如白小屯北共产主义渠畔有成片生长的柽柳。群落外貌翠绿色，结构单纯，总盖度为70%—80%。

灌木层的盖度为65%—75%。该层纯系柽柳组成，枝叶繁茂，生长良好。物候相为营养期。

草本层的盖度为5%—12%。该层种类分布比较均匀，优势种不明显，主要种类有小白酒草、委陵菜、酸模、大车前、泥糊菜等。

桎柳是盐碱土地的优良造林树种。嫩枝和叶可供药用，能治感冒、麻疹不透、风湿性关节痛等症。

（四）杠柳群落

本群落主要分布于丘陵地带和卫河两岸。群落外貌油绿色，生长良好，结构单纯，总盖度为80%—95%。

灌木层的盖度为50%—92%。优势种为杠柳，生长疏密不匀，枝叶健壮，植株10—45厘米。物候相为开花期。在丘陵地区群落中伴生少量的荆条、酸枣、乌头叶蛇葡萄。在卫河两侧的群落中，常伴生少量的毛白杨和榆树的幼苗。

草本层的盖度为10%—22%。丘陵地区的优势种为白草，伴生植物有猪毛菜、米口袋、鬼针菜、猪毛蒿等。卫河两侧的优势种为狗牙根，植株高5—15厘米。物候相为营养期。伴生植物有白茅、节节草、鹅冠草、小苜蓿、葎草等。

杠柳的根皮可入药，能治风寒温痹，腰腿关节疼痛等症。杠柳也是一种含有橡胶的野生植物。

三　草甸

（一）狗牙根草甸

本群落分布广，面积大，常生长于路旁、庭院、河边坡地等处。群落外貌绿色，总盖度为45%—95%。

狗牙根是群落的建群种，生命力强，长势良好，常大片生长，盖度为40%—94%。物候相为营养期、初花期。主要伴生植物有莎草、小白酒草、蛇床子、柳叶蓼和藜。它们生长良好，均处营养期。其他伴生植物还有苍耳、小苜蓿、委陵菜，偶见芦苇、独行菜、荠菜和白茅的生长。

狗牙根的自然繁殖能力强，适应性广，是优良的固堤和草坪植物，也是良好的饲用植物。也可药用，有解热发汗、利尿等功效。

（二）白茅草甸

本群落分布较广，面积较大，多生长于路边、河旁、沙荒地等处。群落外貌浅绿色，总盖度为50%—87%。

白茅是群落的建群种，生命力强，长势良好，多成片生长，盖度为

45%—75%。物候相为营养期。主要伴生植物有芦苇、狗牙根、藜、二色补血草、鸦葱。其他还有小苜蓿、蒿类、罗布麻、苍耳、软毛牛皮消等植物。

白茅的根状茎可入药，有清热利尿、凉血止血的功效。白茅的花穗也有止血功效。

（三）白草草甸

本群落分布于丘陵地带的坡地上。群落所在地常见裸露的岩石，水土流失严重，土层极薄。群落外貌枯黄色，结构单纯，总盖度为30%—70%。

白草是群落的建群种，生命力较强，能耐干旱、贫瘠的土壤，常连绵成片生长，盖度为30%—50%。物候相为营养期。主要伴生植物有二色棘豆、茋草、鸦葱、小根蒜、沙珍棘豆等。此外群落中散生极少的荆条、截叶铁扫帚、地锦鸡儿。

层间植物有乌头叶蛇葡萄、地稍瓜。

白草含蛋白质、粗纤维等，是良好的饲用植物。

（四）莎草草甸

本群落主要分布于平原地区，多生长于河边、路旁、水渠两侧等较潮湿的土地上。群落外貌绿色，结构简单，总盖度为60%—85%。

莎草是群落的建群种，生命力强，长势良好，零星或成片生长，盖度为55%—80%。物候相为营养期。主要伴生植物有蓼、芦苇、酸模、泥糊菜、狗牙根等。

莎草的块茎可入药，主治胃腹胀痛、两肋疼痛、月经不调等症。

（五）夏至草草甸

本群落主要分布于平原地区，多生长于宅旁、路边、荒地、墙下等处。群落适应性较广，生命力强，总盖度为75%—85%。

夏至草是群落的建群种，生命力强，长势良好，常成片生长，春季开白色小花，夏至时节植株枯萎死亡，盖度为65%—75%。主要伴生植物有小白酒草、附地菜、黄蒿、猪毛蒿、小车前、藜、莎草、小苜蓿、荔子草等。群落周围有时可栽培泡桐、柏树等植物。

夏至草的全株可入药，有活血、调经、止咳化痰的功效。

（六）蒿类草甸

本群落分布广，面积大，常生长于平地、路边荒地、宅旁等处。群落外貌黄绿色或绿色，结构简单，总盖度为80%—95%。

黄蒿、猪毛蒿是群落的优势种，彼此可形成共建种。有时它们可分别形成群落种，尤以黄蒿形成的群落为多。它们生命力强，生长茂盛，盖度为77%—95%。物候相在春季为营养期，夏秋季为花果期。主要伴生植物有小白酒草、鹅冠草、藜、夏至草、荠菜等。群落周围可栽培榆树、柏树、柳树、泡桐等。

层间植物有茜草、牛皮消等。

黄蒿全草可入药，有清热凉血、退虚热、解暑截疟之效。

（七）小白酒草草甸

本群落分布广，面积较大，多生长于宅旁、路旁、荒地等处。群落外貌呈黄绿色，结构简单，总盖度达95%。

小白酒草是群落的建群种，生长良好，生命力强，盖度约65%，植株高达100厘米。物候相在春季为营养期，夏秋季为花果期。主要伴生植物有野塘蒿、猪毛菜、泥糊菜、蒿类和狗牙根等。

层间植物有软毛牛皮消、日本天剑和葎草。

小白酒草的全草可入药，有清热利湿、散瘀消肿之效。

除此之外，野塘蒿草甸、小车前群落、罗布麻草甸、蓼草草甸、蛇床子草甸等，均有小面积分布。

四　沼泽植被

（一）芦苇群落

本群落分布于平原地带，多生长于水边、浅水等处。群落适应性广，生命力强，外貌绿色，结构简单，盖度达95%。

常由芦苇形成单一群落，在终年积水或沼泽化的土壤上生长。物候相多为营养期。局部地段与香蒲组成混生群落，偶有荆三棱、藨草、浮萍等植物的生长。

芦苇的根状茎可入药，有清肺胃热、生津止渴等功效。茎秆可作编织、盖房、搭棚、造纸等原材料。

（二）香蒲群落

本群落分布于平原地带，多生长于坑塘中，水深约50厘米。群落外貌浅绿色，盖度约40%。

多由香蒲形成单一群落，也见与狭叶香蒲共同组成群落。其茎直立，圆柱形，地下茎呈匍匐状。叶为剑形，部分露出水面。伴生沉水植物常见的有黑藻、马来眼子菜、小茨萍等种类。

香蒲的花粉（习称蒲黄）可入药，能止血。其叶可供编织。

五　水生植被

（一）莲群落

本群落广布于丘陵、平原地带，均系人工栽培于湖沼、坑塘中，水深约50厘米，透明度好。外貌翠绿色，盖度为40%—90%。

常由莲形成单一群落。粗大的根状茎匍匐泥中，节部长叶，叶柄很长，把叶片托出水面。夏季开白色、粉红色花，秋季莲蓬成熟。在莲池中常有浮萍漂浮于水面，稀有芦苇、香蒲等植物生长。

莲的各部均可入药。其根状茎（藕）是群众喜爱的蔬菜。叶可作包装材料。

（二）菹草群落

本群落分布于平原地带，多生长于湖沼、坑塘、水沟中，水深40—100厘米。

菹草是群落的建群种。外貌褐绿色，植株沉于水中，茎叶柔软，生长良好，常成丛占满水域，盖度可达90%以上，多为单一群落。群落中有时也见茨藻、龙须眼子菜、狐尾藻等伴生植物。

菹草可作饲料、绿肥。

（三）荇菜群落

本群落分布于平原地带，常生长于坑塘、水沟中。外貌绿色，盖度为10%—30%。

常由荇菜形成单一群落。地下茎生于泥中，节部生叶，叶柄将叶片托于水面。春夏之间开黄色花，点缀于绿叶中。伴生植物少见，仅有浮萍等。

荇菜生长迅速，繁殖快，是制作绿肥的好原料。

（四）浮萍、紫萍群落

本群落分布于平原地带，多生长于坑塘中。外貌绿色，夏季生长迅速，繁殖快，覆盖水面，盖度达80%左右。

建群植物为浮萍和紫萍。它们均为浮水小草本，叶状体扁平，根沉于水中，能随水漂浮。群落中很少有其他植物生长，只是在坑塘边缘伴生着少量的植物，如莲、蘸草等。

浮萍、紫萍的植物体可作绿肥、饲料，并有一定的药用价值。

（五）眼子菜群落

本群落分布于平原地带，多生长于池沼、坑塘、流速缓慢的水沟中。植株生长良好，盖度为30%—80%。

群落的建群种由多种眼子菜组成，种类有龙须眼子菜、竹叶眼子菜等。它们常常分别形成单一的植物群落。植物体常沉没于水中，植株柔软，叶薄软，夏季开小花，挺出水面。常见的伴生植物有黑藻、小茨藻、金鱼藻、狐尾藻等。

眼子菜可作绿肥、饲料。

（六）黑藻群落

本群落多生长于黏壤质的浅水坑塘中，在流水缓慢的水沟中也可生长。其外貌褐绿色，盖度为30%—70%。

黑藻是群落的建群种。植株沉没于水中，茎细长，圆柱形，少分枝。4—8叶轮生，叶片较软，多呈带状披针形，生长茂盛。偶见小茨藻伴生于群落中。

黑藻全株可作绿肥和饲料，并是观察细胞内原生质流动的好材料。

（七）金鱼藻群落

本群落多生长于水边、坑塘的淤泥中。外貌绿色，盖度约40%。

金鱼藻是群落的建群种。植株沉没于水中，茎多细长，具分枝。6—8片叶轮生，线形，生长良好。伴生植物有黑藻、蓖草、竹叶眼子草、茨藻等。

金鱼藻可作绿肥、饲料。

（八）狐尾藻群落

本群落多生长于河流、坑塘、水沟的淤泥中，对环境的适应性强。外貌绿色，盖度达80%。

群落的建群种为穗状狐尾藻和轮叶狐尾藻，也可分别形成群落。植株常沉没于水中，具根状茎，并有细长、圆形的茎。叶常4枚轮生，羽状合裂。花小，挺出水面。伴生植物甚少，偶见黑藻、蓖草等种类。

狐尾藻可作绿肥和饲料。

此外，在水生植物中还有茨藻群落、狸藻群落、茭白群落等类型。

第五节 牧野的土壤

土壤是指陆地表面由矿物质、有机质、水分和空气四种物质组成的，具有一定肥力，能够生长植物的疏松表层。它处在岩石圈、水圈、大气圈和生物圈相互紧密接触的地带，是地理环境的组成要素之一。

一 土壤的形成

首先，岩石裸露于地表，在太阳光热的作用下，与水、空气等接触，年深日久，风化成疏松的成土母质，释放矿物质养分，产生蓄水性，这就给土壤的形成打下了基础。接着，一些微生物和低等生物开始生存，逐渐在成土母质中积累有机质，这些有机质改善了成土母质的蓄水条件和养分条件，特别是加入了成土母质所没有的氮元素养分，这样就为高等植物的生长提供了可能性。而高等植物和动物的死亡，又使土壤有机体更加丰富。有机体在微生物的作用下形成腐殖质。腐殖质胶体吸收钙离子产生凝聚作用，促使土粒团聚。在气候影响下，干湿交替，融冻变化，加上植物根系的穿插，逐渐形成具有蓄水性能的团粒结构，成土母质就发育成具有一定肥力的土壤。

具体而言，土壤的形成一般要经历如下基本成土过程：原始土壤形成过程、腐殖质化过程、淋溶与淀积过程、淋洗过程、机械淋洗过程、合成过程等。但由于气候、地形、地质、植被、成土母质等地理环境的差异，不同地方的土壤还具有其特有的成土过程，如黏化过程、钙化过程、盐化过程、碱化过程、灰化过程、白浆化过程、富铁铝化过程、潜育化过程（还原过程）、潴育化过程（氧化—还原过程）、泥炭化过程、熟化过程等。

天然土壤剖面由上到下分为以下几层：

有机层（O），位于土壤最上层，包括浅灰色的枯枝落叶层和灰黑色的部分分解的有机碎屑层。

腐殖质层（A），位于有机层之下，呈黑色或棕色。

淋溶层（E），位于腐殖质层之下，色泽较淡，是土壤物质随水流向下层移动导致一些物质成分不断淋失的土层。

淀积层（B），位于淋溶层之下，由上层淋滤下来的土壤物质不断集聚、淀积的土层。通常比较紧实、黏重，不透水，矿物质养分比较丰富。

母质层（C），位于土壤最下层，多为粗糙的沙粒或黏重的胶泥，不具备土壤结构。

而耕作土壤一般缺失有机层（O），同时腐殖质层（A）被耕作层（A_1）和犁底层（A_2）所替代。

影响土壤形成的因素，除主导因素——生物外，还有成土母质、气候、地形、地质、时间、人类活动等因素。所有因素及其发展变化都自始至终地参与土壤形成过程和未来发展。

二　土壤的物质组成
（一）矿物质

矿物质是土壤最基本的成分，植物矿质养分的主要来源，其质量占土壤固体物质总质量的90%以上。

矿物质包括两大类：一类是原生矿物，指在物理风化过程中产生的、化学成分和结晶结构未改变、尚未释放植物生长所需养分的矿物，如石英、云母、长石等。原生矿物是土壤矿物质的粗质部分，一般呈沙粒（直径在0.05—2毫米）和粉沙（直径在0.002—0.05毫米）形态。原生矿物的种类和含量随母岩类型、风化强度和成土过程的不同而异。[1]随着土壤年龄的增长，原生矿物会在有机体、气候和水溶液作用下逐渐被分解，种类和含量减少。另一类是次生矿物，指在化学风化和成土过程中新生成的土壤矿物，包括各种简单盐类、次生氧化物和铝硅酸盐类矿物。次生矿物是土壤矿物中最细小的部分（直径小于0.002毫米），具有较明显的胶体特性，因而被称为黏土矿物。黏土矿物影响土壤的许多理化性状，如土壤吸附性、胀缩性、黏着性及土壤结构等，使土壤具有吸附和保存呈离子态养分的能力，即具有一定的保肥性。

（二）有机质

土壤中的有机质按质量计算只占土壤固体物质总质量的10%以内，但

---

[1]　刘南：《地球与空间科学》，高等教育出版社2010年版，第205页。

它是土壤肥力的物质基础。有机质的原始来源是植物组织，各种植物，从菌、藻类到高等植物，以及农作物都为土壤提供大量有机残体。动物是土壤有机质的另一来源。土壤内外的原生动物、蠕虫、节肢动物、软体动物、脊椎动物等动物（消费者）和土壤微生物（分解者），消化和分解各种原始植物组织，为土壤提供排泄物和死亡后的尸体。

土壤有机质可以分为两大类：一类是有机体，即动植物残体及其分解的中间产物，占有机质总量的10%—15%，主要累积于土壤的表层。另一类为土壤腐殖质，即有机组织经由微生物合成的新化合物，或者由原始植物组织变化而成的、比较稳定的分解产物，约占有机质总量的85%—90%。腐殖质是一种复杂化合物的混合物，通常呈黑色或棕色，胶体状，具有比土壤矿物质中的黏土矿物更强的吸持水分和养分离子的能力。

腐殖质对于土壤肥力的形成具有非常重要的作用。腐殖质含有丰富的植物所需的营养元素，如N、P、K等；具有很强的代换能力，可以大量吸收、保存植物养分，以免淋溶损失；能提高无极磷酸盐的溶解性，便于植物的吸收；能活化土壤微量元素；其有机胶体能缓冲土壤酸碱化等。腐殖质除上述作用外，还是胶结剂，能使土壤形成良好的团粒结构，改善土壤耕性；颜色深暗，可以增加土壤吸热力，同时其导热性差，有利于保温。

（三）水分

土壤水也是土壤重要的肥力因素，不仅是植物生长所必需的成分，而且是土壤系统中物质与能量的流动介质。土壤水主要来源于大气降水、灌溉水、地下水、大气凝结水，而主要损耗于植物吸收、植物蒸腾、土壤蒸发、下渗、地下径流。土壤水通常以溶液的形式存在。土壤溶液是土壤中的水及其所含各种溶解盐类的总称，这些盐类多数是植物生长所必需的养分。

根据水分在土壤中的存在方式，土壤水可以分为三类：一是土壤颗粒表面张力所吸附的吸湿水，植物一般无法利用；二是毛管空隙中吸附保存的毛管水，这是土壤中移动较快而易为植物根系吸收的水分；三是超出土壤保水量，因而在非毛管空隙中或沿坡向侧渗下移的重力水。重力水具有很强的淋溶作用，属土壤的不良特征。

（四）空气

土壤空气来源于大气，存在于未被水分占据的孔隙中。由于经过土壤生物改造，土壤大气与近地空气的性质有比较明显的差异：第一，土壤中不断进行的动植物呼吸作用和微生物对有机体的生物化学分解作用，使土壤空气中CO_2的含量明显高于大气，而O_2的含量略低于大气，且含有微量CH_4、H_2S、NH_3、氮氧化合物等。土壤和大气的这种组成差异随深度增加而加大。第二，土壤空气一般含水量高于大气，相对湿度常接近100%。第三，土壤空气不是连续分布的，由于不易于交换，局部孔隙之间的空气组成往往是不同的。

三　土壤的功能

土壤是自然地理要素、时间和人类活动综合作用的产物。土壤的发生发育反过来又对全球的物质循环和能量转换，对地理环境的发展演化起着推动作用。一是支持和调节植物生长发育，维持、调节和控制着生物物质循环过程，进而影响农业生产。二是与大气圈进行大量气体交换，吸收O_2，向大气释放CO_2、CH_4、H_2S、NH_3、氮氧化合物等气体，参与碳氮硫磷等元素的全球循环，并对全球大气环境产生影响。三是参与和影响地球水循环，将大气降水分配为地表径流、下渗、地下径流，影响地表水资源的总量、分布及化学组成。四是与岩石圈进行金属元素和微量元素的循环，并且作为地球的"皮肤"，缓解各种外营力对岩石圈的破坏。五是综合影响整个自然地理环境，分解人类垃圾或污染物质，净化生态环境。[①]

四　土壤的类型

土壤分类包括土纲、亚纲、土类、亚类、土属、土种6个等级。牧野地区土壤共有7个土纲，8个亚纲，12个土类，25个亚类，37个土属，156个土种。[②]这7个土纲分别是：淋溶土、半淋溶土、初育土、半水成土、水成土、盐碱土、人为土。这12个土类分别是：棕壤、褐土、红黏土、新积土、风沙土、石质土、粗骨土、砂姜黑土、潮土、沼泽土、草甸盐土、水稻土。其中棕壤、褐土、石质土、红黏土、粗骨土分布于牧野地区西北部和北部的辉县市、凤泉区、卫辉市境内，从丘陵岗地、低山直到中

---

① 刘南：《地球与空间科学》，高等教育出版社2010年版，第204页。

② 新乡市地方史志编纂委员会：《新乡市志（1986—2000）·上册》，中州古籍出版社2008年版，第51页。

山，具有鲜明的土壤垂直带谱：海拔200—600米，以普通褐土和粗骨土为主，其次有潮褐土；海拔600—1200米，以淋溶褐土和石质土为主，其次有红黏土；海拔1200—1600米，主要为棕壤性土，其次有淋溶褐土。新积土、风沙土、砂姜黑土、潮土、沼泽土、草甸盐土、水稻土分布于太行山山前洪积扇倾斜平原与黄河（局部叠加有沁河与卫河）冲积平原，即牧野地区中南部的获嘉县、新乡县、新乡市郊、延津县、原阳县、封丘县、长垣县。这些非地带性土壤是由于受到成土母质、地形、地表水、地下水、人为耕作熟化等因素的影响而形成的。

牧野地区土壤以棕壤、褐土、石质土、粗骨土、潮土、风沙土、水稻土等土类为主，红黏土、新积土、砂姜黑土、沼泽土、草甸盐土等土类分布稀少。

（一）棕壤

棕壤是指在暖温带湿润、半湿润大陆性季风气候、暖温带落叶阔叶林下，发生较强的淋溶作用和黏化作用，土壤剖面通体无石灰反应，呈中性至微酸性反应，具有明显的黏化特征的淋溶性土壤。系与气候生物带（暖温带湿润、半湿润大陆性季风气候区，暖温带落叶阔叶林带）相吻合的水平地带性土壤。其剖面结构为：有机层（O）—腐殖质层（A）—淋溶层（E）—黏化淀积层（B）—母质层（C）。棕壤的自然植被有辽东栎、槲栎、栓皮栎、麻栎、蒙古栎等落叶乔木和油松、赤松、沙松、红松、侧柏等针叶树。

牧野地区棕壤分布于晋豫边界海拔1200米以上的中山区，总面积9785公顷，占全市土壤面积的1.5%。母质多为岩浆岩、变质岩等风化后的非石灰性残积、坡积物。土层深厚，一般厚度65—105厘米，但因基岩类型的不同和地形坡度的差异，土层厚薄悬殊。肥力中等偏上，地处深山，适宜多种林木、灌丛和牧草生长，对发展生态农林牧业、保护环境十分有利。

（二）褐土

褐土是指在暖温带半湿润大陆性季风气候、暖温带森林草原下，发生黏化作用和钙积作用，土壤剖面中有$CaCO_3$积聚，呈中性至微碱性反应的半淋溶性土壤。系与气候生物带（暖温带半湿润大陆性季风气候区，暖温带森林草原带）相吻合的水平地带性土壤。其剖面结构为：腐殖质层（A）—淋溶层（E）—黏化淀积层（B）—母质层（C）。褐土的自然植被是以辽东栎、洋槐、杨树、榆树、桦树等为代表的干旱森林和以酸枣、荆条、菅草等为代表的灌木草原。

牧野地区褐土分布于低山、丘陵岗地及山前倾斜平原，总面积88733公顷，占全市土壤面积13.56%。有5个亚类：普通褐土、淋溶褐土、石灰性褐土、潮褐土、褐土性土。母质多为碳酸盐岩、碎屑岩和变质岩等的残坡积物和冲洪积物（黄土状物质）。土层较厚，一般厚度50—80厘米。肥力中等偏低，其中的黄土质褐土是良好的农业土壤，适宜种植小麦、玉米、棉花和各种温带苹果。

（三）石质土

石质土是发育在各种岩石风化残积物上的一类土层极薄，厚度一般在10厘米以内，含30%—50%的岩石碎屑，以下即为未风化母岩层，剖面结构仅为腐殖质层（A）的初育土壤。属于非地带性土壤，可形成于各种气候生物条件下，广布于全国各地。

牧野地区石质土分布于山地丘陵区，总面积24880.57公顷，占全市土壤面积3.80%。含裸岩和覆盖层厚度小于10厘米的褐土性土，常与棕壤、褐土、粗骨土呈复区分布。石质土土层极薄，质地较粗，农业上难以应用，但可种草以防止水土流失。

（四）粗骨土

粗骨土是发育在各种岩石风化残积物上的一类土层较薄，厚度一般在10—20厘米，含>50%的岩石碎屑，剖面结构为腐殖质层（A）—母质层（C）型的初育土壤。它与石质土的区别是土层较石质土厚，但砾石含量较石质土大。属于非地带性土壤，可形成于各种气候生物条件下，广布于全国各地。

牧野地区粗骨土分布于山地丘陵区，总面积36059.68公顷，占全市土壤面积的5.51%。常与棕壤、褐土、石质土呈复区分布。粗骨土土层浅薄、石砾众多、无层次，农林牧业的利用价值稍优于石质土。

（五）潮土

潮土是一种受地下潜水影响和作用形成的具有腐殖质层（A）—氧化还原层（B）—母质层（C）等剖面结构的半水成土壤。属于非地带性土壤，广泛分布在平原和山间盆地。潮土的自然植被为草甸。

牧野地区潮土除少量分布于辉县市、凤泉区、卫辉市境内的山前倾斜平原区前缘外，主要分布于广阔的黄河冲积扇平原，总面积460433公顷，占全市土壤面积的70.34%。有5个亚类：潮土、湿潮土、脱潮土、盐化潮土、灌淤潮土。在山前倾斜平原前缘，其母质与该区褐土相同；在冲积扇平原，其母质除局部地区为沁、卫河冲积物外，均为黄河冲积物。泛流平原带的母质以黄土为主；古河道及决口扇一带的母质以沙土为主。土层深厚，一般厚度80—180厘米。肥力属偏低类型，除灌淤潮土亚类外，其物理性状均较好，宜耕期长、可耕性好、适种作物广，为辖区内主要的农业土壤，适宜种植小麦、玉米、棉花和各种温带水果、花卉、蔬菜。

（六）风沙土

风沙土是一种在干旱与半干旱地区沙性母质上形成的土层较薄，厚度一般在5—20厘米，呈微碱性至碱性反应的，仅有腐殖质层（A）—母质层（C）剖面结构的初育土壤。属于非地带性土壤，主要分布在干旱与半干旱地区和湿润、半湿润地区的河流故道。风沙土的自然植被为沙柳、柠条、沙拐枣、红柳、胡枝子、沙蓬、沙蒿、白茨、白草等耐旱灌木、半灌木和沙生植物为主。

牧野地区风沙土主要分布于古黄河（禹河）西汉古道及其滩地与泛道，以及今黄河决口扇一带，总面积14021公顷，占全市土壤面积的2.14%。有3个亚类：草原风沙土、草甸风沙土和荒漠风沙土。母质为经风力吹扬迁移后的黄河冲积沙土。土层浅薄，一般厚度5—30厘米。风沙土系辖区最贫瘠、理化性状最差的土壤，宜种植耐干旱和适应昼夜温差大的甘薯、瓜果、花生和豆类作物。

（七）水稻土

水稻土是在长期种稻条件下，在自然成土因素和人为的水耕熟化的双重作用下，经氧化还原和水耕熟化过程而形成的一种人为土。[①]其剖面结构为：水耕熟化层（A_1）—犁底层（A_2）—渗育层（E）—水耕淀积层（B）—母质层（C）。属于非地带性土壤，在我国分布非常广泛。

牧野地区水稻土主要分布于辉县市及原阳县、封丘县、长垣县低洼平原的引黄灌溉区一带，总面积3767公顷，占全市土壤面积的0.58%。母质为褐土和潮土。水稻土是长期水耕熟化或近期引黄淤灌种稻改良后的耕植

---

① 张凤荣：《土壤地理学》，中国农业出版社2002年版，第261页。

土壤，其耕层质地适中，理化性状良好，是较为肥沃的高产土壤，适宜水稻的种植。

第六节　牧野的自然资源

自然资源是指人类可以直接从自然界获得，并用于生产和生活的物质与能量。它主要包括土地资源、气候资源、水资源、生物资源和矿产资源。各种自然资源的性质不尽相同：矿产资源需要经过漫长的地质年代和具备一定的条件才能形成，属于非可再生资源；土地资源、气候资源、水资源和生物资源只要保护得当、利用合理，它们能够不断循环再现或繁殖更新，属于可再生资源。自然资源不仅是地理环境的重要组成部分，它还为工农业生产提供原料和能源，满足人类衣、食、住、行等生活需要，是人类生产和生活的物质基础。

一　土地资源

土地是指由岩石、岩石风化物（成土母质）和土壤①所构成的陆地表层部分。土地的形成、发展和变化，受地质、地貌、气候、水文、生物等多种自然条件的影响和制约。在有人类活动的地方，人类长期的生产活动和社会经济条件，对土地不同类型的形成和发展也有着巨大的影响。土地既是农业的基本生产资料，也是人类生产和生活的必需场所，它是人类赖以生存和发展的物质基础。

（一）牧野土地资源概况

按地形划分，牧野地区土地资源可分为山区、丘陵、平原三种类型。其中山地面积1025.35平方千米，占辖区面积的12.43%；丘陵面积513.91平方千米，占辖区面积的6.23%；平原面积6709.74平方千米，占辖区面积的81.34%。山地、丘陵分布在辉县市、卫辉市和凤泉区；平原分布在其他县区。

按土地利用分类，牧野地区土地资源可分为耕地、园地、林地、草地、

---

　　① 土壤只是构成土地的重要组成部分之一。土地则还包括岩石和岩石风化物。土壤和土地是既有联系又有区别的两个概念。

居民点及工矿用地、交通用地、水域用地和未利用地八类，如表2—2所示。

表2—2　　　　　　　　　1999年新乡市土地利用分类表①　　　　单位：万公顷

分类	耕地	园地	林地	牧草地	居民点与 工矿用地	交通用地	水域用地	未利用地
面积	466340	6975	53294	12	106411	24609	81331	85928
占全市土地 面积（%）	56.53	0.85	6.46	0.002	12.90	2.98	9.86	10.42

从表2—2可以看出，牧野地区垦殖率很高，耕地占绝对优势，反映了牧野地区平坦的地形、温暖的气候和悠久的农耕史。城乡居民点与工矿用地、交通用地比例也较大，显示了牧野地区人口密度大，工业与交通发达。水域面积比较大，除了河流、湖泊、沼泽、坑塘外，排水沟渠占很大比例。未利用土地中主要是粗骨土和石质土，其次是风沙土。

（二）牧野土地资源开发利用中的主要问题

一是耕地被大量占用，面积逐年减少。近年来，牧野地区城市化建设、高速公路与高铁建设、乡村公路建设、兴建农村住宅等占用了大量耕地。二是未开发利用的土地面积较大。主要是荒山，其次是沙地和盐渍地。太行山区荒山上土壤为粗骨土和石质土，石砾众多、土层浅薄、土质贫瘠，开发利用难度大。沙地土壤为风沙土，干旱缺水、土质贫瘠，开发利用成本高。盐渍地土壤为草甸盐土，表层积盐，植物生长困难，开发利用成本高。三是土壤污染现象依然存在。由于工业废水和废渣、生活废水和垃圾以及农药、化肥大量进入土壤，致使有毒有害物质在土壤中含量达到危害植物正常生长的程度，并通过食物链的传递影响到人类生命健康。

（三）牧野土地资源保护与合理开发利用的措施

一是加强土地管理，在工业、交通建设和兴建住宅时，尽量节约用地，少占农田。如城市修建住宅时建造中高层建筑，农村修建住宅时实行集中居住。二是通过开荒和复垦，扩大农业用地面积。开荒主要指对荒山、沙地、盐渍地等进行培育、改良。复垦主要指对农村闲置住宅地进行开垦恢复为耕地。三是防治土壤污染。在尽可能杜绝污染源的同时，采取

① 新乡市地方史志编纂委员会：《新乡市志（1986—2000）·上册》，中州古籍出版社2008年版，第53页。

治理措施，如施用石灰改变土壤PH酸碱度，使镉、铜、锌、汞等形成氢氧化物沉淀；施用磷肥减轻铜、锌、镍对作物生长的危害等。

二　水资源

地球上的水资源，从广义上说是指水圈内的所有水体。但由于海洋水和湖泊咸水、地下咸水是咸水，不能直接利用；同时大气水为气态水，亦不能为生物和人类直接利用，因此通常所说的水资源主要是指陆地上的淡水资源，包括河流水、湖泊淡水、沼泽水、冰川、永冻土底冰、生物水、土壤水和地下淡水。水是地球上人类和一切生物得以生存的物质基础；人类在生产和生活中，都不能缺少水。水作为资源来说，是其他任何物质所不能代替的。

（一）牧野水资源概况

牧野地区水资源主要有河流水（包括水沟）、湖泊水（包括坑塘）、沼泽水、浅层地下淡水（地表以下80—100米以内）。境内多年平均水资源总量为16.97亿立方米，其中地表水7.43亿立方米，地下水11.23亿立方米，内含地表、地下水互相转化重复计算量1.69亿立方米。境内人均水资源量为318立方米，只有全国人均水平的1/7；亩均水资源量为300立方米，大大低于全国亩均1975立方米的水平。

牧野地区水资源时间分配和空间分布都不均匀。在时间分配上，夏秋两季多，冬春两季少。在空间分布上，东南和南部多，西北和北部少；太行山区多，山前倾斜平原少。其与牧野地区降水的时空分布特征是一致的。这是因为牧野地区水资源主要来源于大气降水。

（二）牧野水资源开发利用中的主要问题

一是水资源总量不足。这主要是因为牧野地区工农业生产比较发达，人口非常稠密，用水量大，而牧野地区地处我国半湿润地区，降水总量偏少。二是卫河以北平原地区缺水严重。这主要因为卫河北岸平原降水量既小于卫河以南平原地区，又小于太行山区。三是春季缺水严重。这主要是因为牧野地区降水主要集中在6—9月，春季（3—5月）降水稀少，而此时小麦等作物生长旺盛，需水量大。[①]

---

① 4—5月为冬小麦拔节、抽穗、灌浆期，需水量大，若水量不足，将导致小麦严重减产。

（三）牧野水资源合理开发利用的措施

针对水资源开发利用存在的问题，牧野地区采取了相应的应对措施：一是修建了南水北调中线工程，将汉江水引进牧野地区，以解决其水资源总量不足问题。二是修建人民胜利渠、共产主义渠等引黄工程，将黄河水引入卫河及以北地区，以解决卫河北岸平原缺水问题。1997—1999年，每年引黄河水7.27—9.76亿立方米。三是在太行山区修建了要街、三郊口、陈家院、石门、宝泉、正面、狮豹头、塔岗等几十座大中型水库；在南部平原地区大量开凿机井，抽取地下水，以解决牧野地区春季缺水问题。四是发展节水农业。改大水漫灌为喷灌、滴灌；适当控制水稻和小麦播种面积，扩大杂粮作物生产；在严重缺水的局部地区，大力发展林果业和畜牧业，减少农业用水量。

三　生物资源

（一）植物资源

木本类　泡桐、青桐（梧桐）、悬铃木（法桐）、白榆、毛白杨、加杨、大官杨、沙兰杨、欧美杨、小叶杨、箭杆杨、山杨、枫杨、银白杨、旱柳、油松、白皮松、雪松、马尾松、胡桃、银杏、侧柏、桧、千头柏、构树（楮树）、麻栎、蒙古栎、皂角、马角刺、国槐、刺槐（洋槐）、紫穗槐、黄荆、白蜡条、桑、黄杨、六道木、对节木、黄栌、木通、香椿、臭椿、酸枣、枣、梨、苹果、桃、柿子、山楂（红果、山里红）、核桃、杏、红花、李、栗、橡树、葡萄、石榴、棠梨、软枣、文冠果、沙果等。

草本类　卷柏（还魂草）、蕨菜、瓦韦、水蓼、蒺藜、碱蓬、野苋菜、马齿苋、米瓦罐、小蒜、独行菜、委陵菜、翻白草、鸡眼草、苜蓿、老鹳草、酢浆草、大画眉草（星星草）、狐尾藻（杂草）、夏至草、香草、马炮、蒿子、茜草、没心菜、香蒲草、看麦娘、荩草、马唐（抓地身）、蟋蟀草、知风草、狼尾巴草、芦草、芦苇、茅草、节节草（格节草）、行义芝（圪巴皮）、狗尾草、羊胡草、白草、黄背草、野菊等。

观赏类　牡丹、夹竹桃、月季、迎春、海棠、桂花、爬墙虎、合欢、茉莉、无花果、杜鹃、石南、玫瑰、蔷薇、丁香、紫荆、冬青、黄杨、木槿、白玉兰、栀子、刺柏、百日红、一品红、夜来香、米兰、木香、腊梅、菊花、鸡冠花、凤仙花、兰花、仙人掌、仙人球、仙人鞭、牵牛、石竹梅、绣球、蝴蝶花、美人蕉、水仙、文竹、佛手、大丽、倒挂金钟、玻璃海棠、枫叶海棠、吊兰海棠、玉簪、金盏花、夜落、金钱草、翠娥眉、令箭荷花、君子兰、晚香玉、含羞草等。

中草药类　枸杞、金银花、益母草、茵陈、透骨草、茜草、五加皮、地肤、半夏、紫苑、薄荷、香附、蒲公英、夏枯草、丹参、沙参、苦参、黄芪、柴胡、远志、防风、苍术、黄精、南星、芦根子、二丑、车前子、菟丝子、王不留行、苍耳子、大小蓟、葛根、艾、女贞、二花、浮萍草、龙葵、柏子、洋金花等。

菌类　褐黄木耳、毛木耳、黑木耳、银耳、香菇、平菇、凤尾菇、白蘑菇、大肥菇、草菇、灵芝、紫灵芝、马勃等。

（二）动物资源

哺乳类　野猪、蝙蝠、鼹鼠、鼢鼠、家鼠、刺猬、野兔、山猫、野羊、猕猴、山鹿、黄鼬（黄鼠狼）、花面狸、獾、貉、狐、狼、金钱豹等。

鸟类　鸽子、鹌鹑、鸬鹚（鱼鹰）、白鹭、苍鹭、大天鹅、灰鹤、丹顶鹤、蓑羽鹤、鸳鸯、白鹳、豆雁、绿头鸭、鸢（老鹰）、金雕、石鸡、岩鸽、斑鸠、杜鹃（布谷鸟）、猫头鹰、燕、蓝翡翠、代胜、啄木鸟、百灵、虎皮鹦鹉、黄鹂、喜鹊、乌鸦、麻雀、画眉、八哥等。

爬行类　壁虎、麻蜥、鳖（团鱼）、蛇等。

两栖类　青蛙、蟾蜍等。

鱼类　青、草、鲢、鳙、鲤、鲫、鲇、鳊、鳝、刺鲅、黑鱼、泥鳅、赤眼鳟、马口鱼、黄颡鱼等。

甲壳类　蟹、蚌、泥蛭、大青虾、虾米等。

昆虫类　蜜蜂、蚕、土元、蝎子、蚯蚓、蝉、蟋蟀、蜈蚣、蝈蝈、蚂蚱等。

四　矿产资源

矿产资源是指自然界一切埋藏在地下或分布于地表的可供人类开发利用的矿物或岩石。它是进行经济建设和提高人民生活水平的重要物质基础。矿产资源的丰富程度及开发利用程度是一个国家物质财富、经济发展水平和科学技术水平的重要标志。[①]

矿产资源按其物理状态可分为：固体矿产（如煤、铁等）、液体矿产（如石油等）和气体矿产（如天然气等）三大类。按形成矿床的地质作用[②]可分为：内生矿产、外生矿产（沉积矿产）和变质矿产三大类。按矿产性质和工业用途可分为金属矿产、非金属矿产和能源矿产三大类。其中金属矿产又分为黑色金属矿产、有色金属矿产、贵金属矿产和稀有金属矿产；非金属矿产又分为冶金辅助原料、化工原料、特种非金属原料、工艺美术原料和建筑材料；能源矿产又分为固体能源、液体能源和气体能源。

牧野境内岩浆活动和变质作用微弱，地质作用主要表现为外力作用。已发现的矿产资源以外生矿产（沉积矿产）为主，可分为非金属、金属、能源矿产3大类28种，产地104处。已勘探和普查的有大型矿10处，中型矿13处，小型矿30处，矿点及矿化点51处。

（一）金属矿产

牧野地区金属矿产储量较小，主要有铁、铜、铅、锌和铝土等，多为矿点和矿化点，其中铁矿稍丰。牧野地区的金属矿产属于内生矿床，主要分布在西北太行山区。

（二）非金属矿产

牧野地区非金属矿产储量较大，主要有饰面用花岗岩5万立方米，大理岩100万立方米；石灰岩7.5亿吨，水泥用配料黏土5366万吨；石英岩状砂岩90万吨。此外，砖瓦黏土和砂、砾、卵石等建筑石料也很丰富。饰面用花岗岩与大理岩建筑板材、石灰岩、石英岩状砂岩等分布在西北太行山区；水泥用配料黏土、砖瓦黏土等分布于广大平原区；砂、砾、卵石等多分布于西北太行山区的河床及阶地中。

（三）能源矿产

牧野地区能源矿产储量也不小，主要有煤炭12.6万吨，泥炭102.28万吨。多分布于太行山山前地带，前者分别赋存于石炭、二叠系海陆交互相和陆相地层；后者产于第四系全新统洪积地层。

----

① 汪新文：《地球科学概论》，地质出版社1999年版，第162页。
② 分别为岩浆作用、外力作用、变质作用，即内生成矿作用、外生成矿作用、变质成矿作用。

第三章　牧野经济地理

第一节　牧野的农业

农业是利用土地的自然生产力，通过栽培植物和饲养动物以获取所需产品的社会物质生产部门。通常所说的农业有狭义与广义两种含义，狭义的农业即小农业特指种植业，广义的农业即大农业包括种植业、林业、畜牧业和渔业（水产业）。我们这里所说的农业是指广义的农业。同其他物质生产部门相比，农业受自然条件的影响最大，具有鲜明的地域性、季节性和周期性特征。

农业在国民经济中的地位是不言而喻的，所谓"无农不稳"，它是国民经济的基础。第一，农业是人类社会赖以生存的物质基础。它为人类提供了吃、穿、住的物质资料，保证了全社会人们的生活需要。第二，农业是国民经济其他部门产生的前提和发展的基础。众所周知，工业、商业和交通运输业都脱胎于农业，都是在农业的基础上通过社会大分工而派生的。第三，农业为工业生产提供了大量重要的原材料，为工业品提供了广阔的消费市场。第四，农业为商业提供了数量巨大、品种多样的商品。第五，农业为交通运输业提供了丰富的货源。

牧野地区农业起源较早，在原始社会新石器时代就开始栽培黍、粟、稷等旱地作物。经过两千多年的传承与发展，牧野人民积累了丰富的农业生产经验。

在漫长的奴隶社会、封建社会，由于农业生产工具和农业科技的落后，牧野地区农业一直发展缓慢，农作物类型少，产量低，受自然环境影响大，处于"靠天吃饭"的落后状态。

中华人民共和国成立后，尤其是改革开放以来，牧野地区农业得到快速发展。当前牧野农业已经步入现代化、集约化、市场化、专业化、产业化发展阶段，在河南省乃至全国都占有举足轻重的地位。牧野地区不仅是河南省重要的粮食、畜产品生产和加工基地，还是国家商品粮基地、全国优质农产品主产区和粮食核心区、全国优质小麦生产基地市和优质专用小麦种子繁育基地市。

一　牧野农业生产发展

（一）农业生产总值增长较快，在国民经济中具有重要地位

改革开放以来，随着以家庭联产承包责任制为核心的各项惠农政策的推行、国家对农业投入的加大以及农业科技的进步，牧野地区农业生产总值增长迅速。2000年，新乡市农林牧渔业总产值达到112.17亿元，占国内生产总值的比重为23.6%。[①] 2011年，新乡市农林牧渔业总产值319亿元，农产品加工业产值512亿元。2015年，新乡市农林牧渔业增加值[②] 221.7亿元，同比增长4.4%。可以看出，牧野地区农业在国民经济中具有重要地位。

（二）农作物类型多种多样

通过培育和引进农业新品种，使得牧野农作物类型极大丰富，凡能在牧野地区栽培的作物基本上都落地生根了。如今牧野地区既有粮食作物，也有纤维作物、油料作物、饮料作物、药用作物、菌类作物、园艺作物等经济作物，还有饲料作物。

（三）农业生产条件极大改善，农产品产量大幅上升

通过培育优良品种、改进栽培方式、改良耕作模式与耕作制度、改革灌溉方式、改造中低产田、兴修农田水利、搭建温室大棚、广施化肥农药、推广农业机械等措施，使农业生产条件极大改善，农业生产效率极大提升，农产品产量快速增长。2015年新乡地区粮食产量（不含长垣）364.67万吨，油料产量（不含长垣）29.49万吨，蔬菜产量（不含长垣）294.97万吨，水产品产量（不含长垣）6.05万吨。

---

① 新乡市地方史志编委会：《新乡市志（1986—2000）·上册》，中州古籍出版社2008年版，第371页。
② 农林牧渔业增加值指农林牧渔及农林牧渔服务业通过生产产品或提供服务而增加的价值，为农林牧渔业现价总产值扣除现价中间投入后的余额。

（四）农业结构得以调整优化

改革开放以来，牧野地区遵循市场规律，不断调整优化产业结构。具体表现为：种植业比重下降，林牧渔业比重上升；种植业内部粮食作物比重下降，经济作物比重上升；形成了优质强筋小麦、优质水稻、优质金银花、优质生猪、绿色奶业和农业观光旅游六大主导产业。

（五）培育出了众多特色农产品和农业品牌

牧野地区根据本地农业种植历史习惯和自然条件优势，培育出了众多具有地域特色的农产品。如新乡小麦、原阳大米、封丘金银花、封丘芹菜、封丘石榴、封丘树莓、延津黑豆、延津菠菜、延津胡萝卜、获嘉大白菜、辉县山楂、辉县香稻、凤泉薄荷、卫辉卫红花等。农业的发展推动了农产品加工企业的蓬勃发展，牧野地区培育出了众多地方农业品牌。如"金粒""新良""亚兰""米多奇""迪一""豫晟源""玉龙洞""鑫菌""佐今明""豫中天""宏力""鲜之源""创生园""新亚""雨润""大北农"等。

二　牧野农业结构

农业结构是指农业生产要素在农业各部门及种植业内部各农作物之间的比例构成，即一个国家或地区的农业劳动力、资金、物质资料在农业各部门及种植业内部各农作物之间的配置状况。牧野的农业结构非常全面，既有种植业，又有林牧渔业。其中以种植业为主，林业、畜牧业、渔业为辅。种植业既有粮食作物，又有经济作物和饲料作物。其中以粮食作物为主，以经济作物和饲料作物为辅。

（一）种植业

牧野地区种植历史悠久，种植业即小农业，是牧野农业的主导部门。2000年新乡市种植业总产值达到73.64亿元，占整个农业的66%。[1]包括粮食作物、经济作物和饲料作物。

1.粮食作物

"民以食为天"，"手中有粮，心里不慌"，粮食作物在牧野种植业中居

---

① 新乡市地方史志编委会：《新乡市志（1986—2000）·上册》，中州古籍出版社2008年版，第372页。

于绝对优势地位。牧野地区是河南省重要的小麦主产区和商品粮产区之一。2000年，新乡市粮食总产量达到295.35万吨。2011年，新乡市粮食作物总面积909.2万亩，粮食总产量463.4万吨。与历史上相比，由于农业结构的调整，牧野地区粮食作物的种植面积相对有所下降。

小麦　小麦是牧野地区第一大粮食作物，常年种植面积稳定在4万亩左右，约占全省小麦种植面积的6%；年总产量达到195万吨，约占全省小麦总产量的10%。

由于新乡的小麦种植面积和总产量位居全国地级市之首，使得新乡成为国家的商品粮基地之一。1995年，新乡市开始大力发展优质强筋小麦。1999年，新乡被河南省确定为优质专用小麦生产基地市。2011年，新乡提出了"整合资源，组建新乡小麦产业集团，将新乡小麦打造为'中国第一麦'"的发展目标。2014年，"新乡小麦"获得国家农产品地理标志登记，成为中国第一个以地级市为登记范围的小麦产品，更是河南省第一个小麦登记产品。2016年，"新乡小麦"荣登2016年中国品牌价值评价榜单，品牌价值97亿元。在2017年第十五届中国国际农交会上，"新乡小麦"获得"2017百强农产品区域公用品牌"称号。"新乡小麦"成为新乡走向世界的一张崭新名片。

玉米　玉米是牧野地区的第二大粮食作物，常年种植面积180万亩左右，最大面积达220余万亩，年总产量70多万吨。

水稻　水稻是牧野地区的第三大粮食作物。牧野的水稻属于一年一熟的粳稻，20世纪60年代以前主要分布在辉县一带，属井泉灌老稻作区，面积2万多亩。60年代后期引黄稻改成功，牧野地区发展成为新型稻区——沿黄粳稻区，水稻种植面积逐年扩大，2000年发展到80万亩。牧野的粳稻种植区与河南省南部地区的籼稻种植区相比，光照更加充足，昼夜温差更大，所以牧野的粳稻不仅产量高而且品质好。其中，辉县香稻享誉中原，原阳大米驰名全国。水稻成为全市大宗粮食作物中经济效益最好的作物。

杂粮　牧野地区生产的杂粮主要有禾谷类的大麦、高粱、谷子，薯类的红薯、马铃薯，豆类的大豆、绿豆、黑豆。其中马铃薯既是粮食作物，又是园艺作物中的蔬菜；大豆既是粮食作物，又是油料作物。延津黑豆远近闻名，为农产品地理标志产品。杂粮中种植面积最大的是大豆，其基本保持在40万亩左右，年总产量在5.8万吨左右。与历史上相比，由于小麦、玉米、水稻和经济作物种植面积的扩大，杂粮的种植面积有逐年缩小的趋势。

　　2.经济作物

　　经济作物又称工业原料作物，是指具有某种特定经济用途的农作物，它是除粮食、饲料作物以外其他各项农作物的总称。按其用途可以分为纤维作物、油料作物、糖料作物、饮料作物、嗜好作物、药用作物、菌类作物、园艺作物等。其中园艺作物又包括有蔬菜、瓜类、水果、花卉。与历史上相比，由于农业结构的调整，经济作物种植面积大幅上升，由1986年的122.95万亩上升到2000年的295.27万亩。① 2011年，新乡市油料、中药材、食用菌、蔬菜、瓜类、水果、花卉七类经济作物总面积350万亩，总产量420万吨。

　　棉花　棉花属于纤维作物，是牧野地区重要的经济作物。改革开放前由于经济作物不受重视，棉花种植面积一直不大，改革开放后，由于农业结构的调整，棉花的种植面积逐年上升，20世纪90年代初期达到顶峰120万亩。之后，由于病虫害的影响和市场因素的变化，棉花种植面积降至40万—50万亩。

　　油料作物　油料是牧野地区主要经济作物，主要品种有花生、油菜、芝麻，其中以花生为主，尤以卫辉花生最为著名。油料生产趋势是花生种植面积大幅度增加，油菜、芝麻种植面积逐步减少。

　　薄荷　薄荷属于饮料作物，是牧野地区重要的经济作物。凤泉薄荷远近闻名。

　　药用作物　牧野地区的药用作物主要有金银花、卫红花、柴胡、连翘、丹参等。其中，封丘金银花、卫辉卫红花闻名遐迩。

　　菌类作物　牧野地区近年来食用菌发展非常迅速，主要品种有木耳、平菇、香菇、杏鲍菇、金针菇等。食用菌种植以辉县最为著名。

　　蔬菜　牧野地区蔬菜品种繁多，有大白菜、小白菜、甘蓝（包菜）、大青菜（上海青）、黑白菜、黄心菜、菠菜、空心菜、娃娃菜、韭菜、香菜、荆芥、大芥、菜薹、苋菜、小茴香、大蒜、大葱、小葱、芹菜、西芹、油麦菜、生菜、茼蒿、木耳菜、茄子、辣椒、冬瓜、南瓜、丝瓜、番

---

　　①　新乡市地方史志编委会：《新乡市志（1986—2000）·上册》，中州古籍出版社2008年版，第375页。

茄、樱桃西红柿、黄瓜、芸豆（四季豆）、豆角、荷兰豆、扁豆、眉豆、苦瓜、佛手瓜、葫芦、瓠子、西葫芦、莴笋、花椰菜、西兰花、白萝卜、青萝卜、红萝卜、胡萝卜、洋葱、芥菜、山药、芋头、马铃薯等。其中，以封丘芹菜、延津胡萝卜、获嘉大白菜最为著名。

瓜类 牧野地区瓜类主要有西瓜、香瓜、甜瓜等类型。

水果 牧野地区水果类型多种多样，主要有苹果、梨、桃、油桃、葡萄、杏、李子、枣、石榴、山楂、柿子、核桃、无花果、树莓、草莓等。其中以封丘石榴、树莓、辉县山楂、长垣红提葡萄最为著名。

花卉 牧野地区花卉品种也比较多，有百合花、月季、冬青、蝴蝶兰、凤梨、兰花、芦荟、仙人掌、巴西木、发财树等。花卉种植以获嘉县规模最大。

3.饲料作物

牧野地区饲料作物在种植业中占的比重很小，饲草主要有紫花苜蓿、串叶松香草、沙大旺、皇竹草、苏丹草、白三叶、无芒雀麦等。

（二）林业

在以种植业为主导的农业社会里，牧野地区林业一直不受重视，其地位可以忽略不计。改革开放后，随着农业产业结构的调整，牧野地区林业的地位有所上升。历史上牧野地区的林业主要局限于太行山区。20世纪80年代中后期，牧野地区以平原地区农田林网建设为重点，结合黄河故道治沙造林和青年黄河防护林工程建设，开展了平原地区植树造林活动。20世纪90年代，又开始了太行山造林绿化活动。造林活动效果显著，新乡市分别获得全国平原绿化先进单位称号、河南省荒山造林绿化先进市称号。1999年，全市林业用地146.8万亩，其中林地70.7万亩，灌木林地59.3万亩，苗圃地0.5万亩；林木蓄积量437.6万立方米，森林覆盖率高达17%。[①] 2010年，全市林业用地205.26万亩，林木蓄积量871万立方米，森林覆盖率高达20.92%。牧野地区林业类型包括用材林、防护林、经济林、灌木林和苗圃。

1.用材林

1999年，牧野地区用材林面积为25.6万亩。太行山区用材林主要为

---

① 新乡市地方史志编委会：《新乡市志（1986—2000）·上册》，中州古籍出版社2008年版，第399页。

栓皮栎林、油松林和侧柏林，平原地区用材林主要为刺槐人工林。

2.防护林

1999年，牧野地区防护林面积为29万亩。防护林包括黄河防护林和农田林网，林木类型为速生杨树和泡桐。

3.经济林

1999年，牧野地区经济林面积为16.1万亩。太行山区经济林主要有核桃、花椒、山楂、柿子，平原经济林主要有苹果、梨、桃、油桃、葡萄、杏、李子、枣、石榴、无花果、树莓、草莓等。

（三）畜牧业

畜牧业也是牧野地区的传统产业，养殖历史悠久，是地位仅次于种植业的农业部门。历史上，畜牧业主要是个体经营，规模小，科技含量低，处于"靠天养畜"的落后状态，发展缓慢。改革开放后，随着农业经营体制改革、结构调整、投入加大、科技发展和市场需求变化，牧野畜牧业快速发展。2000年，新乡市肉类总产量25.79万吨，奶产量9148吨，禽蛋产量28.45万吨，畜牧业总产值达到34.98亿元，占整个农业的31.2%。[①] 2011年，新乡市肉类总产量35.4万吨，奶产量30万吨，禽蛋产量34.5万吨。牧野畜牧业包括家畜业和家禽业。

1.家畜业

牧野地区大家畜主要有牛、马、驴、骡，小家畜主要有猪、羊、兔。其中牛、马、驴、骡、猪、兔的饲养方式为舍饲，羊的饲养方式为放养。

牛　品种有黄牛和奶牛两种，以黄牛为主。改革开放前，黄牛主要是役用；改革开放后，随着农业机械化的提高，黄牛由役用为主逐渐转变为肉用为主。

猪　养猪是牧野地区传统养殖项目和支柱产业，养猪业经历了由以农户散养为主，向规模化、集约化养猪发展的过程。牧野生猪在上海、北京、天津享有很高声誉。辉县市、获嘉县首批成为国家级瘦肉型猪基地。

羊　品种有山羊、绵羊两类，以山羊为主。本地原饲养品种为大尾寒羊（绵羊）和槐山羊，20世纪90年代引进小尾寒羊（绵羊）等品种。

---

2. 家禽业

牧野地区家禽主要有鸡、鸭、鹅，其中以鸡为主。这是因为牧野地区气候比较干燥，水域面积较少，养鸭、养鹅难以形成规模。2000年，全市家禽存栏3590.5万只，禽蛋产量28.45万吨，禽肉产量3.49万吨。养鸡业包括蛋鸡和肉鸡两种。卫辉蛋鸡养殖业发展迅猛，已成为全国第二大养鸡大县。辉县的大规模蛋鸡养殖区也纷纷出现。牧野成为河南省蛋鸡生产基地，"新乡蛋鸡"名扬省内外。

（四）渔业

牧野渔业历史也比较悠久。自古以来黄河沿岸的人们就以在黄河中捕鱼为生。牧野渔业包括捕捞业和水产养殖业两种类型。

1. 捕捞业

捕捞业主要为沿黄长垣县、封丘县、原阳县的黄河捕捞，主要作业方法为小型非机动渔船捕捞，渔获品种主要为黄河鲤鱼、鲫鱼、鲇鱼及野生杂鱼。2000年捕捞产量1295吨，2004年捕捞产量839吨，逐年递减。

2. 水产养殖业

历史上，水产养殖主要"靠天养鱼"，生产非常落后。改革开放后，牧野水产养殖业经过深化经营体制改革、调整养殖结构、加大投入、依靠科技进步，养殖品种逐渐多元化，养殖面积和水产品产量有大幅度提高，养殖效益明显增加。养殖方式有池塘养殖、湖泊养殖、水库养殖、河沟养殖等，以池塘养殖为主。2000年，全市养殖面积3512.72公顷，实现水产品总产量16392吨，养殖总产量15097吨，其中池塘养殖面积2993.13公顷，产量14744吨。牧野水产品类型多样，有鱼类、虾类、蟹类、贝类和水产植物。

鱼类　牧野鱼类有青鱼、草鱼、鲢鱼、鳙鱼（花鲢）、鲇鱼、鲫鱼、鲤鱼、鲂鱼、鳊鱼、黄颡鱼（小黄鱼）、鮰鱼、鲟鱼、罗非鱼、甲鱼、鳝鱼、泥鳅等。

虾蟹类　牧野虾蟹类主要有龙虾、对虾、基围虾、河蟹等。

贝类　牧野贝类主要有河蚌和螺。

水产植物　牧野水产植物主要有莲藕、菱角。

三　牧野农业地域分布

由于自然条件的巨大差异，当前我国形成了五大农业地域类型：南方水田农业区，北方旱地农业区，西北牧业、灌溉农业区，青藏高寒牧业、农业区，海洋水产区。牧野农业在地域类型上属于北方旱地农业区。

影响牧野农业生产布局的条件包括自然条件、技术条件和社会经济条件。其中自然条件包括气候、土壤、地形和水源；技术条件包括农业技术（包括育种技术、栽培方式、耕作模式、耕作制度、灌溉方式等）、农业机械、农田水利和化肥农药；社会经济条件包括市场、交通运输、劳动力、农业政策、种植历史和经济地理位置。其中对农业生产布局起决定性影响的条件是自然条件，尤其是气候条件。

受以上条件的影响和制约，从整体上看，种植业主要分布在中南部平原地区，林业主要分布在西北山地和北部丘陵区。

（一）种植业分布

粮食作物中小麦主要分布于牧野的中南部平原地区，水稻主要分布于辉县和黄河滩区（位于原阳、封丘、长垣），玉米和杂粮分布非常广泛。

经济作物中棉花主要分布于牧野的中南部平原地区。花生集中在太行山前丘陵沙区（位于辉县、卫辉、凤泉）、黄河故道区（主要位于原阳、延津）和黄河滩区。油菜和芝麻分布比较广泛。薄荷分布在凤泉，金银花分布在封丘，卫红花分布在卫辉。蔬菜和瓜类分布非常广泛。水果中山楂、柿子和核桃主要分布在太行山区，苹果、梨、桃、油桃、葡萄、杏、李子、枣、石榴、无花果、树莓、草莓等其他水果主要分布于平原黄河故道区、黄河滩区以及城市近郊区。花卉集中分布在获嘉。

（二）林业分布

用材林主要分布在太行山区（位于辉县、卫辉、凤泉）和黄河故道区。栓皮栎林、油松林和侧柏林主要分布在太行山区，刺槐人工林主要分布在黄河故道区。

防护林主要分布在平原地区的沿河地带、沟渠畔、公路边。如在沿黄的原阳、封丘、长垣三县大堤内建有5000米宽的黄河防护林带。

经济林主要分布在太行山区、黄河故道区、黄河滩区以及城市近郊区。核桃、花椒、山楂、柿子等主要分布在太行山区，苹果、梨、桃、油桃、葡萄、杏、李子、枣、石榴、无花果、树莓、草莓等其他水果主要分布于平原黄河故道区、黄河滩区以及城市近郊区。

（三）畜牧业分布

牧野地区的羊主要分布在辉县、卫辉、凤泉等太行山区以及黄河滩区、黄河故道区。马、驴、骡分布在太行山区。牛、猪、兔、家禽分布非常广泛。

（四）渔业分布

牧野捕捞业在长垣县、封丘县、原阳县沿黄三县的沿黄地带。水产养殖业主要集中在沿黄三县（长垣县、封丘县、原阳县）及延津县。

四 牧野的特色农产品

牧野地区平坦的地形、温暖的气候、丰富的水源、肥沃的土壤加上悠久的种植历史孕育了众多的特色农产品。如新乡小麦、原阳大米、封丘金银花、封丘芹菜、封丘石榴、封丘树莓、延津黑豆、延津菠菜、延津胡萝卜、获嘉大白菜、辉县山楂、辉县香稻、凤泉薄荷、卫辉卫红花等。

（一）新乡小麦

新乡小麦（如图3—1所示）是河南省新乡市特色粮食作物，是国家地理标志农产品。新乡小麦具有"籽粒饱满、透明、角质、白粒、色泽光亮"的外在特征；具有"籽粒蛋白质含量高、出粉率高、容重高、湿面筋含量高、面团稳定时间长"的内在品质，素有"中国第一麦"的美誉。2014年

图3—1 新乡小麦

（图片来源：博雅特产网 http://shop.bytravel.cn/）

年底，"新乡小麦"获得国家农产品地理标志，成为中国第一个以强筋小麦为登记内容的小麦产品，也是中国第一个以地市为登记范围的小麦产品。

新乡小麦以延津县为核心，广泛分布于新乡所辖八县市。种植总面积25万公顷（375万亩），年总产量187.5万吨。

（二）原阳大米

原阳大米（如图3—2所示）是河南省新乡市原阳县的特色粮食作物，是国家地理标志农产品。原阳大米视之"晶莹剔透"，嗅之"清香味爽"，食之"软筋香甜"，蛋白质、淀粉以及铜、铁、钙、镁、硒等微量元素含量均高，素有"中国第一米"之称。经国家权威部门化验对比，原阳大米的蛋白质、淀粉以及铜、铁、钙、镁、硒等微量元素含量均高于国际有名的泰国大米。其中铁的含量高出日本天价大米"一见钟情"近5倍；被科学家称为"生命元素"和"天然解毒剂"的硒元素的含量，更是国内、国外许多大米含量的4—8倍。原阳大米具有抗氧化、维护细胞膜免受自由基损伤、延缓衰老、降低血糖、激活胰岛素分泌、防癌等作用。

图3—2　原阳大米

（图片来源：博雅特产网 http://shop.bytravel.cn/）

原阳县水稻种植的历史可追溯四千年之久。《史记·夏本纪第二》载："（舜帝时）令益予众庶稻。可种卑湿。"古籍载，商王曾多年多次在这块土地上来往田猎，特别是在渔（原阳古地名）地率师种地。在阳武（今原阳）出土汉墓中发现的稻壳痕迹证实，秦汉时这里的水稻已经得到长足发展。北宋时期朝廷曾发布过"江淮改粳种籼，黄河流域仍种粳稻"的规定。《宋史·河渠志》载：宋神宗熙宁六年（1073）十月阳武县民邢晏等364户上书朝廷"田沙碱瘠薄，乞淤溉……以助兴修"。于是，宋神宗熙宁七年（1074），宰相王安石以黄河、济河、漳河之水，动众四五十万淤酸枣（今延津）、阳武（今原阳）改土种稻……自古以来，先民们就认识到原阳这方厚土是种植水稻的风水宝地。

　　特殊的自然环境孕育了原阳大米。原阳自古滨河，位于华北平原南端的黄河故道扇形冲积平原的顶部，原阳水稻种植区位于原阳黄河大堤以北沿黄河长约60千米，宽约15千米的背河洼地。这个洼地比大堤以南滩区平均高出7—10米，洼地内部西南高东北低，坡度和缓，呈阶梯状分布。这一独特的"悬河"地貌，赋予了原阳自然灌溉、引黄淤地、压沙洗碱、改土植稻得天独厚的优势。原阳地处暖温带，四季分明，光照充足，热量丰富，作物生长周期长，使得稻米中淀粉含量高。原阳地处我国中部，远离海洋，气候的大陆性较强，加上西北临太行山风口，水稻种植区昼夜温差大，使得稻米中蛋白质积累丰富。原阳地处季风气候区，夏季降水丰沛且雨热同期，非常适合水稻生长。黄河水夏秋季水量大，给原阳水稻提供了充足的灌溉水源。用以浇灌原阳水稻的黄河水和经黄河水淤平形成的土壤中富含铜、铁、钙、镁、硒等微量元素，不仅使稻米中富含这些微量元素，还赋予稻米以先天的碱性，用原阳大米煮饭时不需加碱就香味十足。

（三）封丘金银花

　　封丘金银花是河南省新乡市封丘县的特色药用作物，是国家地理标志农产品。封丘金银花花蕾粗长肥厚，色泽艳丽，药用成分高，重要成分绿原磷含量达4%—6%，总黄酮2.14%，其质量位于全国同类产品之冠。金银花也称二花，属忍冬科忍冬属植物，其花性寒味甘，具有清热解毒消炎的功效，用于治疗上呼吸道感染、咽喉肿痛、流行性感冒、扁桃体炎等多种疾病，还有降血脂、抑制癌细胞扩散的神奇作用。长期以来，金银花一直是我国传统的常用重要中药材。

　　金银花是封丘县传统的中药材种植作物，有一千五百多年的种植历史，对此梁代著名医学家陶弘景所著《名医别录》有明确记载。

封丘属暖温带季风气候区，光热水资源充足，日照2310.4小时，年平均气温13.9℃，年降水量615.1毫米，土壤肥沃，有机质含量1.2%以上，pH值为8左右，是优质金银花生产的最佳区域。

（四）封丘芹菜

封丘芹菜是河南省新乡市封丘县的特色蔬菜，是国家地理标志农产品。封丘芹菜根冠肥大，根似龙首，叶似凤尾，茎鞘如笙，色泽鹅黄清雅，入口甘甜脆嫩，细品芹香悠远，回味余韵绵甜。封丘芹菜根、茎、叶皆可入菜，生食脆而无渣，熟食鲜香兼有，具有蔬、果、药三品同源之特点。封丘芹菜每100克含维生素C 3.74毫克，总糖1.16毫克，粗纤维0.8毫克，铁0.17毫克，锌0.16毫克，属低热量蔬菜。其粗纤维含量低，糖类、维生素C和锌的含量较高。

封丘芹菜主要分布在王村乡，种植面积3000公顷，年总产量达22.5万吨。

（五）封丘石榴

封丘石榴是河南省新乡市封丘县的特色水果，又称封裴石榴，因集中产于封丘陈桥乡裴楼村一带而得名。封丘石榴个大色艳，籽饱核小，汁多味甜。单果平均重约500克，最大可达1000克。石榴除了是水果之外，还是极好的观赏花卉和观果树种，而且其果皮可做染料，根可供药用。

封丘石榴栽培有三百多年历史，是河南省集中栽培石榴最早的地区。早在清康熙年间，曾作为贡品进献，称为"封裴石榴"。20世纪50年代，周恩来总理曾派人到封丘访问石榴的种植状况。60年代，封丘石榴已作为拳头商品销往海外。封丘石榴主要分布在陈桥乡和司庄乡等地。品种有红石榴、白石榴、铁石榴、钢石榴等，以铁石榴、钢石榴为主栽品种。

（六）封丘树莓

封丘树莓是河南省新乡市封丘县的特色水果，是国家地理标志农产品。封丘树莓果实大，口感好，产量高，无污染，且比北京的还要早熟半个月，与其他地区相比无须冬埋春起，年年上架下架，节省用工30%，大大降低了生产成本。

树莓是当今世界第三代水果之王，富含易被人体吸收及人体不可缺少的营养元素，如维生素B$_2$、钙、锌、铁、镁等，富含抗感冒药物成分天然阿司匹林，还含有比现有任何栽培水果和野生水果含量都要高的维生素

E、SOD、氨基丁酸等抗衰老物质，特别是抗癌物质鞣化酸含量丰富，被欧美称为"红宝石""癌症的克星""生命之果"。因此，树莓除了作为水果的食用价值外，药用价值极大。一是可以美容养颜、抗衰老。二是可以预防感冒。三是对结肠、宫颈、乳腺和胰腺癌具有预防和一定的治疗效果。临床实验证明，树莓的鞣化酸很容易被人体吸收，能引起癌细胞的凋亡。此外，根据美国的最新研究成果表明，长期食用树莓，还能有效地保护心脏，预防心脑血管疾病。据我国《本草纲目》记载：其（树莓）根、茎、叶、果亦为药用，具有益肾固精和补肝明目的功效。因此，树莓全身皆可入药，是中药中一种重要的药材，药用价值发展潜力巨大。

封丘树莓广泛分布在城关镇、城关乡、荆乡回族乡、王村乡、应举镇、陈固乡、黄德镇、居厢乡、鲁岗乡、陈桥镇、荆隆宫乡、留光镇、曹岗乡、潘店镇、黄陵镇、李庄乡、尹岗乡、冯村乡和赵岗镇19个乡镇。

（七）延津黑豆

延津黑豆是河南省新乡市延津县的特色粮食作物，是国家地理标志农产品。延津黑豆，皮黑仁青，种脐白色，籽粒圆润，表面油光发亮，内仁碧绿，晶莹剔透，人称"黑王明珠"。其平均单产150千克/亩，比一般黑豆高56.1%，生长期102天，比一般黑豆早熟15天，并具有抗倒伏性强、抗病性强、成熟后不落荚等特点。延津黑豆含蛋白质42.4%，氨基酸32%，并含有丰富的钙、磷、钾、铁、锌、铜、锰等人体必需的微量元素，具有极高的食用和药用价值。据《本草纲目》记载：药黑豆具有补肾养血，清热解毒，活血化瘀，健脾利湿之功效。民间常用于治疗出血过多等症状，现代临床可用于三四十种疾病治疗。东南亚一些国家常把药黑豆当作补品食用。

延津黑豆主要分布在小潭乡、榆林乡、石婆固乡、僧固乡4个乡，种植总面积1万公顷，年总产量达3万吨。

（八）延津胡萝卜

延津胡萝卜是河南省新乡市延津县特色蔬菜，是国家地理标志农产品。延津胡萝卜个儿大，色鲜，味美，口感甜脆，含糖量高，易存耐放，被誉称"小人参"。延津胡萝卜除具有一般胡萝卜的营养成分外，其蛋白质、糖类和维生素E的含量较高。其蛋白质的实际含量达到1.14%，可溶性总糖达到6.09%，维生素E的实际含量达到77毫克/100克。

延津胡萝卜种植历史悠久。自唐朝胡萝卜引入中原，延津即有种植，距今已有1300多年。据《中国民间故事集成·延津县卷》记载，明朝万历年间（1573—1620年），延津胡萝卜曾经作为"贡品"供奉过朝廷。康熙四十一年（1702）《延津县志》物产篇将胡萝卜列为主要蔬菜之一。1990年《延津县志》记载解放前当地的蔬菜主要是白菜、白萝卜和胡萝卜。《新乡市志（1986—2000）》更是明确地记明，延津胡萝卜产区已发展成为新乡市外销型大型蔬菜基地。延津县胡萝卜生产地域分布于小潭、榆林、石婆固五个乡镇。

延津良好的自然生态环境适宜胡萝卜生长。

地貌情况：延津县境内西南高，东北低，自然坡降约七千分之一。地貌分三种类型：古黄河高滩地，占总面积的15.2%；沙地，占总面积的47.6%；低洼易涝地，占总面积的37.2%。

气候情况：该地域属暖温带大陆性季风气候，春季干旱多风沙，夏季炎热雨量大，秋季凉爽时令短；日照充足，年日照时数2504.83小时；太阳辐射量大，总辐射值为119.04千卡/平方厘米；全年无霜期时间长，达216天，活动积温达4642.5℃；年均降水量为600.5毫米，年均绝对湿度为12.6毫巴。

水文情况：延津地表径流较多，有东孟姜女河、大沙河、柳青河、文岩渠、人民胜利渠、东三干和南分干渠，均属黄河水系。年地表径流量7192.6万立方米，地下水位浅且水量富足，水中含氮量大，每立方米含量折合硝氨2.5公斤，属地下肥水。胡萝卜产区无污染企业，农田经多次黄淮海（项目）开发，现已达到田成方、路成网、沟相通、渠相连、旱能浇、涝能排。

土壤情况：延津县境内土壤类型以粘沙两合土为主，土层深厚绵软，土壤结构好，土质疏松，透气性和透水性好，pH值在7.8—8.6，土壤有机质含量1.2%，全氮含量0.3%，速效磷含量18PPM，速效钾含量180PPM。

（九）延津菠菜

延津菠菜是河南省新乡市延津县特色蔬菜，是国家地理标志农产品。延津菠菜除了与普通菠菜一样富含有铁质和维生素外，还有"汁不染汤"（与豆腐一起烹饪，色泽不变，绿而鲜艳）和久置不坏（做熟后放置三日不发酸）的特征。与封丘芹菜皆为上品，故中原大地素有"封芹延菠"

之誉。

延津菠菜具有重要的食疗作用：

保障营养，增进健康。延津菠菜中含有丰富的胡萝卜素、维生素C、钙、磷以及一定量的铁、维生素E、辅酶Q_{10}等有益成分，能供给人体多种营养物质。其所含铁质，对缺铁性贫血有较好的辅助治疗作用。

促进生长发育，增强抗病能力。延津菠菜中所含的胡萝卜素，在人体内转变成维生素A，能维护正常视力和上皮细胞的健康，增加预防传染病的能力，促进儿童生长发育。

促进人体新陈代谢，延缓衰老。延津菠菜中的含氟-生齐酚、6-羟甲基蝶啶二酮及微量元素物质，能促进人体新陈代谢，增进身体健康。大量食用延津菠菜，可降低中风的危险。

洁皮肤，抗衰老。延津菠菜提取物具有促进培养细胞增殖作用，既抗衰老又增强青春活力。中国民间以延津菠菜捣烂取汁，每周洗脸数次，连续运用一段时间，可清洁皮肤毛孔，减少皱纹及色素斑，保持皮肤光洁。

通肠导便，防治痔疮。延津菠菜含有大量的植物粗纤维，具有促进肠道蠕动的作用，利于排便，且能促进胰腺分泌，帮助消化。对于痔疮、慢性胰腺炎、便秘、肛裂等病症有治疗作用。

延津菠菜，自国外传入。据《延津县志》载："菠菜来自西域颇棱国（今尼泊尔），远涉重洋，到此安家落户，俗称菠获。"也就是说，菠菜源于波斯国，故称"波菜"，后写作"菠菜"。延津菠菜，古为朝廷贡品。宋朝时，延津生产的菠菜大部分被开封御膳房征收为御用品。

（十）获嘉大白菜

获嘉大白菜是河南省新乡市获嘉县特色蔬菜，是国家地理标志农产品。获嘉大白菜矮桩叠抱，结球紧实，软叶多，品质优，抗干烧心，耐贮性好。烧熟的菜品具有独特的色、香、味，素有"浑汤大白菜"之美称。获嘉大白菜维生素C含量为23—24.2毫克/100克，胡萝卜素含量为30—36微克/千克，钙含量为258—267毫克/千克，粗纤维含量为0.89%—0.93%。

获嘉大白菜有着悠久的栽培历史，被明朝开国皇帝朱元璋赞为"浑汤大白菜"，并作为"贡品"。据乾隆二十一年（1756）《获嘉县志》记载："在获嘉种植的蔬之类为白菜、为菠菜、为芥菜、为芹菜、为苋菜、为葱、为蒜……"当时已将大白菜列为当地主要蔬菜之首。获嘉大白菜主要分布在太山乡、大辛庄乡、亢村镇、中和镇4个乡镇。

（十一）辉县山楂

辉县山楂是河南省新乡市辉县市特色水果，是国家地理标志农产品。果实近圆形，果色鲜红，果面有光泽，果点突出，直径2.5—3厘米，被当地人们称为"山里红"，适宜鲜食及作医药制品和深加工制品——"冰糖葫芦"。鲜食口感好，风味独特，深受大众的喜爱。辉县山楂除含有一般山楂的营养成分外，其总糖、维生素C、可溶性固形物、总黄酮含量较高，其中总糖含量达到10.58%，维生素C实际含量达到75.1毫克/100克，可溶性固性物含量达到20.3%，总黄酮含量7.62%。

辉县山楂种植始于清朝康熙年间，是全国五大产地之一。主要分布在辉县市境内西北部海拔400米以上的太行山深山区，即薄壁、上八里、黄水、南村、沙窑、南寨6个乡镇。种植面积1.5万公顷，年总产量达15万吨。

（十二）辉县香稻

辉县香稻是河南省新乡市辉县市的特色粮食作物。辉县香稻是我国水稻名贵品种之一，属于粳亚种糯变种香稻。其米呈短椭圆形，色泽乳白，具有浓香味，质糯性。

辉县泉水灌溉种植水稻历史悠久。关于香稻的起源无考，在辉县仅有一个传奇的神话。说很久以前的一个秋天，一群金雁飞越百泉（辉县境内）上空，一只被击伤的雁跌落下来，被一位善良的农民救起，精心治愈，重返蓝天。次年春，此雁口衔一棵金色稻种返来，交给这位农民栽培，收获后做成饭，奇香四溢，群众赞叹不已，起名叫香稻。靠近百泉河的楼根、八盘磨、西王庄、三小营、中小营等村，泉水环绕，土地肥沃，很早就是香稻的集中产区。

（十三）凤泉薄荷

凤泉薄荷茶是河南省新乡市凤泉区的特色饮料作物。凤泉薄荷作物茎秆粗壮，枝叶繁茂，叶色豆绿，叶片肥厚，香味浓郁。薄荷茶不仅口感甘滑清醇，耐浸泡，营养价值高，以其优良的品质而著名，还具有独特的清热去火之养生保健功效。凤泉薄荷在当地老百姓素有"消炎止痛一饮停"的美誉，被誉为"仙草"。凤泉薄荷含维生素C 53—55毫克/100克、钾3.4—3.7克/千克、铁21—23毫克/千克、粗纤维0.7%—0.9%。

凤泉薄荷栽培历史悠久。这里自古就有采摘薄荷入茶饮用的习惯，至今还有有关薄荷茶的故事流传。相传南宋时期，岳家军抗金北上，兵至新乡，时值酷暑，烈日难当，众官兵口干舌燥，萎靡不振。岳飞大急，如此疲军，何以抗金！正焦虑时，一老叟率众百姓担茶慰军。此茶望之醒目，闻之清神，饮之沁人心脾，毒暑全消。岳飞大喜，问老者：此茶何名？老者答：取城北凤泉之水，焙泉边薄荷为茶，此茶名为凤泉绿。岳飞大笑：有此神物助我，何愁金兵不灭？随即挥军北上，尽破金兵。凤泉绿由此名声大振，成为茗中极品。明正德元年（1506）知县储珊、儒学训导李锦编纂《正德新乡县志》（凤泉区当时属新乡县管辖），为新乡县现存的第一部县志，该志第十八页记载："药类：薄荷、瓜蒌、茯苓、栗毂、枸杞子、透骨草、半夏、车前子……"据清乾隆十二年（1747）知县赵开元修、畅俊篆《新乡县志》（凤泉区当时属新乡县管辖）第十八卷第659页记载："为香附、为兔丝、为蛤粉、为艾、为薄荷、为瓜蒌……"河南人民出版社1994年10月出版的新乡市《北站区志》（1982年4月—2004年1月凤泉区的原名）第128页记载："3.花卉植物 草本：芍药、鸡冠花……文竹、荷花、薄荷等百余种。"以上史实充分说明了凤泉薄荷可谓历史悠久，源远流长。

新乡市凤泉区土地肥沃、光热充沛、泉水与地下深井水清澈甘甜，盛产优质薄荷。凤泉薄荷主要分布在潞王坟乡、耿黄乡两个乡。种植面积2023公顷，年总产量达1.5万吨。

（十四）卫辉卫红花

卫辉卫红花是河南省新乡市卫辉市特色药用作物，是国家地理标志农产品。红花，又名红蓝花、草红花、红花草，为菊科植物红花的干燥花。红花在卫辉市有着悠久的栽培历史，所以卫辉市的红花被誉为"卫红花"，是"豫北三花"（历史上卫辉府的红花、怀庆府的菊花、彰德府的棉花）之一，河南省历史悠久的名优特产。以其"量高质佳，蕊长色红，手抓油润，劲擞不折，药香扑鼻"的特征，仅次于"藏红花"而驰名全国，并在国际市场上享有盛誉。

卫红花是著名的中药材，具有活血通经、散瘀止痛的功效。用于经闭、痛经、关节疼痛、中风瘫痪、斑疹紫暗、产后血晕、瘀滞腹痛、胸痹心痛、跌打瘀肿等症状。

卫辉卫红花主要分布在顿坊店乡、狮豹头乡、安都乡、太公镇、唐庄镇5个乡镇。种植面积为9568.6公顷，年总产量达5万吨。

五　牧野农业发展方向——专业化、产业化

农业专业化、产业化是现代农业的特征和发展趋势。在社会主义现代化建设的新时期，牧野地区要适应现代农业的发展趋势，以现有的地域农产品基地为载体，农业品牌为依托，农业龙头企业为核心，注重凝练和培育地方农业特色，以农业产业化集群建设为抓手，大力促进农业专业化、产业化发展。

（一）新乡市优质小麦产业化集群

以延津县为重点，以新乡地区为核心区域，辐射带动周边地市，发展优质专用小麦种植和加工，形成跨地市的优质小麦生产加工基地。以中粮（新乡）小麦有限公司、五得利集团新乡面粉有限公司、克明（新乡）面业有限公司、新乡市长远实业集团绿色食品发展有限公司、新乡市新良集团有限公司、新乡市恒诚面业有限公司、新乡市银龙食品有限公司、新乡市亚特兰食品有限公司、河南米多奇食品有限公司等为龙头，组建成立"新乡小麦产业集团"。以地理标志农产品"新乡小麦"和"金粒""新良""亚兰""米多奇"等为品牌代表，大力发展专用面粉、速冻主食与方便食品、烘焙休闲食品等面产品。

（二）原阳大米产业化集群

以原阳县为核心区域，辐射带动封丘县、长垣县、获嘉县、辉县市，重点发展水稻种植和加工，形成沿黄优质水稻产业带。以河南黄蕊米业有限公司、河南迪一米业有限公司、河南米多奇食品有限公司等为龙头，组建成立"原阳大米产业集团"。以地理标志农产品"原阳大米"和"迪一""米多奇"等为品牌代表，大力发展高档食用米、营养米、米蛋白、方便米制食品、米制休闲食品等米产品。

（三）卫辉花生及油料产业化集群

以卫辉市为核心区域，辐射带动原阳县、新乡县、延津县、封丘县、长垣县、辉县市，重点发展花生种植和加工，形成黄河故道及黄河滩区优质花生产业带。以河南卫丰粮油工业有限公司、新乡市万家康油脂有限公司、延津县亨通油脂有限公司、辉县市华豫油脂有限公司等为龙头，

以"豫晟源"等为品牌代表，大力发展花生油及高档调和油等精深加工产品。

（四）辉县食用菌产业化集群

以辉县市为核心区域，辐射带动获嘉县、新乡县、卫辉市，重点发展食用菌种植和加工。以辉县市冀屯食用菌种植专业合作社、辉县市利民食用菌种植专业合作社、辉县市荣泰食品有限公司、新乡市星河生物科技有限公司等为龙头，以"玉龙洞""鑫菌"等为品牌代表，大力发展平菇、金针菇、杏鲍菇等中高档食用菌品种，以及低温干燥、脱水保鲜的休闲食品、保健品等精深加工产品。

（五）封丘金银花产业化集群

以封丘县为核心区域，辐射带动原阳县、延津县、长垣县，重点发展金银花种植和加工。以新乡市佐今明制药股份有限公司、河南中天食品有限公司为龙头，组建成立"封丘金银花产业集团"。以地理标志农产品"封丘金银花"和"佐今明""豫中天"等为品牌代表，大力发展金银花中成药、口服液、提取物、保健品、茶饮等精深加工品。

（六）长垣绿色果蔬产业化集群

以长垣县为核心区域，辐射带动封丘县、延津县，重点发展水果（以红提葡萄为主）、蔬菜种植和加工。以河南宏力高科技农业发展有限公司、河南绿港现代农业股份有限公司、河南鸿志高效农业开发有限公司和河南翔宇食品有限公司等为龙头，以"宏力""鲜之源"等为品牌代表，大力发展中高档果蔬品种以及果蔬汁、果蔬粉、果蔬脆片等精深加工品。

（七）获嘉花卉苗木产业化集群

以获嘉为核心区域，辐射带动辉县市、新乡县、原阳县，重点发展花卉苗木种植。以获嘉县缤纷花卉苗木种植专业合作社、获嘉县腾飞花卉种植专业合作社、新乡市七彩园林种植专业合作社、河南海芋生物发展有限公司、新乡市积玉园林绿化工程有限公司、新乡市绿色园林有限公司等为龙头，以"创生园"等为品牌代表，大力发展百合花等鲜切花及园林绿化苗木基地。

（八）新乡县林产品产业化集群

以新乡县为核心区域，辐射带动辉县市、延津县、原阳县，重点发展造纸原料林种植和加工。以新乡市新亚纸业集团股份有限公司、新乡市鸿达纸业有限公司、河南龙泉集团实业有限公司等为龙头，以"新亚"等为品牌代表，大力发展造纸原料林基地以及包装用纸、文化用纸、生活用纸等纸产品。

（九）辉县生猪及肉制品产业化集群

以辉县市为核心区域，辐射带动卫辉市、延津县、获嘉县，重点发展生猪养殖和加工，形成沿京广铁路和新长北线生猪养殖和加工带。以辉县市万鑫养殖有限公司、辉县市宁丰肉类加工有限公司、新乡市大北农农牧有限公司等为龙头，以"雨润""大北农"等为品牌代表，大力发展冷鲜分割肉、调理肉制品、熟肉制品三大主导产品。

（十）原阳奶制品产业化集群

以原阳县为核心区域，辐射带动封丘县、长垣县、新乡县，重点发展奶牛养殖和牛奶加工，形成黄河滩区绿色奶业示范带。以原阳县福源奶牛有限公司、三元集团（新乡）乳业有限公司等为龙头，以"三元"等为品牌代表，大力发展巴氏杀菌奶、酸奶、专用奶粉、乳饮料等精深加工品。

第二节　牧野的工业

工业是采掘自然物质资源或对所采掘的自然物质资源和农产品进行加工制造以获取所需产品的社会物质生产部门。按生产过程，工业可分为开采工业和加工制造业。开采工业如采矿、能源等；加工制造业如冶金、化学、机械、建材、纺织、食品、造纸、家电等。按产品用途，工业可分为重工业和轻工业。重工业如采矿、能源、冶金、化学、机械、建材；轻工业如纺织、食品、造纸、家电等。同农业的特征相比，工业受自然条件的影响较小，具有空间的灵活性和时间的连续性等特征。

工业在国民经济中的地位举足轻重，它是国民经济的主导。首先，工业为人类提供日用工业品，是人类社会得以发展的物质基础。其次，工业为国民经济各部门提供原材料、燃料动力和生产工具。所谓"无工不富"，一个国家、一个地区的工业水平常常是衡量该国家、该地区经济发达程度的重要标志。

一　牧野工业简史

牧野的工业源于民间传统的手工业。由于清末以前汲县是牧野地区的政治经济中心，因此手工业活动以汲县最为典型。清光绪年间（1875—1908年），汲县发展有纺织、制革、制鞋、木器、烟草、印染、拓裱、火药、土硝、铁工、锡工等手工业生产行业，其中以纺织、制革、制鞋业较为兴盛。当时的丝带、辫绳、裘皮、戏靴等产品远销京、津、保定等地。民国初年，汲县民族工业兴起，振华、普兴等小型织布厂和云锦章石印局先后建立。民国十一年（1922），华新纱厂建成投产。其后，慎兴、福民、鸿茂、建德等10余家规模不等的棉纺织工厂相继开办。

清朝末年，平汉、道清铁路通车后，新乡县水陆交通便利，促进了其手工业和民族工业的发展，使其逐渐取代汲县成为牧野地区的经济中心。民国初年，手工业者、商业资本家、绅士等名人，如新乡县赵魁元、田芸生、王晏卿、孔吉人、魏志鲁、荆梦乾和天津人赵中法、安徽人孙多森、武陟人孙中和、禹县人罗恒元等先后在新乡县城创办福盛织布作坊、锦工厂、厚生实业工厂、同盛铁工厂、裕兴蛋厂、中益织工厂、通丰面粉厂、宏豫冶铁公司、新华火柴厂、万顺机械厂、新华织袜厂及毛巾、造纸、水电等厂。民国二十年（1931），冶铁机械业有宏豫、万顺等16家，蛋厂26家，针纺织业14家，面粉、化工、榨油、轧花、漂染、造纸等10余家。乡间私人手工业有织布、纸坊、制革、砖瓦、建筑、编织、制盆、金石麻绳、粉笔、油漆、鞋帽、缝纫、烟房、油房、酱菜、食品和铁、木、银、铜、锡匠等30余个行业，计438户，从业1850余人。另有郭柳的白灰、金灯寺的青白石、黄屯的土粉、古阳堤一带的制碱、卤水、土盐等均负盛名。

日军侵占后，新乡县的经济命脉被日本"三井""三菱""三兴""久大"洋行垄断，民族工业大部倒闭，主要生产机械被日本夺走，多数蛋厂被日本挤垮，新华火柴厂也被日本电光火柴挤倒。民国三十年（1941），县城仅剩7家蛋厂、两家铁工厂、两家毛巾厂勉强维持生产，其余几十家工厂、2500余名工人处于停产失业状态。

日军投降后，县城工业一度有所恢复。冶铁、机械、面粉、榨油、纺织等工厂恢复至19家。但是，由于国民党发动内战，除通丰面粉厂继续生产面粉供军需外，4家铁工厂被迫转为军火生产，其余工厂瘫痪。

中华人民共和国成立后，尤其是改革开放以来，牧野地区工业如雨后春笋得到快速发展。

当前，牧野工业已经步入现代化、集团化、集群化发展阶段，在中原乃至全国都占有举足轻重的地位。牧野已成为豫北工业重镇，不仅工业产值在全河南省名列前茅，是中原地区重要的工业基地，而且还是中国电池工业之都、国家新型电池及材料产业基地、新能源汽车推广应用城市（全河南省仅郑州和新乡）、生物医药特色产业基地和起重机械产业基地。

二　牧野工业生产发展

（一）工业生产总值增长迅速，在国民经济中占主导地位

2010年，全市完成工业增加值602亿元，规模以上企业实现销售收入2179亿元。2015年，新乡地区完成生产总值1982.25亿元，比上年增长6.0%。其中第二产业增加值1004.7亿元，比上年增长5.8%，三次产业结构比为11.2∶50.7∶38.1。其中工业增加值864亿元，比上年增长5.7%；规模以上工业增加值增长5.8%，规模以上企业销售收入4033.31亿元。从以上数据可以看出新乡地区的第二产业占据了牧野经济的半壁江山，而工业又占据了第二产业的主体地位，因此工业成为全市经济增长的主要力量，在国民经济中居于主导地位。

（二）工业企业数量众多，规模日益扩大

截至2010年底，全市规模以上工业企业1078家，销售收入超亿元企业336家，销售收入5亿元以上企业62家，销售收入10亿元以上企业33家，其中新飞电器、刘庄农工商、新亚纸业销售收入突破50亿元，金龙集团销售收入超100亿元。截至2015年底，孟电热力、豫飞重工、心连心化肥、天丰钢构、环宇集团、燎原电子、华兰生物、飘安集团、百威英博9家企业集团销售收入超过50亿元，新航集团、卫华集团、科隆集团、新亚纸业、刘庄农工商、白鹭化纤、新乡煤化、新飞电器8家企业集团销售收入超过100亿元，金龙集团销售收入超过500亿元。

（三）工业结构齐全，主导产业突出

中华人民共和国成立以后，国家开始大力发展工业。由于新乡具有显著的区位优势和丰富的自然资源与农业资源，国家在此兴办了许多大工业企业。20世纪80年代以来，牧野民营工业企业得到快速发展。20世纪90

年代以来，新乡市政府开始着力进行产业结构调整。经过多年发展，至 2015 年牧野地区已经形成了门类齐全、轻重工业结构合理的工业结构体系，拥有 41 个行业大类中的 33 个。

在工业发展和结构调整过程中，牧野工业形成了特征鲜明的主导产业：装备制造、汽车及零部件、制冷、现代煤化工、生物与新医药、电池及新能源汽车。

（四）工业地域分布呈集聚、集群发展态势

截至 2010 年，全市形成了 27 个产业集聚区，累计入驻企业达 4799 家，企业营业收入 1862 亿元，利润 118 亿元，固定资产投资完成额 571 亿元，建成区面积达 130 平方千米。省定 175 个产业集聚区新乡市占 13 个，数量居全省第四位，产业集聚区已成为我市区域经济新的增长极。

制冷、起重装备、振动机械、电池产业集群在国内同行业占有一席之地，医疗器械、纺织、汽车及零部件等产业集群也形成了省内优势。

（五）工业产品拥有强劲的市场竞争力

制冷铜管、门桥式起重机、盾构机、公路养护机械、宽幅多色印刷设备、大型振动设备、轴承装备、汽车空调、汽车转向器、冰箱、冰箱空调两器、磷酸铁锂电池材料及锂电隔膜、黏胶纤维、血液制品、疫苗、青霉素原料药等 60 多个产品在国内同行业排名前五位，另有 32 个产品位于省内同行业前三位，市场占有率不断提高。

品牌效应明显扩大。截至 2010 年，牧野地区拥有中国名牌产品 6 个，省名牌产品 40 个；中国驰名商标 9 个，省著名商标 121 个。金龙铜管、卫华起重、心连心化肥、天丰钢构、新飞电器、环宇电源、白鹭化纤、华兰生物、飘安卫材、新亚纸业等品牌成为牧野的城市名片。

三　牧野工业结构

工业结构是指工业生产要素在工业各部门之间的比例构成，即一个国家或地区的工业劳动力、资金、物质资料在工业各部门之间的配置状况。牧野地区轻重工业都比较发达，形成了比较完善的工业结构体系。

（一）重工业

牧野地区的重工业包括能源工业、冶金工业、有色金属加工业、机械工业、化学工业、建材工业。

1. 能源工业

能源工业分为煤炭、石油、天然气、电力工业几类。牧野地区的能源工业主要是煤炭工业和火电工业。煤炭工业代表性企业有卫辉市陈召煤矿、辉县市吴村煤矿。火电工业代表性企业有河南孟电集团热力有限公司、新乡豫新发电有限责任公司。

2. 冶金工业

冶金工业分为钢铁工业和有色冶金工业两类。牧野冶金工业主要为钢铁工业。钢铁工业代表性企业为新乡市钢管厂。

3. 有色金属加工业

有色金属加工业分为金、银、铜、铝、铅锌、镁、钼、钒钛加工业等类型。牧野有色金属加工业代表性企业有金龙精密铜管集团股份有限公司、河南新乡华洋漆包线有限公司、河南省新乡市七星铜业有限公司等。

4. 机械工业

牧野机械工业门类比较齐全,包括有机床制造业、工业设备制造业、农业机械制造业、起重机械制造业、日用机械制造业、汽车工业、航空工业等。其中机床制造业代表性企业有新乡机床厂、新乡红阳机器制造有限公司(新乡市第二机床厂)、新乡市第三机床厂等。工业设备制造业代表性企业有新乡利民机械工业公司、新乡逐鹿实业股份有限公司、新乡市神州机械股份有限公司、新乡市石油化工机械厂、新乡市轻工业机械制造厂、新乡市塑料机械厂等。农业机械制造业代表性企业有新乡内燃机厂、新乡市三利机械股份有限公司、新乡第一拖拉机厂、原阳联合收割机厂等。起重机械制造业代表性企业有卫华集团有限公司、豫飞重工集团有限公司、河南省矿山起重机有限公司、中原圣起有限公司、河南省新乡市矿山起重机有限公司、新乡克瑞重型机械科技股份有限公司等。日用机械制造业代表性企业有新乡市电光机械厂、新乡市钟表总厂、新乡市建筑五金总厂、新乡市衡器厂、河南第一工具厂、新乡金钢工具有限责任公司等。汽车工业代表性企业有原阳汽车制动器厂、辉县汽车配件厂等。航空工业代表性企业为新乡航空工业集团有限公司。

5. 化学工业

化学工业分为基本化工、煤化工、石油化工、塑料工业、橡胶工业、农药工业、化肥工业等类型。牧野化学工业包括有基本化工、石油化工、塑料工业、橡胶工业、化肥工业等。其中基本化工代表性企业有新乡市第一化工厂、新乡市第四化工厂、新乡市豫北化工厂、新乡市荣军化工厂、新乡树脂厂等。石油化工代表性企业有新乡市有机化工厂、新乡市石油化工厂等。塑料工业代表性企业有新乡市第二塑料厂、新乡市第四塑料厂等。橡胶工业代表性企业为新乡市橡胶厂。化肥工业代表性企业有河南心连心化肥有限公司、新乡市燃料化肥总厂等。

6.建材工业

建材工业分为砖瓦工业、水泥工业、钢结构工业、板材工业、陶瓷工业、防水材料工业、耐火材料工业、保温材料工业、涂料工业等类型。牧野建材工业包括有水泥工业、钢结构工业、陶瓷工业、防水材料工业、耐火材料工业和保温材料工业等。水泥工业代表性企业有河南省新乡水泥厂、新乡市新凤水泥有限责任公司、新乡市李固水泥厂、辉县水泥厂、辉县白水泥厂、卫辉水泥总厂等。钢结构工业代表性企业为河南天丰钢结构有限公司。陶瓷工业代表性企业为新乡王牌瓷业总公司。防水材料工业代表性企业为新乡市锦绣防水材料股份有限公司。耐火材料工业代表性企业为河南伯马股份有限公司。保温材料工业代表性企业为新乡市综合建材厂。

（二）轻工业

牧野地区的轻工业包括电子电器工业、纺织工业、造纸工业、食品工业、医药工业。

1.电子电器工业

牧野的电子电器工业包括有电器工业和电池工业。电器工业代表性企业主要有河南新飞电器有限公司、河南科隆集团有限公司、河南燎原电子有限公司（原河南安彩集团美乐电子有限责任公司）、新乡华丹电子有限责任公司、新乡中州电器股份有限公司等。电池工业代表性企业主要有河南环宇集团有限公司、新乡太行电源有限责任公司、新乡市电池厂等。

2.纺织工业

纺织工业分为棉纺、麻纺、毛纺、丝绸、化纤、印染、服装工业等类型。牧野纺织工业包括有棉纺工业、毛纺工业、丝绸工业、化纤工业、印染工业等。棉纺织工业代表性企业有河南华新棉纺织厂、河南中原棉纺织厂、新乡棉织厂、河南开元纺织股份有限公司、新乡红旗棉织厂。毛纺织工业代表性企业有新乡针织厂、新乡制线厂、新乡毛纺厂。丝绸工业代表性企业为新乡丝绸厂。化纤工业代表性企业有新乡白鹭化纤集团有限责任公司、新乡化纤纺织厂。印染工业代表性企业有新乡印染厂、新乡印织厂、新乡染织厂、新乡漂染厂、新乡市荣翔纺染公司。

3.造纸工业

牧野造纸工业代表性企业有新乡新亚纸业集团股份有限公司、河南省龙泉集团实业有限公司、河南省新乡鸿达纸业有限公司等。

4.食品工业

食品工业分为大米加工业、面粉加工业、油脂加工业、肉制品加工业、奶制品加工业、方便与休闲食品加工业等类型。牧野食品工业种类比较齐全。大米加工业代表性企业有河南黄蕊米业有限公司、河南迪一米业有限公司等。面粉加工业代表性企业有新乡市长远实业集团绿色食品发展有限公司、新乡市新良集团有限公司、新乡市恒诚面业有限公司、新乡市银龙食品有限公司等。油脂加工业代表性企业有河南卫丰粮油工业有限公司、新乡市万家康油脂有限公司、延津县亨通油脂有限公司、辉县市华豫油脂有限公司等。肉制品加工业代表性企业有辉县市宁丰肉类加工有限公司、新乡市大北农农牧有限公司等。方便与休闲食品加工业代表性企业有新乡市亚特兰食品有限公司、河南米多奇食品有限公司等。

5.医药工业

医药工业分为制药工业、医疗器械工业和卫生材料工业。牧野医药工业包括制药工业和卫生材料工业。制药工业代表性企业有华兰生物工程股份有限公司、新乡市佐今明制药股份有限公司、新乡制药股份有限公司、百泉制药有限公司、新乡华星药厂等。卫生材料工业代表性企业为河南飘安集团有限公司。

四　牧野主要工业企业

（一）金龙精密铜管集团股份有限公司

金龙精密铜管集团股份有限公司（简称金龙集团）始创于1987年，是一家以精密铜管开发研究和生产为主业的股份制大型现代企业集团。其前身是创建于1987年的新乡市无氧铜材总厂。2000年，由新乡市无氧铜材总厂改制组建成立河南金龙精密铜管股份有限公司。2004年，更名为立金龙集团。集团现下辖新乡金乡精密铜件有限公司、新乡市龙翔精密铜件有限公司、新乡市龙腾有色金属有限公司、上海龙阳精密复合铜管有限公司、无锡金龙川村精密器材有限公司、珠海龙丰精密铜管有限公司、山东龙口市龙蓬精密铜管有限公司、重庆龙煜精密铜件有限公司、中科院金龙金属材料开发有限公司等子公司和中科院精密铜管工程研究中心、中科院新乡科学仪器研制中心等研发机构，还在墨西哥和美国建立了铜管生产基地。

金龙集团主营产品有空调与制冷行业用各类高精高效铜管系列产品，包括高精度光面铜盘管、高效传热内螺纹铜盘管、无氟制冷用高清洁度铜盘管、高效外翅片铜管、铜覆塑管、铜合金管、铜毛细管、铜管组件等，涵盖了空调制冷、建筑供水、海水淡化、海洋工业、船舶制造、医疗设备、太阳能利用、计算机散热、移动通信、电子仪表及电磁微波技术等领域。此外，还兼营制冷用精密铝管、高精微通道铝扁管及锂动车辆用铝材系列产品；锂电隔膜、锂离子动力电池及正负极材料系列产品；大功率锂动车辆系列产品；铅锌、锰、金、镍等矿产资源系列产品等，形成了上下游与跨行业相互关联及延伸的五大支柱产业链，供应着中国以及世界市场。

金龙集团现今的空调与制冷用精密铜管占世界总量的30%，是世界上最大的精密铜管生产厂家和最具实力的科研开发创新基地，领军国际精密铜管制造业。2014年金龙集团实现销售收入350多亿元，经济规模位列河南工业企业10强、中国有色金属行业20强、中国企业500强和中国制造业500强企业行列。

（二）新乡航空工业集团有限公司

新乡航空工业集团有限公司（简称新航集团）成立于2004年，是一家主要从事航空机载设备和汽车零部件的设计、研制和生产的大型现代化企业集团。它是中国航空工业机载准备重点企业和研制生产汽车零部件的骨干企业。它由新乡地区原四家航空工业企业（134厂、116厂、103厂、540厂）和新乡航空工业光电科技有限公司整合重组而成。新航集团是一个跨区域的大型集团化企业，不仅在新乡拥有豫新航空工业制品公司、平原航空设备有限公司、平原滤清器有限公司、豫北转向系统股份有限公司、巴山航空材料有限公司等主要分公司，而且在上海、合肥、长春、南宁、芜湖、青岛等地都建有分公司。

新航集团拥有自己的核心技术和技术创新能力，在飞机环境控制技术、流体污染测控技术、流体压力与流量控制技术、流体热交换和金属钣焊技术、电子元件冷却技术以及高目金属丝网编织技术等方面居行业和国内领先水平。新航集团具有国内先进的各类汽车空调总成和热交换器生产线、各类滤清器生产线、汽车循环球动力转向器生产线、电动助力转向器生产线和汽车空调检测试验中心、汽车三滤质检试验中心、汽车动力转向器检测中心。

新航集团主要产品有：用于飞机环控、液压、燃滑油、氧气等系统的过滤器，各类热交换器以及涡轮冷却器，压力调节与关断装置，流量控制与关断装置，输油、油位控制装置，燃油污染在线检测与控制装置，压差继电器，快速截止阀；飞机和发动机使用的燃油增压泵、启动泵、输油泵。研制生产的航空产品几乎为所有的国产飞机和发动机配套。其中，最新研制成功的发动机引气用耐高温高压套阀、蝶阀组合式绝对压力调节器填补了国内空白。飞机液压动力测试车系列产品已广泛应用于波音、麦道、空中客车系列及国产飞机液压系统的地面调试、检查及油液的净化。产品出口俄罗斯、古巴、印度、马来西亚等国家。

集团生产的"豫新"牌汽车空调、"豫北"牌汽车动力转向器和"平原"牌汽车三滤被评为"中国名牌产品"。新航集团已成为中国中部地区规模最大的汽车零部件研发生产基地，名列中国汽车零部件百强企业和百佳供应商、河南省工业百强企业、新乡市标志性企业。

（三）卫华集团有限公司

卫华集团有限公司（简称卫华集团）始创于1988年，是一家以研发和生产起重机械设备为主业兼营建筑施工的大型现代企业集团。其前身为创建于1988年的新乡市卫华起重机厂。1999年，新乡市卫华起重机厂改制为河南省卫华起重机有限公司。以后又改制为河南卫华重型机械股份有限公司，并在此基础上组建卫华集团。集团现下辖河南卫华重型机械股份有限公司、卫华建工集团有限公司等11家子公司。

卫华集团主导产品为单梁起重机、双梁起重机、门式起重机、桥式起重机、散料装卸设备、电动葫芦等六大系列50多个品种的起重机械。其广泛应用于石油、电力、矿山、冶金、机械、铁路、航天、港口、化工等行业，服务于中国核电、中国中煤、中国神华、中国石油、中国石化、上海宝钢、北京首钢、北京奥运、西气东输、南水北调、卫星发射、杭州湾跨海大桥等数千家大型企业和国家重点工程，助力神舟系列飞船、长征系列火箭、天宫系列探测器成功飞天，并远销东南亚、中亚、中东、非洲、俄罗斯、英国、美国、澳大利亚等100多个国家和地区。

卫华集团是我国产销量最大、品牌影响力最强的通用起重机械制造行业领军企业。"卫华"牌桥、门式起重机荣获"中国名牌产品"荣誉称号。"卫华"商标被认定为"中国驰名商标"。2004年，企业入选"中国机械500强"；2007年，入选"中国民营500强"；2009年，跻身"中国装备制造业100强"；2010年，入选"中国机械100强"。

（四）豫飞重工集团有限公司

豫飞重工集团有限公司（简称豫飞重工）始创于1955年，是一家以起重装备制造业为主业的大型现代企业集团。其前身为创建于1955年的新乡市起重设备厂。1993年，新乡市起重设备厂兼并新乡市电器开关厂成立新起集团。2000年后更名为新乡市起重设备厂有限责任公司。后又与河南起重机器有限公司组合成立豫飞重工集团有限公司。集团现拥有"豫飞"和"腾升"两大品牌，下设河南起重机器有限公司、新乡市起重设备厂有限责任公司等6家子公司。

集团拥有国内外先进的自动化生产线26条、加工设备1000余台，以及高端质量检测设备40台（套）。集团拥有多项专利技术，超高安全性能特种起重机制造是集团拥有的技术优势。现已具备年产各类港口机械40台（套）、各类起重机械15万吨的生产能力。

集团的主导产品为造船门式起重机、港口门座起重机、散料装卸船机、军用起重机、特种起重机、冶金起重机、通用起重机等，广泛应用于航空航天、核电水电、港口码头、钢铁冶金、军工等多个高端产业领域，产品畅销全国30多个省、自治区、直辖市，并出口到德国、瑞典、俄罗斯、英国、日本、澳大利亚、西班牙、芬兰、哈萨克斯坦、巴西、印度、菲律宾、巴基斯坦、伊朗、韩国、越南、秘鲁、赞比亚等30多个国家和地区。集团旗下"豫飞""腾升"两大品牌起重产品，占到国内大运载火箭项目、卫星发射基地项目的90%以上，是国家军工项目起重装备的制造厂家之一。新乡市起重设备厂有限责任公司的"腾升"牌产品荣获"中国起重机十佳知名产品"。河南起重机器有限公司的"豫飞"品牌，被评为

"中国驰名商标"，获得中国产品质量认证中心"中国起重设备质量公认十大知名品牌"。豫飞重工被评为河南省50户重点装备制造企业、河南省制造业100强企业、中国机械500强企业。

（五）河南太行振动机械股份有限公司

河南太行振动机械股份有限公司（简称太行振动）始创于1984年，是一家专门从事振动机械研发与生产的大型股份制机械工业企业。其前身是1984年成立的新乡县太行振动机械厂。1993年，新乡县太行振动机械厂更名为新乡市太行振动机械总公司。1998年，新乡市太行振动机械总公司更名为河南太行振动机械股份有限公司。太行振动占地15万平方米，拥有2200多名员工，年产值达到近5亿元。集团下辖5家控股子公司。

太行振动公司已开发研制出50个系列1200多种规格的振动机械产品，主要有陶粒砂设备、页岩陶粒设备、粉煤灰陶粒设备；直线筛、强力振动筛、椭圆等厚筛、圆振筛、香蕉筛、弧形筛、振动给料机、振动输送机、振动电机、激振器及其他类型振动机械。其中大型振动筛和大型振动给料机为公司的主导产品。公司年产各类振动机械1万多台套，公司的产品产销率连续9年达100%，市场占有率连续18年位居国内同行业第一，公司业务遍及全国30个省、自治区、直辖市，产品远销东南亚、南亚、中东和欧美地区。

近年来，太行振动公司已为宝钢、武钢、鞍钢、首钢、包钢、马钢、柳钢、酒钢、阳煤、神华、兖煤、焦煤、鹤煤、晋煤、鞍钢弓长岭矿、武钢程潮矿、山东黄金集团等钢铁、煤炭、矿山行业的2600多家企业提供了数万台（套）振动机械设备。共完成1000多座高炉、200多座氧气转炉、超大功率电炉以及200多个项目中的设备设计制造。

太行振动是国内振动机械行业的领跑者。公司的大型机电一体化筛分设备处于国内龙头地位；公司的特色产品特大型双层振动筛、香蕉形直线振动筛、重型给矿机等系列产品为国内首创，代表了国内振动机械行业的最高水平。公司近年来创造了五个第一：振动机械规格数量国内第一，产品产销量规模全国第一，出口创汇国内同行业第一，经济效益国内行业第一，产业带动区域国内行业第一。

（六）河南心连心化肥有限公司

河南心连心化工有限公司（以下简称：心连心化肥）始创于1969年，

是一家以化肥生产为主、相关经营为辅的综合性工业企业。其前身为创建于1969年的新乡化肥总厂。2003年，新乡化肥总厂改制成为股份制民营企业河南心连心化工有限公司。2006年，河南心连心化工有限公司重组成立外商独资企业河南心连心化肥有限公司。心连心化肥占地面积60多万平方米，拥有员工2600多名，各类中高级专业技术人员500余人，拥有总资产19亿元。该公司下辖新乡市玉源化工有限公司、河南心连心化工设备有限公司、河南神州重型封头有限公司、新乡市心连心吊装有限公司、新乡市气体有限公司、心连心宾馆6个子公司。

心连心化肥具有一流的化肥生产技术，引进了先进的生产线，拥有合成氨70万吨、尿素125万吨、复合肥60万吨、甲醇30万吨的年生产能力。

心连心化肥主导产品为合成氨、尿素、复合肥、甲醇。"心连心"牌系列化肥产品畅销河南、山东、江苏、安徽、广东、东北等地，拥有5000多个基层乡镇网点，产品远销韩国、东南亚等国家。

心连心化肥是国家百万吨化肥生产基地，其化肥产品不仅占领中原绝对市场，而且在全国同行业中位居前列。2007年，河南心连心化肥有限公司成功在新加坡上市，成为中国第一家在海外上市的化肥企业。2009年，河南心连心化肥有限公司又在香港成功上市，实现海外两地上市。"心连心"系列化肥先后荣获为"质量服务双佳产品""国家免检产品""河南省名牌产品"等名誉称号。"心连心"品牌被评为"河南省著名商标""中国驰名商标"。心连心化肥被评为"全国石油化工肥料制造业百强企业"。

（七）河南天丰集团有限公司

河南天丰集团有限公司（简称天丰集团）始创于1997年，是河南省首家进入钢结构行业，集建筑钢结构、新型建材、冷弯成型机械的研制、开发、生产、装配于一体的高科技集团化公司。其前身是创建于1997年的新乡天丰钢板开发有限公司。不久，新乡天丰钢板开发有限公司改名为河南天丰钢结构建设有限公司。2007年，组建成立河南天丰集团。集团总占地面积1400余亩，建筑面积18万平方米。下设河南天丰钢铁贸易有限公司、河南天丰钢结构有限公司、河南天丰钢结构建设有限公司、河南天丰节能板材科技股份有限公司、新乡天丰机械制造有限公司、河南六建天丰钢结构工程有限公司、新乡天丰高新科技发展有限公司、四川天丰节能板材有限公司、天津格润科农冷弯有限公司等十余家子分公司。

天丰集团具有国内最先进水平的钢结构生产设备，从国外引进了全套聚氨酯复合板生产线、冷弯成型设备生产线，已经形成了从钢铁贸易到各类钢结构、彩色压型钢板生产到钢结构工程设计、施工安装、压型钢板成型设备研发和制造紧密关联的产业链，具备年产钢结构15万吨、彩色压型钢板、保温复合板400万平方米、新型节能建材聚氨酯复合板150万平方米、冷弯成型设备500余台（套）的生产能力。

天丰集团主导产品为钢结构、彩色压型钢板、保温复合板、聚氨酯复合板、冷弯成型设备。其中钢结构可用于多高层建筑、电力、冶金、桥梁、航空航天及大型装备等。冷弯成型设备主要用于生产钢结构的C、Z型檩条、楼承板以及其屋面、墙面板；环保电除尘行业的阳极板、阴极线；交通运输行业的高速公路护栏板；汽车行业的车厢板、保险杠、汽车大梁；物流行业的货架立柱、托梁；电力行业的电缆桥架设备；煤矿行业的专用W支护；立体车库行业的浪板和边梁设备等。公司具有房屋建筑工程施工总承包壹级资质（限钢结构主体工程）、轻型房屋钢结构专项工程设计甲级资质、钢结构工程施工壹级资质。

天丰集团是中原地区最大的钢结构生产企业，中部六省最大的彩色压型钢板、保温复合板、聚氨酯节能板的生产基地。"天丰"品牌被评为"河南省著名商标"。集团先后荣获全国建筑钢结构行业30强企业、河南省民营科技50强企业、河南省100户重点企业、河南省先进建筑施工企业等荣誉称号，获得"中国建筑钢结构金奖"。

（八）河南孟电集团有限公司

河南孟电集团有限公司（简称孟电集团）始创于1987年，是以河南孟电热力有限公司为母公司组建起来的，以电力、干法水泥为主导产品的大型现代化企业集团。其前身为创建于1987年仅有一台0.6万千瓦机组的孟庄火电厂。1995年，孟庄火电厂更名为孟庄热电厂。2003年，孟庄热电厂改制为河南孟电热力有限公司。不久，在河南孟电热力有限公司的基础上组建了河南孟电集团。集团现有员工3000余人，固定资产50多亿元，下辖河南孟电集团热力有限公司、河南孟电集团水泥有限公司、河南孟电集团编织有限公司、河南孟电集团物质有限公司、河南孟电集团养殖有限公司、河南孟电集团服务有限公司、河南孟电集团新型建材有限公司、河南孟电集团污水处理有限公司、河南孟电集团房地产有限公司等子公司。

孟电集团热力有限公司原有8台热电机组，装机容量17.5万千瓦。现有两台0.75万千瓦纯低温余热发电机组。

孟电集团水泥有限公司始建于2001年。现拥有2×4500t/d、2×3000t/d、2×1000t/d六条提高型新型孰料干法水泥生产线，采用新型干法旋窑生产工艺，国际先进水平的计算机DCS集散控制系统和德国西门子技术及设备，年熟料产能可达700万吨。2010年，孟电水泥销售收入83551万元，上缴税金7914万元；2011年，销售收入109836万元，上缴税金10918万元；2012年，销售收入117624万元，上缴税金10056万元。2013年，销售收入98959万元，上缴税金9916万元。

孟电集团水泥有限公司主要产品为"孟电"牌系列P.O52.5、P.O42.5、PC32.5水泥、中热硅酸盐水泥和低碱水泥。"孟电"牌水泥先后销往北京、上海等城市的大型建设工程和混凝土搅拌站，并被南水北调、京珠高速、黄河二桥、郑东新区等国家及省重点建设项目所采用。

孟电集团水泥有限公司是河南省大型的新型干法水泥生产基地，是规模、质量、效益均居全国同行业前列的水泥生产企业。"孟电"牌水泥被评为"河南省名牌产品"。"孟电"水泥品牌先后被评为"河南省著名商标""中国驰名商标""中国水泥十佳名优品牌"。孟电集团水泥有限公司被评为"中国水泥企业50强""全国建材行业先进单位"。

（九）河南新飞电器有限公司

河南新飞电器有限公司（简称新飞电器）始创于1958年，是一家以冰箱、冷柜、空调为主导产品的现代化白色家电制造企业。其前身为创建于1958年的一家小型地方军工企业——新乡市无线电设备厂。1984年，新乡市无线电设备厂更名为新乡电冰箱厂。1991年，新乡电冰箱厂更名为新飞电器集团。1993年，新飞电器集团改制为新飞电器股份公司。以后又更名为河南新飞电器有限公司。

新飞电器拥有一批从美国、日本、德国、意大利、丹麦等国引进的居于世界先进水平的冰箱、冷柜、空调制造设备，拥有"抗菌冰箱""高湿度保鲜冰箱""0.23度超节能冰箱""多开门冰箱"等先进的制冷技术，具备年产300万台电冰箱、60万台冷柜、100万台空调的生产能力。

新飞电器主导产品为：电冰箱、冷柜、空调器。其中电冰箱有直冷、风冷、风直混合冷等三十大系列300多个花色品种；冷柜有展示柜、家用小冷柜、商用冷柜等三大系列80多个品种；空调器有分体、柜式等六大系列50多个品种。同时还生产洗衣机、小家电等其他家电产品。新飞电器产品质量一流，畅销国内，并远销全球80多个国家和地区。

新飞电器是中国著名的家电生产企业，中国最大的绿色电冰箱生产基地，中国电冰箱行业的领军企业之一，处于中国电冰箱前两强、冷柜行业前三强。"新飞"因出色的无氟与节能技术而被公认为中国家电绿色品牌。"新飞"电冰箱和"新飞"冷柜被评为"中国名牌产品"。"新飞"品牌被评为"中国驰名商标"。公司还获得"2005年度中国节能健康家电最具影响力品牌"、电冰箱"品质信誉第一品牌"、冷柜"最具竞争力第一品牌"、空调"最具潜力第一品牌"等荣誉。

（十）河南科隆集团有限公司

河南科隆集团有限公司（简称科隆集团）始创于1968年，是一家经营制冷系统及配套、新能源材料、智能环保装备三大产业的综合性现代企业集团。其前身是创建于1968年的新乡市电扇总厂。1987年，工厂从东关街迁往化工路新厂区。1992年，工厂开始开发生产电冰箱（柜）用蒸发器、冷凝器。1993年，作为河南省第一批股份制改造试点企业之一，新乡科隆电器股份有限公司成立。1996年，公司更名为河南科隆电器股份有限公司。近年组建成立了河南科隆集团有限公司。集团由河南科隆电器股份有限公司、河南科隆新材料有限公司、河南科隆实业有限公司、河南科隆石化装备有限公司、新乡市天隆输送设备有限责任公司、青岛丰隆电器有限公司、安徽滁州科隆电器股份有限公司、中山市科隆制冷有限公司等17家子公司组成。

科隆集团主要产品有：丝管式蒸发器、冷凝器；吹胀式蒸发器；粘接、铆合板式蒸发器；翅片式蒸发器、冷凝器；盘管式蒸发器；空调翅片无氟蒸发器、冷凝器等。其蒸发器、冷凝器生产所用铜管、毛细管、铜铝接头等原材料都是自己生产。同时科隆还生产镍氢电池正极材料、三元锂电前驱体材料、锂电材料等电池材料，其中镍氢电池材料已占据国内高端市场主要份额，锂电材料年产销量已跃居国内前三位。科隆集团现今与惠普、GE、西门子、伊莱克斯、三星、LG、松下、海尔、比亚迪、神华等数十家国内外大型企业集团建立了战略合作关系。产品正远销海内外，国际影响力与日俱增。

科隆集团是全球制冷配套产业和国内新能源材料的领头羊。科隆集团七大系列蒸发器、冷凝器在同行业中处领先地位，市场占有率高于同行业其他厂家。科隆集团已成为全球最大的"两器"研发和生产基地，全球所有类别的"两器"产品科隆都能生产。"科隆"商标被评为"中国驰名商标"。集团先后获得"中国民营企业制造业500强""国家级企业技术中心""国家级重点高新技术企业""国家863重大专项研发及产业化基地""国家级电源产业园骨干企业"等各项荣誉。

（十一）河南环宇集团有限公司

河南环宇集团有限公司（简称环宇集团）是以二次电池为基础产业，以二次电池上下游产业为辅助的高科技产业集团，是国内二次电池行业唯一具备从电池材料到电池零部件到电池制造、设备制造、电器制造等完整产业链的企业。

环宇集团的前身是创建于1984年的新乡市钟声化工厂。1985年，在钟声化工厂的基础上投入资金65万，组建新乡市郊区石油助剂厂。1987年，将新乡市石油助剂厂、新乡市钟声化工厂的资产、业务合并，注册成立新乡市第八化工厂，经营无机盐、泥浆助剂、无机化工原料、钢带镀镍、化学试剂。企业迅速成为国内品种最全、质量最优、产量最大的镉镍碱性电池活性物质生产厂。1991年，新乡市第八化工厂创办成立新乡市郊区化工科学研究所。1992年，创建新乡市环宇电源厂，转入镉镍圆柱密封碱性电池生产领域。1993年，创建新乡县环宇电源厂，进入氢镍碱性电池生产领域。1995年，投入200万元建成新乡市环宇塑料五金厂，生产销售电池冲压件、极板骨架材料、电池壳、盖帽、塑料零件等电池零部件。1995年环宇体系二次电池销售收入和出口创汇在国内排名第一，位于中国镉镍碱性电池四大供应厂商第一。1996年，由新乡市第八化工厂、新乡市环宇电源厂、新乡县环宇电源厂、新乡市环宇塑料五金厂、新乡市郊区化工科学研究所共同联合组建创立河南环宇电源股份有限公司。同年，员工增至1500人，实现销售额1.68亿元人民币，成为国内镉镍、氢镍碱性蓄电池最大企业之一，当年出口创汇680万美元。2001年，组建成立河南环宇电源集团有限公司。2001年，环宇电源集团紧跟世界二次电池产业的发展步伐，投资上亿元进行建设环宇的锂离子电池产业，并成立河南海普赛能源科技有限公司进行锂离子电池专业化生产经营。2002年，以河南环宇电源集团有限公司为母公司，创建了河南环宇集团有限公司。

环宇集团所设计生产的烧结式极片生产线、拉浆式极片生产线、半自动卷绕机、气动滚槽机、化成分容设备、多工位封口机等专业设备不仅供集团自己使用，在二次电池设备市场也具有很强的竞争力。环宇集团拥有日产各种型号二次镍基电池260万只，年产锂离子电池约2亿安时（超过6亿伏安时）的生产能力。

环宇集团的主导产品为：二次电池系列（镉镍电池、氢镍电池、锂离子电池、铅酸电池等众多品种）、二次电池材料（氧化镉、硝酸镍、球形亚镍、普通亚镍、硝酸钴、磷酸氢二钠）及其他化工产品系列、二次电池零部件产品系列和二次电池相关专用成套设备。环宇集团的多项产品在国际、国内市场上具有明显的技术、质量与价格优势。产品行销国内十几个省市，其中80%直接或间接出口，远销东南亚、欧洲，北美洲、南美洲、非洲等30多个国家与地区。

环宇集团是中国最大、品种最全的二次镍基电池生产基地，尤其是半烧结二次电池生产制造能力冠居国内外首位。"环宇"牌镉镍电池、氢镍电池2006年被评为"国家免检产品""中国名牌产品"。"环宇"品牌被评为"中国驰名商标"。2013年，环宇集团被评为"中国电子信息百强企业""中国企业500强"。2014年，集团成员企业获"年度中国锂离子电池前20强""年度中国动力和储能用锂离子电池前10强"。

（十二）河南燎原电子有限公司

河南燎原电子有限公司（简称燎原电子）始创于"一五"期间，是一家主要生产军、民用通信产品和商用、户用中央空调的电子电器工业企业。其前身是国营760厂，为国家"一五"期间投资兴建的156个重点项目之一，国家大型一类企业，河南省最大的综合性无线电整机制造企业。1996年，国营760厂更名为美乐电子有限责任公司。1999年，美乐电子责任有限公司更名为河南安彩集团美乐电子责任有限公司。2006年，河南安彩集团美乐电子责任有限公司更名为河南燎原电子有限公司。

燎原电子从日、美、英、德等国引进了专用设备和专用技术，拥有各类机械动力设备694台，各类仪器2365台，仪表2317台；拥有河南省最大的综合性产品环境试验检测中心、自动冲压中心、铣加工中心、全性能信号中心等；拥有自动化装配线8条和自动插机、自动贴片机、机械手等180台（套）。具有年产12万台户用、商用中央空调的生产能力。

生产的主要产品为军用、民用通信产品和商用、户用中央空调。通信产品包括单频段、双频段塔台与对空台、海空协同超短波电台、VHF目标引导台、超短波收信机、无线通控信道机、对空通信车；单兵背负站、轻型车载站、小舰站、机载站；电子调谐器、VCD、程控交换机芯、数字电视机顶盒等。中央空调包括商用水冷螺杆机组、商用、户用风冷式冷热风机组、户用风冷热泵机组、模块式风冷热泵型冷热水机组、户用一拖多空调、中央热水机等。目前主要市场区域覆盖华东、华中、华南、华北等地。

河南燎原电子有限公司是河南省最大的综合性无线电整机制造企业和信息产业基地，曾经连续10年跻身中国电子百强。

（十三）新乡白鹭投资集团有限公司

新乡白鹭投资集团有限公司（简称白鹭集团）始建于1960年，是生产化纤纺织原料的大型现代企业集团。其前身为新乡化学纤维厂，创建于1960年；1993年，新乡化学纤维厂改制为新乡化纤股份有限公司；1995年，新乡白鹭化纤集团有限责任公司成立；近年改名为新乡白鹭投资集团有限公司。白鹭集团现拥有新乡化纤股份有限公司、北京双鹭药业股份有限公司两个上市公司和新乡市星鹭科技有限公司、新乡市华鹭科技有限公司、新乡市白鹭新材料有限公司等六个子公司。

经过50多年的发展，白鹭集团的生产规模、经济效益在我国粘胶纤维行业中名列前茅。其年生产粘胶长丝6万吨，粘胶短纤维10万吨，氨纶8万吨，主导产品粘胶长丝生产能力居世界前列。白鹭集团现拥有全球先进的粘胶长丝连续纺生产线和装备先进、工艺领先的连续聚合干法纺丝氨纶生产线。

白鹭集团的主要产品有粘胶长丝、粘胶短纤维、氨纶共三大系列1000多个品种。其主导产品"白鹭"牌粘胶长丝、粘胶短纤维荣获"中国名牌产品"称号。近年来又相继研制出了有色粘胶纤维、竹浆粘胶纤维、蛋白粘胶纤维、芦荟粘胶纤维等10个品种的功能化、差别化粘胶纤维和差别化氨纶纤维，还成功研制出了光感变色纤维。白鹭集团的产品不仅行销国内，而且还出口到德国、意大利、日本、韩国、印度等30多个国家和地区。

白鹭集团在我国粘胶纤维行业和纺织行业都具有举足轻重的地位。"白鹭"品牌被评为"河南省国际知名品牌"。集团先后荣获"中国500家最大工业企业""中国工业企业综合评价最优500家""中国化纤行业竞争力十强"等各项荣誉称号。

（十四）新乡新亚纸业集团股份有限公司

新乡新亚纸业集团股份有限公司（简称新亚纸业）是一家以造纸业为主，集发电、机械、建材、化工、制药、运输物流、服务、环保治理多种行业为一体的股份制民营大型企业集团。集团拥有总资产25亿元，下辖新乡新亚实业总公司、新亚一纸厂、新亚二纸厂、新亚三纸厂、河南康威药业有限公司等19个独立核算子公司。

新亚纸业拥有多种型号的造纸生产线20多条，其中3520型生产线1条，3200型生产线6条，3150型生产线1条，2640型生产线2条，2400型生产线2条，1880型生产线6条，1760型生产线6条，1092型生产线4条，年造纸能力200万吨。

新亚纸业主导产品有文化用纸、包装用纸、生活用纸三大系列，主要品种有胶版印刷纸、书写书刊纸、全木浆彩色双胶纸、道林纸、静电复印纸、电脑打字纸、高强瓦楞纸、招贴纸、涂布白卡纸、牛皮箱板纸、口杯纸、高档生活纸等。

新亚纸业是河南省造纸行业龙头企业，河南省百强企业，全国制浆造纸30强企业。其"新亚""新锦绣""新辉煌""新凤翔""新鸣阳""新亚雪锦""新亚荷洁"等系列品牌荣获河南省十大驰名品牌、省著名商标。

（十五）华兰生物工程股份有限公司

华兰生物工程股份有限公司（简称华兰生物）成立于1992年，是一家从事血液制品开发研究和生产的国家级重点高新技术企业。现拥有华兰生物工程股份有限公司、华兰生物疫苗有限公司、华兰生物工程重庆有限公司、华兰生物工程（苏州）有限公司、华兰生物医药营销有限公司5个子公司。

华兰生物自成立以来，创下多个中国血液制品行业第一。1998年国内首家通过血液制品企业GMP认证；国内首家获得静脉注射用人免疫球蛋白液体剂型准字生产文号；国内首家引进"全自动单采血浆机"进行血浆的采集；国内首家将"计算机指纹身份识别系统及远程网络管理"应用于单采血浆站管理；国内首家对人免疫球蛋白进行病毒灭活；产品种类及规格国内同行业第一。公司拥有国际先进的BOSCH全自动隔离清洗罐装生产线，引进了国际先进压滤蛋白分离技术，实现了蛋白分离系统的计算机自动化控制和管道化封闭连接。

华兰生物生产的主要产品为人血白蛋白、静脉注射用人免疫球蛋白、肌肉注射用人免疫球蛋白、凝血酶原复合物、凝血因子Ⅷ浓制剂、冻干人纤维蛋白胶、人破伤风免疫球蛋白和人乙型肝炎免疫球蛋白8个品种、27种规格的血浆制品，在国内居领先地位。这些制品的"华兰"商标已成为中国血液制品行业的著名品牌。现今，华兰生物已与韩国最大的流感疫苗供应商SK化学公司签订了供应流感疫苗的协议，开始走向国际市场。

华兰生物是国内首家上市的血液制品主营企业，亚洲生产规模最大的血液制品主营企业，综合实力为中国国家医药工业行业30强。

（十六）河南飘安集团有限公司

河南飘安集团有限公司（以下简称：飘安集团）始建于1989年，是经原新乡飘安卫材集团总公司改制重组、更名后的一家集医用卫生材料的科研开发、生产经营为一体的综合性现代化医药企业集团。公司占地面积36万平方米，注册资金2亿元，职工5100余人。集团公司下设河南飘安高科股份有限公司、新乡市非织布卫材有限责任公司、新乡市无纺布有限责任公司、新乡市消毒有限责任公司、长垣县医用卫材有限责任公司5个控股子公司，并设立了一个飘安集团与美国恒保的合资公司。

飘安集团具有自主研发的E.P—A新型环保医用卫材生产线，具备年产医用卫生材料2851吨的生产能力。

飘安集团主导产品为脱脂纱布、脱脂棉、一次性无纺制品、医疗器械、生物材料制品、医用高分子制品共6大类50多个系列500多个品种，产品国内市场占有率48%以上，且已出口到日本、东南亚、欧洲、北美洲等国家和地区。

飘安集团是河南省百户重点扶持企业。公司"飘安"系列产品连年获得"省优质产品""河南省重点保护产品""河南省免检产品"等荣誉称号。"飘安"品牌于2003年被省工商局认定为"河南省著名商标"。

五 牧野工业发展方向

新乡市现正在大力推进实施"4325"产业发展工程，优化提升特色装备制造、食品加工、纺织服装、现代家居4大支柱产业，重点突破电池电动车、生物与新医药和电子信息三大新兴产业，大力发展大旅游大健康和现代服务业，力争到"十三五"末，七大产业主营业务收入达到5000亿元。

（一）特色装备制造产业

新乡市的机械工业起步早，发展比较成熟，主要有汽车及零部件、航空航天、起重机械、振动机械等领域。今后应以新航集团、卫华集团、豫飞重工、威猛振动、太行振动等为龙头，着力推进智能制造，加快装备产业转型升级。通过加快起重机械和振动机械两个产业聚集区建设，重点做大起重、振动等优势装备，同时壮大煤化工装备，做强环保、矿山、精密机床、印刷、盾构等专用设备，形成以起重、振动、石化、专用设备为主导的装备工业体系。大力开展振动机械、起重机械、数控机床等首台（套）重大技术装备申报，推动高端装备快速发展。组织企业申报联合收割（获）机和拖拉机行业准入、国家铸造行业准入，指导企业申报智能制造专项、智能装备发展专项和数控机床专项。

（二）食品加工产业

新乡市的食品加工业历史比较悠久，但本地大规模食品工业企业不多，主要靠引进外地知名食品工业企业。其主要有大米、专用面粉、面制品、方便与休闲食品、食用油、肉制品、乳制品、酒类、饮料等领域。今后应以中粮、五得利、克明面业、雨润、三元、百威英博、娃哈哈等企业为龙头，顺应消费升级需求，积极发展冷链食品，加快开发绿色、安全的深加工产品，提高营养食品和功能性食品比重。大力推进卫辉市食品产业园、延津县食品产业园和封丘县食品产业园建设。积极承接方便食品和休闲食品产业转移，全面加强食品安全检测能力建设，发展具有较强竞争力的大米、专用面粉、面制品、方便与休闲食品、食用油等优势产业，培育具有发展前景的肉制品、乳制品、酒类、饮料等成长性产业，形成结构优化、布局合理、特色明显、优势突出的现代食品产业基地。

（三）纺织服装产业

新乡市的纺织服装产业起步比较早，主要有棉纺、化纤、服装等领域。今后应以白鹭集团、香港锦艺等为龙头，改造提升棉纺织和化纤等传统产业，加强化纤原料深加工、高档面料、服装产业的发展，利用新乡化纤的基础优势，高起点适度发展印染产业，拉伸产业链，加快建设经开区高科技纺织服装产业园，努力将新乡打造为棉纺生产加工基地。

（四）现代家居产业

新乡现代家居产业发展历史不长，现有两大支柱：一是以新飞电器为龙头的家电产业；二是以原阳金祥家具产业园为主导的家具产业。今后应重点抓好以新飞电器为龙头的家电产业转型升级和以原阳金祥家具产业园为主导的家具产业培育，大力推进大班家具个性化定制项目，推进高新区制冷产业园、原阳县金祥家具产业园和国基中央厨房产业园、获嘉县中原家居产业园和装饰涂料产业园建设，打造家电、板式家具、钢制家具、家装建材等优势产业链条，积极培育电子商务＋家居＋家装＋消费金融新业态，形成基于互联网的家居生产消费产业链。

（五）电池电动车产业

新乡电池电动车新能源产业起步较晚，但发展迅速，现已出现以科隆集团、环宇赛尔、河南锂动、新乡新能、新乡新马等为代表的大型企业。如今新乡市已成为"中国电池工业之都""国家可再生能源示范城市"，这也表明了新乡在电池电动车产业上具有的优势。今后应以科隆集团、环宇赛尔、河南锂动、新乡新能、新乡新马等为龙头，抓住国家新能源材料及电池材料战略性新兴产业区域集聚发展试点的机遇，通过招商引资、招才引智，采取多种合作模式，整合现有资源，加强锂离子电池、隔膜、正负极材料等关键技术研发，加强与国内外产业龙头企业的对接合作，加快凤泉区电池产业园、牧野区化学与物理电源产业园、高新区新能源汽车产业园建设，盘活新乡电池电动车产业，将新乡打造成为国家级动力电池产业基地和电动车产业基地。

（六）生物与新医药产业

新乡市的生物和新医药产业根基深厚，是河南省和国家生物医药产业基地，拥有多家规模医药企业，如华兰生物、双鹭药业、飘安集团、佐今明药业、仁和药业等。今后应进一步强化在生物制药、化学合成药、现代中药、医用卫材等方面的优势，重点引进基因工程、蛋白质工程和其他先进生物技术，推进疫苗和血液制品新药研制，发展医药中间体和高端医药耗材，建设集产学研一体的高起点、高标准、国内一流的干细胞与生物治疗技术研究中心，发展细胞工程制药产业。加大对金银花、柴胡、卫红花等中药材的开发力度，推进中药新药研发及产业化。以华兰生物、双鹭药业、飘安集团、佐今明药业、仁和药业等龙头企业带动，加快推动中原生物产业园、双鹭生物产业园两个基地型重大项目建设，实现双百亿的发展规模。着力打造全国最大的生物疫苗生产基地、血液制品生产基地、抗生素原材料及制品生产基地。

（七）电子信息产业

新乡电子信息产业起步较早，但实力相对滞后。电子信息产业代表性企业有以科隆集团、燎原电子、华丹电子等企业。以红旗区光电信息产业园、平原示范区电子信息产业园等为承接地，积极主动融入郑州航空港区建设，加强与北京、深圳等地对接力度，发展卫星通信、电波研究成果应用、战术数据链、微波着陆系统、超宽带自组网通信电台等电子信息智能终端产品，开发生产砷化镓、单晶硅等信息材料，扩大电子元器件生产规模，进一步提高我市电子信息产业综合实力。以中国电波科技城、中兵集团河南通信科技园、闽商电子产业园、地面数字电视无源雷达融合孵化基地等基地型项目建设为抓手，巩固电子信息产业基础优势，加快智谷光电蓝宝石玻璃镜片等项目实施。

附录

百年老厂——卫辉华新纱厂

卫辉华新纱厂是周学熙资本集团于1918年在天津所创办的华新纺织有限公司第四分厂。该厂的建立与其老乡、著名实业家王锡彤有着莫大的关系。后来王在日记中总结这一时期的工作时亦坦言："卫厂出力最多，精神智慧为之耗竭。"在他的支持下，卫辉华新纱厂开建于1920年，建厂之初总投资280万银元，占地183余亩，安装美国文素厂及惠斯琴厂出产的纱机22800锭，拥有职工2400人。

1923年3月1日正式开机运营，徐世光为卫辉纱厂专务董事，成为卫辉华新纱厂首任掌门人。该厂是当时汲县乃至豫北近代规模最大的现代化企业，它的存在为豫北近代社会发展，经济现代化和汲县的城市化都起到了积极的促进作用。

工厂建成之初，员工工作积极，产品质优价廉，加上华新总公司多人位高权重，消息灵通，卫辉华新纱厂经营比较顺利，1923年盈利14万多元，1924年盈利22万多元，1925年盈利54万多元。然而兵连祸结，交通梗阻，原棉断绝，销售无计，资金窒息，苛捐杂税纷来沓至，又值工人罢工，提出缩短工时，增加工资，工厂被迫停产数月，收入断绝，工厂欠债250万元。1930年以后，纱厂采取多种措施使得纱厂经营逐渐好转。1931年12月，华新总公司撤销，下属四座纱厂各自独立，遂于1932年8月13日，卫辉华新纺织股份有限公司正式成立。1935年，因资金紧张，卫辉华新纺织有限公司董事会以全部厂房、土地、仓库、小铁道等资产作为抵押，向中国银行借款两次，这样一来基本上等于被中国银行所收购。1938年2月18日，日军侵占汲县，华新纱厂停工。4月21日，日本钟渊纺织株式会社声称奉命由军方管理接收华新纱厂。自此，整个工厂被日本人控制，民族工业痛遭蹂躏，广大工人长期处于日寇奴役之下。

1945年8月，日寇无条件投降，侵占卫辉华新纱厂7年之久的日本势力宣告结束。1946年3月1日，国民党第一战区司令部派员前来接收华新纱厂，随意查封厂内物品，并将大批物资运至郑州，使纱厂的生产经营蒙受重大损失。1948年11月7日，汲县解放，历经沧桑的华新纱厂终于迎来了新生。1958年初，在"多快好省"的精神指引下，华新北厂扩建项目上马。1958年12月，北厂建成。由此终结了卫辉华新纱厂以纺纱为主的历史，一个拥有86000枚纱锭、2016台布机的中型全能纺织企业从此屹立在卫辉大地上。

第三节　牧野的交通运输业

交通运输业是指凭借交通设施和运输工具专门从事人和货物的移动，以期获得经济报酬的社会物质生产部门。[①]它包含公路运输、铁路运输、水路运输、航空运输和管道运输五种运输方式。比较而言，它们各有优点和缺点（表3—1）。

---

① 杨万钟：《经济地理学导论》，华东师范大学出版社1999年版，第148页。

表3—1　　　　　　　　　　五种主要运输方式的比较

方式	优点	缺点
公路运输	应用最广的运输方式。灵活性好，受自然条件影响较小，连续性较好。	投资较大，运量较小，速度较慢，运费较高。
铁路运输	当代最重要的运输方式。运量较大，速度较快，运费较低，受自然条件影响小，连续性好。	投资大，灵活性较差。
水路运输	历史最悠久的运输方式。投资小，运量大，运费低。	速度慢，灵活性差，受航道水文和气象等自然条件影响大，连续性差。
航空运输	最快捷的运输方式。投资较小，速度快，灵活性较好。	运量小，运费高，受气象等自然条件影响较大，连续性较差。
管道运输	线路与运具合二为一的新型运输方式。运量大，几乎不受自然条件影响，连续性好。	投资大，灵活性差。

交通运输业是一个既一般又特殊的社会物质生产部门。之所以说它是一个一般的物质生产部门，是因为它与工农业等物质生产部门有许多共性：存在独立的投资领域；也生产产品，并创造价值和使用价值；具有物质生产的三要素，即运输工人的劳动，作为劳动对象的人和货物，作为劳动资料的交通线路和运输工具。同时，与工农业等物质生产部门相比较，交通运输业又有它自己的特点：运输产品的非物质性、非实体性、同一性。

交通运输业是第三产业的重要组成部分，是国民经济的先行部门和命脉。第一，交通运输业是工农业生产的必要条件。在工农业生产过程中，原料、燃料和半成品，从一个工序流入另一个工序，从一个场所到另一个场所，在实现物理的、化学的和生物的转化而获得新产品的过程中，交通运输业自始至终起着桥梁的作用，离开交通运输业，工农业生产便无法进行。第二，交通运输业又是工农业生产在流通领域的继续，是联系生产与消费、工业与农业、城市与乡村的主要纽带。它既快速地将原料和燃料运到生产场所，又及时地将产品运往市场，可以说如果没有交通运输业，一切社会经济活动将不可能存在。第三，交通运输业是人民生活水平提高和社会发展的基本条件。吃、穿、住、行人类生存四大基本需求中的行依赖于交通运输业的发展。科技、教育、文化、卫生、体育、民族、国防、外交等各项事业的发展也都离不开交通运输业的支持。

牧野地区地处中原腹地，历来是我国交通运输枢纽。古代有驿道、驰道、御道（官道）交会于此，卫河、黄河横穿而过；近代有道清铁路、京汉铁路、新开铁路交会于此；现代有京广铁路、新焦铁路、新荷铁路相交于此，京港高铁、京港澳高速公路、大广高速公路、107国道、晋新高速公路、长济高速公路汇聚于此。

牧野的交通运输体系包括交通线路、桥梁隧道、交通场站以及交通工具。其中交通线路包括铁路、公路和水运，桥梁隧道包括铁路桥、公路桥和公路隧道，交通场站包括火车站、汽车站和码头渡口。

一　牧野交通运输业简史

牧野地区地处承南接北、承东启西的交通要冲，交通历史悠久。古代有纵横交错的公路交通——驿道、驰道、御道（官道）和横穿牧野的千年水运卫河与黄河，近代有横穿牧野的道清铁路和纵贯牧野的京汉铁路，以及牧野始发的早期地方铁路——新开铁路。

（一）牧野公路运输史

公路运输是牧野地区最早的交通运输方式。

1. 驿道

所谓驿道，又称驿路、官道，指古代经由驿站传送公文的交通路线，多设于通衢大道。驿道上每隔若干里设置一个驿站，驿驿相接，纵横网络，以京师为中心，向四方辐射；再以地方首府为重点，逐级扩展，星罗棋布，形成网络，沟通了中央与地方及地方之间的联系，使政令通达，军报快捷，民情流畅。公元前1046年，周武王率战车三百乘、虎贲三千人、甲士四万五千人，自丰镐（今西安附近）出发，向东北经今武陟县、获嘉县、新乡县、新乡城区、卫辉市，直指朝歌，一举灭商。武王伐纣，开辟了东北方车马大道，使其成为西周以后关西通往中原的交通要道，这也就是经过牧野最早的驿道。这条驿道"道广五十步，三丈而树，厚筑其外，隐以金椎，树以青松"。春秋战国时期，这条驿道直抵燕都蓟（今北京市西南），并由此过通肃慎（今长白山以北地区），成为诸侯争夺霸权的重要交通线。

2. 驰道

驰道是中国历史上最早的"国道"，始于秦朝。公元前221年，秦始皇统一六国。秦始皇统一全国后第二年（前220），就下令修筑以咸阳为中心的、通往全国各地的驰道。秦驰道道宽五十步（约今69米），隔三丈（约今7米）栽一棵树，道两旁用金属锥夯筑厚实，路中间为专供皇帝出巡车行的部分。著名的驰道有9条，其中出函谷关通河南、河北、山东的东方道经过牧野地区，位于今天的原阳、延津一带。东方道北临黄河，南临官渡河，著名的古博浪沙就在东方道上。还有一条南起大梁（今开封）北达燕赵的驰道经封丘、长垣，纵贯牧野大地。《水经注》载："……濮渠东绝驰道，东径长垣故城北……"即指此道。

3.御道

北宋景德元年（1004），为抵御契丹入侵，太宗赵恒御驾亲征，由京城开封出发，沿开封——燕京古驰道北行，经封丘陈桥过长垣，达开州（今濮阳）进行督战。故此段道路被称为御道，沿途设置驿站。

明朝永乐年间（1403—1424年），成祖朱棣迁都入北京后，将原来自开封经封丘陈桥、长垣至濮阳的御道进行整修，并将御道向北沿古驰道修建到北京，称为京——封御道（俗称官路）。该御道路宽3丈6尺，沿途10里一墩，5里一铺，设专人管理。

4.白陉古道

白陉古道位于辉县市薄壁镇的南关山，西联山西陵川，东通河南辉县，古代是河南、山西之间的交通要冲之一。

所谓陉，是指山脉中断的地方。整个太行山共有八处中断之地，号称太行八陉。从南向北的第三处就是白陉。白陉也叫孟门陉，因所处位置紫色霞石满山遍地，又叫紫霞关。白陉古道所经之处，两侧高山对峙，最窄处仅2米宽，当地人称没牙豁，地势极为险要。

白陉古道具有重要的军事价值。其最早体现在盘庚迁都到安阳上。盘庚迁都的理由之一，就是新国都的左边有孟门关（今紫霞关）可以凭借。盘庚迁都是公元前1300年，可见在3300年前，紫霞关已是可凭之险了。到了公元前550年，齐庄公讨伐晋国，走的就是白陉古道，更体现了白陉古道的军事价值。到了明清时期，这里有了常设的县衙派出机构巡检司，把守这个联通河南、山西的咽喉。

5.公路桥梁

牧野地区的古代公路桥梁数量众多，主要分布在老县城周围的护城河和穿境而过的卫河、孟姜女河、共产主义渠上。

（1）邵公桥（北门石桥）

位于老县城北阁门外，跨卫河南北两岸。宋代以前，为政者常在此架木板桥，苟为近利，岁岁秋坏春修，复取于民。宋政和元年（1111），县尹邵博热心建桥，亲自督工。是年十月初八石桥落成，长7米，附石栏，称邵公桥。此桥历经百余年，屡遭黄、沁河决口冲毁，复以木架桥，屡圮。明弘治七年（1494），建成七孔石拱大桥。长40米，宽9米，栏上刻有石兽，更名为民乐桥。历9年被沁水冲塌。明弘治十九年（1506），曾3次修复。明嘉靖三十二年（1553），增建为九孔桥。清同治四年（1865），改用红石条铺桥面，称北关大桥。民国三十二年（1943），毁于洪水。日伪县署用原石料改建石墩台、七孔木梁桥。1952年，重修桥面，制木栏。1985年，市有关部门为安全起见，禁止通行，并拆除中孔，以劳动桥代之。现残桥仍存，属市境。

（2）东门石桥

位于老县城东门外。原有木桥，创建时间不详。明弘治八年（1495），知县改为三孔石桥，名为槐荫桥。经清康熙二十八年（1689）和清乾隆五年（1740）两次维修后改为迎恩桥。清乾隆四十二年（1777），定国祠捐牌坊石96丈，用于此桥整修。清宣统三年（1911），修补该桥。民国十七年（1928），西北山洪围城，水深4尺，此桥面全被淹没，桥栏石狮头仅露出水面4寸。水退后，桥仍完好。至今尚存，属市境。

（3）南门石桥

位于老县城南门外。原有木桥，始建不详，后改建为石桥。明嘉靖二十三年（1544），增建桥栏，清改名为瞻汴桥。其桥稍南（今公园西大门前偏南）为普度桥，清顺治年间创建。清嘉庆二年（1797），重修普度桥。清道光二十年（1840），邑人王景富等重修"瞻汴""普度"二桥。民国五年（1916），又重修瞻汴桥，石砌桥面，桥长17米、宽3米，四孔石拱，加石栏，改名喜雨桥。今二桥皆不存。

（4）西门石桥

位于老县城西门外。明代初，邑人建一木桥，名为咸济桥。明景泰二年（1451），重建木桥，名为济人桥。明成化二十二年（1486），改建为4孔石拱桥，石栏上刻石狮42个，桥长36米，宽6米，名为衍庆桥。桥西、南、北三方地势低洼，驿运常阻。明万历八年（1580），知县增建南北两桥未竣。明万历十一年（1583），新任知县继建一年余，两桥建成，各为三孔。三座桥成"丁"字形，故有"一步三桥"之说。明崇祯十二年（1639），在修砖城时，将西北两桥中孔增高扩宽，皆可行船。清乾隆五年（1740），重新整修此桥。后因孟姜女河河床演变，南桥于民国时期淹没，仅留西门石桥和北桥两座，故称"双石桥"。1949年后属市境。

（5）北关街石桥

位于老县城北关街西段。明嘉靖二十二年（1543），在北码头柴市建"济人桥"，桥两岸有200米的石壁，单孔石拱，与两岸石壁连为一体，跨径6米，宽6米。明万历十四年（1586），浚壕水通入卫河。明清时，桥两侧商贾繁荣，建筑鳞次栉比。清咸丰年间，北关街通铺砌红石路面，桥被覆盖路下，行人竟不知街下有桥。现石壁和桥仍完好，下为排水渠。

（6）石榴园东石桥

始建无考（址在今排水站）。明万历十四年（1586），浚壕水通入卫河。清咸丰年间，邑绅卫荣光于此栽石榴树，辟为花园，故名为石榴园东桥。民国八年（1919），重修此桥及沿河的白石岸。1921年，西站马路经此桥通北关，此后加宽建为砖拱。中华人民共和国成立后，改建为钢筋混凝土排水泵站，修有闸门，上部仍为桥。

（7）合河石桥

位于合河北门外，跨卫河之首。据清乾隆《新乡县志》记载，西山诸水汇于大沙河，石门河在桥北与百泉河汇流，故称合河桥。明朝初年，在此建桥三窦。据桥南明万历石碑载："建桥广远，其原莫记，至嘉靖丙午年，县尹令训导重修石桥五窦。"此后，桥毁于洪水。明隆庆五年（1571），知县令乡耆督修，次年石桥建成，桥长40米，七孔，宽10米。拱两端各有石兽3个。1949年，人民解放军部分南下部队曾从此桥经过。今为小冀至辉县胡桥公路桥。

（8）八里营桥（普济桥）

位于老县城南八里营村东，跨孟姜女河。明万历三年（1575），创建石桥，名石平桥，清改名普济桥，康熙、乾隆年间重修。民国二十三年（1934），因修飞机场，大路北移，另建木桥，但遇雨仍绕石桥通行。后倾圮。中华人民共和国成立后，在原址偏北驾临时木桥。1959年，改建为石墩，四孔，预制梁盖板，青石桥面，预制栏杆。市耐火材料厂通向八里营村经此桥。

（9）朱庄桥

位于牧野乡大朱庄村西，跨共产主义渠。清代即有石板简桥，始建不详。清道光十七年（1837），重修此桥。1958年开挖共产主义渠后，改建为高架木桥。1975年，改建为无钢筋水泥预制体拱桥。青石桥墩，五孔，桥长75米，宽6.4米，同年12月竣工。

6.驿站

牧野地区的驿站众多，有陈桥驿、水驿、临清驿、新中驿等。最著名的驿站要数陈桥驿。

陈桥驿，位于封丘县东南部陈桥镇。现存有房屋四座，当年系战马或驿马的老槐树一棵，历经千年，树已枯死，当地文物部门对其进行了化学处理，以免风化折断。目前，陈桥驿已被河南省列为重点文物保护单位。

陈桥始建于五代，后晋时已有其村，相传，有一小桥失修，陈姓捐资修复，故名陈桥。后周时，设驿站，名陈桥驿。北宋时期，陈桥驿担负着北宋朝廷大量的政令、军事情报传递任务及负责迎送和安排过往官员的住宿。随着往来客人日益增多，促进了陈桥商业贸易的发展，陈桥逐渐成为著名的商业重镇。

（二）牧野航运史

牧野航运稍晚于公路运输，主要包括黄河航运和卫河航运。卫河是牧野的母亲河，因此从某种意义上说，卫河航运史就是牧野航运史。

1.卫河航运

卫河航运由来已久。隋大业四年（608），卫河开辟为漕运。至此，卫河航运开始起步。北宋时，黄河南北的军粮、漕米多经新乡、汲县（今卫辉市）由卫河输送至开封、天津、北京。金代卫水通苏门（今辉县市）、获嘉、新乡、卫州（今卫辉市）、黎阳（今浚县）诸地。卫河航运得到初步发展。元朝在新乡设广盈仓，大批粮食经卫水漕运北调，最高年份达700万石。卫河航运得到进一步发展。

明永乐十九年（1421）后，除皇粮经卫河漕运京师外，卫河上商业经营船只往来频繁，日益增多。明正德《新乡县志》载："乐水关（北关）在北门外，卫河南岸。以水路通便，故商贾蚁附，物货山集，目今为最繁。"可见当时卫河航运给新乡带来了经济的繁荣。明万历十七年（1589），潞王由北京乘船溯卫河到汲就藩，船队声势浩大，仅船夫就动用了3万余人。一时间，卫河名声大噪。治藩期间，潞王垄断9府25县盐业专卖权，北、西二盐店城储盐多达2300余万斤，各府县纷纷在汲县建立盐场已备中转。卫河航运开始兴盛。

清初，卫河仍是粮食和食盐等物质的运输要道，漕粮多经汲县集中北运京津，食盐经汲县南输开封府和怀庆府等地。清朝康乾盛世经济的繁荣推动了内河航运的大发展。清雍正年间，卫河中船只云集，南来北往，不下数千艘；码头上人山人海，熙熙攘攘，吆喝声彼此起伏，热闹非凡。仅汲县城区就设有东码头、南码头、西码头、北码头四个运粮码头，还设有专门的运盐码头——盐店码头。卫河航运进入兴盛期。

清光绪二十七年（1901），在新乡城东饮马口、城西杨树湾设立码头，两个码头船民多达3000人，有船700余艘，小船载重70吨以下，大船载重70—130吨。船运直达天津，运出粮食、棉花、油料、鸡蛋和山西入境的煤炭、铁货、药材、山货，运入食盐、布匹、糖果、海味、煤油等。卫河航运依旧兴盛。

光绪三十一年（1905），平汉、道清铁路通达新乡后，卫河水运进入衰退期。1912年，新乡卫河上只有船只500余艘。1938年，日军入侵新乡县城，烧毁大量船只，船民为谋生，将大船改为小船，进入运粮河，以运煤为生。1940年，日军封锁船只，运煤中断。1945年，日军投降后，国民政府将船只统管起来，编为8队，每队15艘，共120艘，但由于货源不足，船只被迫停运。1946年，船只只剩61艘。

中华人民共和国成立后，人民政府重视卫河航运。1951年、1952年两次发放贷款扶植船民修船营运。卫河航运重新开始兴盛。1953年，已发展国营大船18艘，私营船458艘，船民已增到2100余人。1960年，木帆船已增至1951艘，有拖轮38艘，年货运量达到83.6万吨，客运量达到6.87万人次。卫河航运进入鼎盛时期。

1969年，卫河河道淤塞严重，加上百泉水、大沙河水位下降，使得卫河航船难行。为此，政府只好分批安排船民转业，卫河航运终止。

2.古代码头与渡口

古代，牧野地区水运发达，在卫河与黄河沿岸形成了众多的码头与渡口。

（1）卫河码头与渡口

明代，在新乡县境内设有乐水关（今市北关）码头。清代，在新乡县境内设有北关、饮马口、杨树湾、牧野、合河等码头；在卫辉市境内设有东码头、南码头、西码头、北码头四个运粮码头和专门的运盐码头——盐店码头。民国时期，在新乡县境内设有北关、饮马口、杨树湾（今郭小郭村）、牧野、合河、面粉厂、牧村等码头。

明、清两代，新乡境内的卫河有多处渡口。民国时期，城区以西有钓鱼台（今石榴园后）、东王村、西高村、水南等渡口，城区以东有饮马口、牧村、河头、蘧里等渡口，这些渡口方便了两岸交通。摆渡者多为当地船户，他们自有木船，常年固定，以摆渡为业。有的在两岸设石桩，以钢丝或牵绳固定，绊住船上木桩，作为手工拉线，借以摆动行船。中华人民共和国成立后，上述渡口多数已建有桥梁。市西水南渡口，因距市区较远，一直延续到1965年，方在渡口架人行简易木板桥以互通往来。

（2）黄河古渡口

明天顺六年（1462）以前，黄河曾流经新乡县境。当时在新乡县城南有渡口八柳渡（今八柳树）。先流经新乡县境，再流经至延津县境。当时延津县境内主要有延津、沙门等渡口。唐人桑钦所著的《水经》记载："灵昌津本名延津。"《读史方舆纪要》上书："黄河横亘万里，其间可渡处，约以数十计，而西有陕津，中有河阳，东有延津。"足见延津作为黄河重要渡口之一，其地理位置是何等的重要。沙门渡口地处黄河故道，位于延津县西北榆林乡沙门村东北2千米处，东南距延津县城约18千米，西距新乡市区约20千米，南距现在的黄河约35千米。历史上延津县长期位于黄河南岸，属开封府。宋金时期，沙门是由开封北上卫辉府的水陆交通要道，北宋时称为宜村，为黄河南岸一处重要的渡口。

原阳县黄河渡口众多。下游黄河作为悬河，从五代时期后晋开运三年（946）至清朝嘉庆十四年（1809）的863年间，仅在原阳这片土地上就决溢达63次之多，改道迁徙4次。在黄河自原阳县北至县南的迁移中，黄河的渡口也为之改变。在古代，黄河在原阳县境的渡口有卷津、马家渡、阎实口、马头（码头）、下马头、辛口等。

值得一提的是，卷津作为古黄河渡口，因在古卷地而名。在今师寨镇磁固堤村北一带。自春秋至元朝的两千余年间，卷津一直是贯通南北的重要津渡。周定王十年（前597），晋楚邲之战中，晋军大败，争相渡河逃命，"中军、下军争舟，舟中之指可掬"，即在此地。隋大业十三年（617），李密遣徐世绩自此渡河，攻占黎阳仓。

封丘县黄河边有柳园、碾庄、曹岗、贯台、古城等5个渡口。其中柳园渡口是河南境内黄河沿岸最大渡口，500多年来在沟通黄河南北两岸交通方面发挥着巨大作用。

长垣县黄河边有何店、卓寨、贾庄、大寨、马寨、小青、油坊寨7个渡口，与东岸渡口一一对应。

（3）百泉河南云门码头

南云门码头位于辉县市胡桥街道西南端的南云门村，是百泉河畔的漕运码头，从金代到民国时期，码头上人山人海，货品云集。运往辉县市和山西南部的食盐、皮革，由辉县运出的粮食和山西运出的铁货等，都是在这里装卸进行漕运出入境的。现在南云门还有明清及民国时期建筑多处，如云门桥、盐库仓房旧址等。

（三）牧野铁路运输史

牧野地区的铁路运输虽然出现的比较晚，但发展迅速，在交通运输体系中的地位非常重要，发挥了巨大的作用。从某种意义上说，牧野的近代交通史就是铁路史。

1. 道清铁路

道清铁路是新乡境内、豫北境内、河南境内的首条铁路，是20世纪初英帝国主义为掠夺山西泽州（即今山西晋城）和河南焦作煤矿资源而修筑的运煤专线铁路。

道清铁路原名道泽铁路，原计划东起滑县道口镇，向西经新乡县西至焦作西清化镇（今焦作市博爱县），再向北延伸至山西泽州。实际上只完成了东起滑县道口镇，西至焦作西清化镇一段，故更名为道清铁路。它由英国福公司于清光绪二十八年（1902）七月动工修建；清光绪三十年（1904）三月，道口至待王段通车；清光绪三十一年（1905）三月，待王至柏山段通车；清光绪三十三年（1907）三月，道清铁路全线修建完工并通车。

道清铁路横跨浚县、滑县、汲县、新乡、获嘉、修武、河内7县，全长 163.70 千米，共设陈庄、清化、柏山、老君庙、李封、焦作、待王、修武、狮子营、获嘉、大召营、游家坟、新乡、白露、汲县、李源屯、柳卫、王庄、道口、三里湾 20 个车站，铁路沿线共建桥梁 94 座、涵洞 116 个，站房 32303 平方米。

道清铁路一半路段在新乡境内，提升了新乡在河南、特别是豫北地区的经济、政治地位，使新乡从一个三等小县成为豫北重镇，逐步取代了豫北三府（彰德府、卫辉府、怀庆府），成为豫北地区政治、经济、文化中心。

1912 年，中华民国建立，道清铁路收归国有，由北洋政府交通部道清铁路监督总局管辖。

民国十六年（1927 年），国民政府成立，由国民政府交通部道清铁路管理局管辖。国民政府曾计划将其从道口延伸至济南，从清化延伸至山西晋城。1937 年，"七七事变"爆发，日寇全面侵华开始，延修一事被搁浅。

1938 年，豫北地区全部沦陷，道清铁路这条豫北经济大动脉，很快成为日军向冀、鲁、豫边区发动侵略的工具。当时，抗日统一战线已确立。当年 8 月初，由杨得志、王新亭领导的八路军第 688 团、第 689 团，进驻道口至李源屯的铁路沿线各村，在汲县（今卫辉市）国民党抗日部队王协和部的配合下，动员群众将道清铁路汲县段拆除。

与此同时，国民党军炸毁了黄河堤坝与铁路，以水陆两路阻止日军南下。为加紧侵略，日军决定快速修建新乡到开封的新开铁路，因缺乏材料，便将道清铁路东线三里湾至游家坟段长 71.36 千米的铁路拆除，将被拆路轨用于修筑新开铁路（北与平汉铁路、道清铁路西线接轨，东与陇海铁路东线接轨）。

1945 年 5 月，日军又将常口至清化一段计长 8.71 千米的铁路拆除。至此，道清铁路仅存有新乡至焦作矿区一段。抗日战争胜利后，此段成为新焦铁路。

2. 京汉铁路

原名卢汉铁路，北起卢沟桥，向南经过新乡至汉口。清光绪二十三年（1897）四月，清政府通过向比利时借款开始修建卢汉铁路；清光绪二十九年（1903）五月，卢汉铁路修至新乡境内；清光绪三十一年

（1905）一月，安阳至新乡间开通营业；清光绪三十一年（1905）八月，卢汉铁路正式营运。清光绪三十二年（1906）四月，北京至卢沟桥段修通，改名为京汉铁路，国民政府成立后改名为平汉铁路，中华人民共和国成立后改名为京广铁路。

京汉铁路全长1311千米，新乡境内设有汲县、潞王坟、新乡、小冀、七里营、詹店等车站。京汉铁路路轨悬架于道清铁铁路之上，立体交亘，各行其道，互不干扰。

3. 新开铁路

新开铁路北起新乡，南至开封，于1938年10月动工修建，1939年5月建成通车。新开铁路线路总长102.91千米，沿线车站除新乡为平汉路之车站，开封为陇海路之车站外，设有小冀镇、吕庄、阳武县、太平镇、齐亦集、荆隆宫、大马庄7个站。该线修建的历史背景是：1938年6月，日军由徐州攻占开封后，继续向西进犯。由于当时陇海、平汉两条铁路在中牟一带和新乡以南黄河大桥处中断，运输受阻，日军为了把华北经陇海线和连云港构成运输通衢，决定修建自小冀经阳武、齐亦集、荆隆宫达开封的新开铁路。该线所经地段人口较少，铺轨较短，路基随高就低，无深堑高填，桥梁采用木质结构，工程量小，修建比较容易。

该线建成后，将平汉铁路新乡以北段与陇海铁路中牟以东段连通。日寇通过新开铁路将焦作煤矿资源运达海州（今连云港），再经海运至日本。该线自1939年5月5日通车，至1945年8月15日日军投降，历时6年零102天。期间仅经新开线运输，日本即掠夺我国煤炭达500万吨之多。1945年9月改名为新汴铁路。1947年3月，随着花园口堵口合拢，黄河主流引归故道，新开线陆续被拆除。

4. 铁路桥梁

（1）京广铁路黄河老桥

京广铁路黄河老桥位于新乡以南50千米处。清光绪二十九年（1903）动工；1905年10月15日建成；全长3015米，1906年4月1日正式通车。它是中国在黄河上建造的第一座大桥。该桥由清政府批准承包给比利时公司修建，由比利时公司技术人员勘测设计，提出建桥地址及施工方案。前后经过德、美、法、意等国工程技术人员勘测，于1900年正式定案；1901年完成定测；1903年下半年正式动工。考虑到建桥后对河工没有妨碍，故桥长与河宽相同。又因当时河水南北分流，中间为一荒滩，故两端各25孔，采用跨度为31.5米半穿式桁桥，中间52孔采用跨度为21.5米上承钣梁，钢梁荷载为古柏式E—35级，共计102孔，全长3015米。墩台系用钢管桩和钢质拉杆组成基础。管桩用铸钢制成，内径0.3米，外径0.35米，最下节附以直径1.2米、长0.52米的螺栓形桩头，最上节套以特制桩帽，以承托桩顶和承台。每根桩为9节或10节不等。墩台管桩共分3类：承托大跨度桁梁者，用管桩10根；承托小跨度钣梁者，用管桩8根；承托桁梁与钣梁衔接的桥墩，用管桩14根。管桩向下入土深度为14米左右。该桥修建共花去库银265万两，折合银洋365万元。

该桥扼南北交通要冲，建成后屡遭破坏。1927年，直奉战争，张作霖撤退时，将第10孔梁炸毁。1929年，蒋、冯战争中，又炸毁了第16孔梁。1938年，日军入侵中原，国民党军队撤退时对该桥进行破坏，将南端42孔桥梁材料运往湘桂黔铁路使用。1944年10月修复后，又遭美军飞机轰炸。至1945年日军投降时，只剩下11孔是原来的钢桁梁，5孔换成了华佗式桁梁，南端5孔为木便桥，其余81孔是日式军便桥。由于大桥管桩入土深度不够，加之战争破坏，洪水冲击，致使钢梁杆件断裂扭曲，军便桥梁配件不全，钢轨杂乱，轨枕歪斜，桥上轨道弯曲不平，机车行驶摇晃不止。列车过桥要分拆运行，每列车通过时间长达3小时之多。

1949年冬，以苏联专家金果连可为首的铁道部桥梁观察团，对该桥各部位进行了详细检查，并提出加固工程计划。由郑州铁路管理局承办，加固工程分5次进行。1948年12月27日至1950年1月5日为第一次，重点修理第15孔钢梁上弦，加固22号桥墩支撑，整理桥面轨道，更换钢轨等。1950年2月17日至3月10日为第二次，更换桥枕806根，增补桥面护轮轨，更换失效军用梁配件等。1950年4月至10月中旬为第三次，将86孔上层日式军用梁下弦杆与下层日式军用梁上弦杆用螺栓连成一体，加固14孔下承桁梁，更换桥上钢轨等。1950年10月至1951年8月为第四次，主要是对原桩基和新打钢轨桩的承载力进行试验，修复第5、8、14、19、20、22、23、33、43号桥墩，改制各墩台拉杆并做护墩柴排等。1951年6月至1952年10为第五次，重点是全部更换为苏制上承桁梁，修复、重建坏撤，降落高墩，更换钢梁桥面，加固桥箱，制作桥跨间连结梁，刷新全部钢梁与墩台等。经过上述5次加固，基本上改变了大桥面貌。桥上改行解放 I 型机车，速度不再限制，通过能力比解放前提高了36倍。

　　1960年，新建的铁路复线黄河大桥通车使用。老桥转为封存备用。1966年，开始启用轨道车牵引平板车装运汽车。1969年10月，郑州铁路局在桥面铺设了钢筋混凝土桥面板，使汽车在桥上直接通行。在郑州黄河公路桥尚未建成之前，该桥在沟通南北公路运输方面发挥了重要作用。

　　（2）京广铁路卫河桥

　　位于老县城西老火车站北。建于1905年，由比利时承建京汉铁路时一并建成。桥式为两孔跨度31.2米半穿式钣梁，桥长72.34米。木桩基础，板桩护底，两台一墩。桥高5.25米，桥下可通航木船。

　　5. 火车站

　　（1）道清铁路三车站

　　1904年道清铁路修建时，曾在新乡县先后设置了三个车站：新乡县站、游家坟站和新乡新站。

　　新乡县站，也称新乡老站、东关站，位于原新乡县县城东北东关（今新乡市东关大街东端饮马口附近）。有站舍1栋5间，面积为89平方米。有站台1座，长152.4米，宽6.09米。1906年，修建有3股道，两股是到发线，长度各为513米，另一股为过磅线。1937年6月，为避免站名雷同，新乡县站改为新乡县南站。

　　游家坟站位于原新乡县县城西南游家坟（今运输公司附近）。有站舍1栋7间，面积为198平方米。有候车棚1座，23平方米。站台长286.52米，宽6.09米。铺设有5股道，4股是会让线，1股为通往新乡新站转用线。股道有效长度为628米。过往列车均由此折入新乡新站，是道清铁路新乡通讯机关所在地。1939年，占领新乡的日军将道清铁路道口至游家坟间的线路及新乡老站全部拆除。1946年2月，京汉铁路管理局拆除了新乡车站的西股联络线。1948年5月，又将游家坟三角联络线东股拆除，至此，游家坟车站已不复存在。

　　新乡新站位于建国路南段西侧（今新乡铁路分局车务段址），建在京汉铁路通车以后。1909年，英国人看到京汉铁路在新乡中转物资和客商很多，有利可图，就从游家坟站修了一条2.44千米的接站支线到京汉线，并建立月台、票房，此即新乡新站。有站舍1栋9间，面积为190平方米。候车室面积为68平方米。站台长198.12米，宽7.61米。铺设有5股道，三股正线各长240米，可容客车9辆，通往机厂（机务段）1股道，上煤上水1股道。该站距新乡县站4.55千米，距游家坟站2.44千米，三站之间呈三角形。

三个车站中，客货运输业务主要由新乡县站及新乡新站担任，游家坟车站只是用作列车会让及接转新乡新站使用。

（2）京汉铁路新乡县站

1903年修建京汉铁路时，在新乡县境内设置了潞王坟站、新乡县站、小冀站、七里营站4个车站。

新乡县站位于建国路南段西侧（今新乡铁路分局装卸修配厂址），站中心距北京前门站为613千米加782米。站舍占地面积1215.52平方米。有站台1座，长100米，宽7米。始建有7股道，5股为到发线，1股为过磅线，1股通往机厂（机务段）。1934年，该站增至8股道，站台两座，长度均为200米，宽分别为10米和8米，并设风雨棚1座。

（3）新乡联站

1936年1月，国民政府将道清铁路划归平汉铁路局，定名道清支线。由于平汉铁路新乡县站与道清支线新乡新站的相距咫尺，凡由平津地区经平汉线输入豫北、山西的货物，或由山西、豫北经平汉线运往平津地区的货物，均以此两站为交接集散场。为了方便运输，故将两站配置岔道，相互过轨，支干贯通。此后，过轨列车日见增多，原有岔道长度有碍车辆交接。为达到两路连接畅通，平汉铁路管理局于1936年9月在新乡新站的5股道与新乡县站的8股道之间加铺转线股道和各种行车设备，至此，新乡联站成立。

（4）新乡站

1937年卢沟桥“七七”事变后，日军继续南犯，1938年2月新乡陷落，日军占领新乡联站。日军把新乡联站合并，改建为客货混合编组站。联站告终，统一为新乡站。新乡站将横向的道清铁路与纵向的平汉铁路连接起来。

1939年初，日军动工修建新开铁路。1939年5月，新开铁路通车，新乡站作为这条铁路的终端站运营。

1942年，日军对合并改建后的新乡站进行技术改造。在新乡站平汉正线西侧二道增设西联络线1.064千米，使道清铁路焦作至新乡的列车不经游家坟车站而直接进入新乡车站。

日本投降后，国民政府抓紧派员接管。1945年9月，开封铁路管理局成立，新乡站隶属于开封铁路管理局。1946年3月，平汉区铁路管理局成立，新乡站隶属于平汉区铁路管理局。1948年初，平汉区铁路管理局成立新乡办事处，负责管理新乡站。

1949年5月5日，新乡宣告和平解放。5月6日，解放军入城，铁路工作人员随军事管制委员会入城，接收了新乡站。当时，由于屡遭战争创伤，车站已是千疮百孔，无一条完整股道。在军管会的统一指挥下，铁路职工经过5天的紧张战斗，修复站内股道5股。当时，新乡站被初定为一等站。

二　牧野的现代交通运输线路

牧野是豫北地区唯一的国家级交通运输枢纽城市，既有南北大动脉京广铁路和东西要道新焦、新荷铁路在此交会，又有京港高铁、京港澳高速、大广高速、107国道纵贯，还有晋新高速、长济高速横穿。未来，郑济高铁、郑新城际铁路、新焦城际铁路、新开城际铁路将交会于牧野。

（一）牧野的铁路

牧野地处我国铁路枢纽，京广线与新焦线、新荷线交会于此，京港高铁穿境而过。在全国铁路网络中，牧野地区是沟通华北、华中、西北、华东的交通咽喉。

1. 京广线

系在原平汉铁路的基础上修复而成。京广铁路北起北京，南达广州，线路全长2297.9千米，是国家修建最早、贯通关内南北腹地的一条主要中枢干线。新乡铁路分局管辖京广线中的一段，北至安阳站，南至黄河南岸站，线路全长164.35千米，设有安阳、汤阴、浚县、淇县、汲县、新乡、七里营、詹店、黄河南岸等17个车站。该段线路通过豫北平原，地势平坦，除与京广正线连接的黄河老桥线有邙山隧道一座外，其余无深堑、高填、大坡道地段。地质属第四纪近代冲积层，以次生黄土类土壤为主。

1949年新乡解放后，军民协力抢修京广线路，支援人民解放军南下。5月25日，新乡至郑州间，10月11日，安阳至新乡间先后修复通车。同时，郑州铁路局成立永久修复委员会，修复沿线桥涵，取消慢行地段，并对所辖线路逐步进行了技术改造。20世纪50年代初期，对线路进行换轨大修，加固提高桥梁等级，改善通信信号设备，加强区段站设施，使区段通过能力和牵引定数均有提高。1954年、1956年，两次展长各站到发线有效长度。安阳至郑州间机车牵引定数由2250吨提高到2500吨，减少了郑州编组站的直通补重中转作业，提高区段运输能力12%—39%。

京广线沿途人烟稠密，物产丰富，连接大中城市多，随着国民经济的发展，运量日增。1956年，安阳至新乡间、新乡至郑州间区段通过能力已接近饱和，修建复线已成为当务之急。1956年10月16日，安阳至郑州复线开工修建。1958年5月15日建成，经验收交付营运。线路总长169.48千米，其中新乡铁路分局管长133.63千米。投资5801.3万元，每千米造价34.23万元。分局管辖的黄河以北线路，位于太行山东部平原，接近山麓，雨季山洪暴发，冲桥毁路，威胁运输及行车安全。复线施工时，对水害地段采取了筑堤束水 、抬高路基、扩建桥孔等根治措施，基本上解决了水患威胁。安郑段复线，工程进度快，质量好。共完成土石方596.6万立方米，建造桥梁155座，3679米，涵洞138处，正线铺轨165.2千米，站线铺轨41千米。

复线开通后，提高了各区段通过能力的利用率，缓和了运量骤增与运输能力不足的矛盾。1960年，下行货流安阳至新乡段为1761.9万吨，新乡至郑州段为2291.1万吨，比复线通车前的1956年分别提高了89.7%和1.2倍。随着区段通车能力利用率的提高，1969年安阳至汉口段，牵引定数已逐步提高到下行3300吨，上行3100吨。1978年，郑州以北下行又提高到3500吨，上下行货流密度分别比1952年增长5—14倍。

2.新焦线

系在原道清铁路西线的基础上修复而成，东起新乡，西至济源月山，全长77.09千米，设有新乡、新乡西、大召营、获嘉、狮子营、修武、待王、焦作、月山9个车站。1945年冬至1948年8月，由于内战及水害等原因，新焦线屡遭破坏，时通时断。新乡、焦作解放后，新乡经焦作至李封矿区的线路即修复通车。新焦线于1950年、1958年、1963年、1966年、1978年曾5次更换名称，并增设会让站，接管詹东和朱村联络线。到1979年，新焦线的起讫地点是由新乡经待王、焦作至月山，正线全长77.09千米，另有多条专用线与之相连，成为新乡铁路分局一条主要支线。

随着国民经济的发展，该线自中华人民共和国成立初期即着手分期分段进行技术改造。先后对全线6个车站的行车指挥讯号增设非集中电气联络装置，增设和展长焦作、获嘉股道，扩建待王站及马村会让站，使詹东线在焦作地区与新焦线形成了三方向的小型枢纽布局，提高了装卸和编解能力。全线区间装有半自动闭塞装置，车站和线路所均为电气连锁。

新焦线西端为盛产煤炭的焦作矿区。上行输入主要是木材、机械等器材及生活资料，下行输入主要是煤炭、矿产品。随着詹东线、焦枝线、太焦线等相继通车，该线处于东交京广，西连焦枝、太焦的重要位置，是晋煤、豫煤外运的重要通道之一。中华人民共和国成立后，线路经一系列改造、扩建，通车能力大幅度提高。1980年年末，全线货运采用前进型机车，牵引定数上行3500吨，下行3300吨。使用能力（非平行）为25.5对。上下行货流密度分别达到1632.6万吨和499.7万吨，比中华人民共和国成立初期增长10.3倍和37.2倍。但通过能力利用率已达到89.7%，后备能力已基本用尽，但仍然满足不了经济发展的需要。为弥补新焦支线运力不足，1983年开始修建新焦复线。

新焦复线自大召营站新乡端7千米+700米处，至焦作站月山端61千米+900米处，全长52.49千米。设计主要工程量，正线建筑长度上行18.21千米，下行41.23千米，运行长度上行65.52千米，下行66.39千米。铺轨83.01千米，其中正线63.44千米，站线19.57千米。修建大中桥梁15座，涵洞119座，用地总计632亩。1983年8月，由铁道部第三工程局开始施工。1983年2月，开始使用大召营至获嘉段、获嘉至狮子营段、待王至焦作段。1984年12月，开始使用狮子营至修武段、新乡西至大召营段。1985年11月，开通使用修武至待王段。新乡站至新乡西站，全长4.55千米，为新焦联络线，1985年12月完工。新焦复线的修建，使该线运量和运能日益突出的矛盾得到了缓解。

3. 新菏线

新菏铁路西起新乡，东至山东菏泽，全长165.4千米，设有新乡、古固寨、延津、长垣、东明、吕陵店、菏泽南、菏泽等16个站，其中牧野境内114.55千米。该线由铁道部第三工程局和大桥工程局承建。1983年3月动工。1985年12月全线通车。

该线西交京广、新焦铁路，并与侯（马）济（南）、侯（马）西（安）

铁路相通；向东与菏（泽）兖（州）、兖（州）石（臼所）铁路相接。新菏线西可至西安、东可至石臼所港，横贯陕、晋、鲁、豫四省，是平行于陇海铁路，沟通我国西北、西南与华北、华东广大地区物资交流的又一大动脉。新菏线的修建，对满足日益增大的客货运输的需要，开辟外运通道，支援华东、华中地区，促进国民经济的振兴及巩固国防，都具有十分重要的意义。

根据地质地形情况及运量要求，该线定为一级单线干线。限制坡度千分之四，最小曲线半径400米，到发线有效长度850米，预留1050米。主要工程有长垣至东明黄河特大桥、跨京广线立交特大桥。还有大桥3座，中桥24座，小桥35座。钢筋混凝土盖板涵洞38座，长621米。铺轨总展长223.8千米。

该线年货运量上行为1196万吨，其中晋东南煤炭占80%以上，下行约185万吨。随着晋东南煤炭的开发，中原油田的开采以及沿途工农副各业的发展，该线担负的客货运量正日益增大。

4. 京港高铁

京港高铁，又称京港客运专线，是位于华北、华中、华南地区的一条客运专线，北起北京，中经武汉，南至广州、深圳、香港，全长2440千米，经过北京、河北、河南、湖北、湖南、广东、香港7个省级行政区。京港高铁设有50座车站，轨道为标准轨道（1435毫米），设计时速350千米/小时，目前运行时速300千米/小时。京港高铁分为京石段（北京—石家庄）、石武段（石家庄—武汉）、武广段（武汉—广州）、广深段（广州—深圳）、深港段（深圳—香港）五段。

京港高铁是我国中长期铁路规划"四纵四横"客运专线中之"一纵"，它平行于京广铁路，于京广铁路实现客货分线运输，有助于缓解京广线的运输压力。

石武高铁（石武客运专线），北起石家庄，南至武汉，是京广客运专线的组成部分，北与京石高铁相连，南与武广高铁相接，输送能力为单向8000万人/年。石武高铁正线全长840.7千米，共设高邑西、邢台东、邯郸东、安阳东、鹤壁东、新乡东、郑州东、许昌东、漯河西、驻马店西、明港东、信阳东、孝感北和横店东14个车站，并预留新郑东站。2012年9月，石武高铁郑武段正式开通；2012年12月，石武高铁石郑段正式开通。

新乡段从鹤壁市进入新乡卫辉市，途经卫辉市、市区、新乡县、原阳县出境进入郑州，全长约84千米。由于地处平原，全程全部采用高架的铺设方式，紧邻京珠高速，路基距地面一般在5—10米，最高达到20米。石武客专新乡段全线采用光纤拉远式基站进行专网覆盖。新建近端站15个，远端站点83个，站点间距1千米左右。

（二）牧野的公路

按照公路等级，牧野境内的公路可分为国道、省道、县道和乡道。

1. 国道

牧野地区有众多国道纵贯而过，由西往东依次是107国道、京港澳高速公路、大广高速公路；横贯牧野的国道有晋新高速公路。

（1）107国道

1982年交通部划定为国道，又名G107线、京深线、国道107线，是位于中国华北、华中、华南地区的一条国道。107国道是一条首都放射型国道，起点为北京市西城区，终点为深圳市南山区，全程2698千米。它经过北京、河北、河南、湖北、湖南、广东6个省级行政区。途经的地级以上城市：北京—保定—石家庄—邢台—邯郸—安阳—鹤壁—新乡—郑州—许昌—漯河—驻马店—信阳—孝感—武汉—咸宁—岳阳—长沙—湘潭—衡阳—郴州—清远—广州—东莞—深圳。

107国道是我国最繁忙的国道，是中国仅有的加入亚洲公路网的国际公路，是贯通中国南北的公路交通大动脉。107国道全线与国家高速G4京港澳高速并行，对于缓解京港澳高速拥堵起到关键作用，二者互为补充。

107国道新乡段由卫辉市沧河桥入境，经卫辉市、新乡市区、新乡县、原阳县，由郑州黄河公路大桥出境，辖区计81千米。1988年3月开工，1989年12月建成通车。

107国道在新庄、与新原干线公路和新长干线公路相交处设互通式立交大桥3座，与新濮干线公路相交处设环岛平交一处，设县、乡道路平交90多处，涵洞372道（其中边沟涵134道），中小立交桥12座。路基高度：一级路段平均填土高2.27米，一般1.5—1.8米，最大填土高13.85米；二级路段平均填土高1.94米，最大填土高10.58米。1998年省交通厅公路局对国道107线新乡段K617—K657全长40千米的路段进行全封闭改造。对原路面进行压浆和灌缝处理，加铺0.6厘米稀浆封层，又加铺9厘米沥青混凝土面层。该工程1998年3月开工，2000年4月底完工。达到全封闭、准高速的要求。

为解决107国道封闭后慢速车辆、农业机械和当地群众的南北通行问题，设置了贯通铺道。铺道北起新（乡）长（垣）公路K10+617处，途经关堤、朗公庙、固军、荆楼、毛滩、南新庄、大胡庄、宋楼、王村，南至107国道新庄互通立交桥，全长41千米，按四级公路技术标准修建，路基宽7米，路面宽6米。路面为3厘米沥青表处+15—20厘米石灰水泥稳定土+15—20厘米石灰土，计算行车速度40千米/每小时，桥梁荷载标准汽-20级，挂-20级。新建间断铺道7段，累计长度7.24千米。该工程1998年12月开工，2000年6月竣工。

107国道有跨河桥梁10座，其中大桥2座，中桥1座，小桥7座，分别于1986年以前修建。GBM工程（即公路标准化、美化）前，公路绿化为乔木大观杨，GBM工程后，全部更新为刺柏、国槐。

（2）京港澳高速公路

即北京—香港、澳门高速公路，简称京港澳高速，又称国家高速G4。京港澳高速是一条首都放射型国家高速，北起北京，向南经由石家庄、武汉、长沙到香港、澳门，由原京珠高速公路全段和新辟路线珠海至澳门和广州至香港两段组成，全长2310千米。它途经北京、河北、河南、湖北、湖南、广东6个省级行政区。途经的地级行政区：北京—保定—石家庄—邢台—邯郸—安阳—鹤壁—新乡—郑州—许昌—漯河—驻马店—信阳—孝感—武汉—咸宁—岳阳—长沙—湘潭—衡阳—郴州—韶关—广州—东莞—深圳—香港（或广州—珠海—澳门）。线路车道为双向4—8车道，设计行车速度为120千米/小时。

京港澳高速是连接北京和广州、深圳、珠海、香港、澳门等南部重要城市、沟通华北、华中、华南三大区域的高速公路，为中国的南北交通大动脉。

京港澳高速新乡段由沧河北桥至新长立交桥南桥台止，长37.6千米，有卫共特大桥1座、大桥3座、互通式立交桥4座。线路车道为双向8车道，设计行车速度为120千米/小时。

（3）大广高速公路

即大庆—广州高速公路，简称大广高速，又名国家高速G45。前身是北京至河南开封的京开高速公路。大广高速是一条南北纵向线路，位于京港澳高速东部，基本与京港澳高速平行，北起黑龙江省大庆市，向南经由北京至广东省广州市，线路总长3550千米。它途经吉林省、内蒙古自治区、北京市、河北省、河南省、湖北省、江西省、广东省8个省级行政区。途经的主要地级行政区：大庆—松原—双辽—通辽—赤峰—承德—北京—廊坊—衡水—邢台—邯郸—濮阳—新乡—开封—周口—驻马店—信阳—黄冈—黄石—九江—宜春—新余—吉安—赣州—河源—韶关—惠州—广州。设计时速80—120千米/小时，为双向4—6车道加救援车道。

大广高速为《国家高速公路网规划（2013—2030）》的第五条纵线，沟通了东北、华北、华中、华东、华南五大区域，为中国的南北交通大动脉。

大广高速新乡段北起长垣县樊相镇北与大广高速安阳段相接，南至封丘县谢马牧村与开封黄河大桥相接，途经长垣、封丘两县7个乡镇，全长38.2千米。道路全线双向6车道、全封闭、全立交，占地面积286公顷，设计行车速度为120千米/小时，概算总投资13.025亿元。2003年12月开工修建，2006年11月建成通车。大广高速新乡段是河南省"五纵五横四通道"高速公路主骨架中"一纵"的重要组成部分。

（4）晋新高速公路

即晋城—新乡高速公路，简称晋新高速，又名国家高速G5512。它西起山西晋城，经由焦作到新乡，由晋焦高速和新焦高速两部分组成。沿线主要控制点为：东上立交桥、丹河收费站、牛郎河隧道、晋新豫晋界收费站、60KM宁郭互通式立交、新乡G4京港澳高速立交桥。道路全线双向6车道，设计行车速度为120千米/每小时。

晋新高速是二广高速（即二连浩特—广州高速公路，又名国家高速G55）联络线之一，沟通了二广高速（国家高速G55）、京港澳高速（国家高速G4）、焦济高速（河南高速S28）、焦温高速（河南高速S49）、原焦高速（河南高速S86）、晋阳高速（山西高速S86）等重要的高速线路。它是河南省重要的跨省交通通道，对于加强河南与山西之间的省级联系起了重要作用。

新焦高速新乡段于2007年9月建成通车，东起京港澳高速立交桥，西起获嘉县黄堤镇西北2千米处（新乡市与焦作市交界处），跨越新乡市7个县市区，全长50.4千米。道路双向6车道，路基宽度28米，设计行车速度为120千米／每小时，总投资约25.7亿元。全线共设特大桥2座、大桥3座、分离式立交桥42座、互通式立交桥4座。

2. 省道

新乡市管辖的省道有长济高速公路、郑滑线、郑常线、新河线、新济线、新孟线、新范线、新原线、辉焦线、新长线共10条，全长873千米。

（1）长济高速公路

即长垣—济源高速公路，简称长济高速，又名河南高速S28。它东起长垣，向西经由新乡、焦作到济源，中间部分为晋新高速新焦段，全长约275千米。

长济高速公路东与大广高速公路相连，西与二广高速公路相通，是连接大广高速、京港澳高速、郑焦晋高速、二广高速的重要通道。这条路的建成通车对实现济源、焦作、新乡三座城市之间的快速联通，打通豫西北地区与山东出海口的快捷通道，强化中原城市群城际间的连接，构筑河南交通的新区位优势，实现中原崛起具有重要意义。

（2）郑滑线

即郑州至滑县公路，起于郑州，由郑州黄河大桥北端入境，经原武、原阳、延津、魏丘至丰庄出境至滑县。新乡境内全长99千米（含大桥管理处2.24千米），其中原阳48.14千米，延津48.62千米。1983年，郑滑线由县乡道升为省道。1985年，全线达到路基宽8.5米，渣油沥青面宽6米。

郑滑线为四级公路，其结构是在原老路基础上加铺3厘米厚渣油沥青面。1987年，延津县在县城以北进行5千米大修，等级标准为三级，路面结构为人工拌和层3.5厘米渣油沥青面，总投资78.48万元。1992年，原阳境内的大石佛道班段大修6千米，等级标准为三级。

郑滑线新乡段共有桥梁15座，其中原阳10座，延津5座。沿线主要种植树种为毛白杨、柳树，其中87.3千米栽植杨树，9千米栽植柳树。

（3）郑常线

即郑州至常平公路，起于郑州，由郑州黄河公路大桥北入境，经何营、二铺营、武陟、宁郭、杨庙、博爱、泗沟、山王庄，止于洛常线的西万。新乡境内全长5.94千米。1983年被定为省道。1985年，路基宽8.5米至10米，渣油沥青面宽8米。1987年，进行扩修，路基宽17米，渣油沥青面宽14米。

郑常线结构是石灰土基层，渣油沥青面层3厘米厚。由于标准低，晋煤外运流量较大，该路段病害百出。1991年，对郑常线重新进行大修，建成水泥砼路面。

郑常线新乡段共有桥梁6座，其中大桥1座，小桥5座。沿线主要种植树种为毛白杨。

（4）新河线

即新乡至河口公路，起于新乡火车站广场，经辉县县城、百泉、南村，在鹿岭出境至林州河口。新乡市境内全长59.13千米，其中城管道路4.23千米，净长54.9千米，其中市区段3.32千米，新乡县段2.75千米，辉县市段48.83千米；平原、微丘里程39千米，山岭微丘20.13千米。1983年被定为省道。主要跨越卫河、共产主义河、百泉桥等。由省交通厅投资250万元，1980年5月开工，1982年7月竣工，建成二级油面路。

新乡市区段的3.32千米于1998年大修，结构为15厘米厚的水泥稳定碎石基层，7厘米厚的沥青碎石路面层。新乡县段的2.75千米于1998年在原水泥路面压浆后，铺筑15厘米厚的水泥稳定碎石，7厘米厚的沥青碎石。辉县境内孟庄收费站一段于1992年改建大修，结构为30厘米厚的石灰土基层，4厘米厚的沥青碎石面层，1993年又加厚2厘米。百泉道班门前三庆桥段于1996年建成为二级路，基层为二层石灰土，一层水泥石灰土，面层为6厘米厚沥青碎石。高庄界内2千米进行改建，技术标准与三庆桥南段相同。其他路段于2000年动工大修。

新河线共有桥梁23座，隧道4处。其中大桥3座，中桥6座，小桥14座。隧道长1272米，其中五一洞长54米，愚公洞长810米，九大洞长160米，石岭隧道长248米。

新河线新乡市区、新乡县境段主要树种为毛白杨，辉县境内的公路局收费站段，1993年更新为刺柏、黄杨。

（5）新济线

即新乡至济源公路，起于新乡火车站广场，经获嘉、修武、焦作、博爱、沁阳、济源（市区）、王屋、邵原西至山西省交界处。新乡市境内全长31千米，其中城管3.94千米，净长27.06千米，其中新乡县段7.55千米，获嘉县段19.51千米。

新济线地形平坦，原属三级路标准。1993年，新乡县段的7.55千米和获嘉县城以西段大修改建成水泥砼路面，提高了公路等级，成为GBM工程路段。

新济线新乡段有6座桥梁，其中大桥1座，小桥5座。新济线大修前统一栽种毛白杨、大观杨，大修后统一更新为刺柏、国槐、桧柏树。

（6）新孟线

即新乡至孟县公路，起于新乡火车站，经大召营至获嘉县城，向南经中和、徐营、谢旗营至武陟，向西经赵堡、温县县城、招贤，终点在孟县县城。新孟线原为大车道，1981年至1993年改建成三级公路。全长37.16千米，其中城管3.94千米，重复于新济线16.04千米，净长17.18千米。全线种植毛白杨。

（7）新范线

即新乡至范县公路，起于新乡火车站广场，经卫辉南站、丰庄出境，再经道口、濮阳止于范县。新乡境内长50.38千米，城管4.71千米，实际净长45.67千米，其中市区段3.05千米，新乡县段2.55千米，卫辉市段35.98千米，延津县段4.09千米。

1986年对新范线新乡县交界至卫辉南站段进行大修，结构为补强石灰土28厘米，沥青贯入4厘米，上封2厘米。同年市区进行大修1千米。1987年对新范线新乡县段的2.55千米进行大修，路基宽16米，油面宽14米，补强30厘米厚，沥青贯入4厘米，上封3厘米。市区内大修水泥砼路，结构为基层碎石、石灰土30厘米，砼板厚22厘米，两侧黑色路面。同年，卫辉南站至延津境内计23千米进行大修，路基扩宽到16米，路面宽9米，结构为基层石灰土、碎石30厘米，面层贯入4厘米，封层3厘米，总投资502万元。

1999年，新范线再次大修卫辉—延津—浚县交界处，全长40.08千米，路面宽度14.6米（包括两侧的镶边带）。结构为：基层水泥稳定碎石20厘米（后庄至延津），从卫辉入境起至后河收费站为二灰20厘米厚，面层7厘米厚沥青混凝土。

新范线曾被命名为GBM路段和文明样板路，是新乡市的典型路段。全线有桥梁3座，其中中桥1座，小桥2座。新范线市区段、卫辉段、延津段绿化均为毛白杨，新乡县段为刺柏。

（8）新原线

即新乡至原阳公路，起于新乡火车站广场，经朗公庙、福宁集在原阳县城与郑滑线相交止。新原线原为四级公路，1988年，拓宽路基，1990年，全线改修为二级公路。全长32.43千米，其中城管5.9千米，净长26.53千米，其中新乡县段12.33千米，原阳县段14.2千米。

1989年，新乡县境内的王湾段改建成水泥砼路面，结构是基层碎石、石灰土30厘米厚，水泥砼面板厚22厘米，路面宽度为14米，中间水泥路7米，两边4车道各3.5米。1992年，对新乡县段朗公庙南的3千米进行大修，原阳县的14.2千米同步进行，路面宽度14.4米，结构为石灰土厚30厘米，面层沥青碎石厚6厘米。

该线共有永久桥梁10座，其中中桥2座，小桥8座。新原线新乡县境原绿化树种为杨树、柳树，水泥路建成后，被命名为GBM工程路段，绿化树种改为国槐、刺柏、黄杨、毛白杨；原阳境内原来的杨树和柳树更新为刺柏。

（9）辉焦线

即辉县至焦作公路，起于辉县新河线段屯村，经辉县城南关、褚邱、薄壁、峪河口、方庄、九里山，止于焦作。新乡市境内全长36.99千米，其中三级公路20.91千米，四级公路16.08千米。

1987年，辉焦线段大修，路基宽8.5米，路面宽7米。结构：基层石灰土30厘米厚，面层沥青碎石6厘米厚。

辉焦线共有桥梁10座，其中大桥3座，中桥1座，小桥6座。全线绿化树种为毛白杨和大观杨。

（10）新长线

即新乡至长垣公路，起于新乡火车站广场，经洪门、古固寨、延津、封丘、冯村，在赵岗接106线，由王堤桥东出境，到长垣汽车站止。新长线是新乡市东部主要干线，1991年、1993年、1995年、1998年经4次改建全部达到二级公路标准。全长78.64千米，其中城管4.63千米，郑滑线2.1千米，实际净长71.91千米，其中新长线市区段2.76千米，新乡县段13千米，延津县段23.77千米，封丘县段35.48千米。

延津县境内从起桩号（20+389）到榆林止10千米，中间水泥砼路面，两边黑色路面。1997年，新乡医学院三附院至官亭段大修，1998年完工。

路面宽为14.4—18米，结构为基层水泥稳定碎石、石灰土各一层，路面沥青混凝土7厘米厚。延津县境内的10千米水泥路于2000年大修，路面宽度为14米，在原水泥路板块压浆挖补，使用二灰20厘米厚的基层，面层为7厘米厚的沥青混凝土。

1994年，魏庄收费站至延津县城段进行大修，结构为基层二层石灰土30厘米厚，面层沥青碎石6厘米厚。1997年、1998年两年，延津至封丘段大修，路面为14米宽，结构为基层石灰土、水泥稳定碎石各20厘米厚，面层7厘米厚的沥青混凝土。同年，封丘至王堤段大修，路面宽14米，结构为基层石灰土、水泥稳定碎石各20厘米厚，沥青混凝土7厘米厚。全线统为二级路。

新长线共有桥梁21座，其中中桥3座，小桥18座。该线市区段和新乡县段统植毛白杨，延津县段10千米水泥路绿化树种为刺柏、黄杨，魏庄收费站至封丘段为毛白杨。

三　牧野的现代桥梁、隧道

（一）铁路桥

1. 郑州黄河铁路大桥

又名嘉应观黄河大桥，原名京广铁路复线黄河大桥、一号桥，跨越黄河的铁路桥。

郑州黄河铁路大桥位于京广铁路黄河老桥（平汉铁路郑州黄河大桥）下游并紧邻之，同老桥的两端仅仅分别相距500米和375米。郑州黄河铁路大桥于1958年完成设计并开始动工。工程由铁道部大桥局第一工程处采取投资包干修建。1958年5月14日动工，1960年3月25日建成，4月20日交付使用，历时23个月。投资4925万元，其中建装安装费用4702万元。

桥跨结构为跨度40米，上承钢板梁，共71孔。桥长为2899.54米，有72个墩台。墩用两根直径3.6米钢筋混凝土管柱作基础，管柱上设横梁为顶帽，形成敞口钢架。原计划冲刷深度为27米，管柱入土深度为40米。后因施工条件所限，管柱只能入土30米，致使桥基埋浅不能满足洪水冲刷要求。每遇较大洪水冲刷时，严重威胁大桥安全。大桥设计的桥梁布置与桥长，符合大桥河段河流动荡性和变化不定的特点。但因原设计未考虑三门峡水库下泄泥沙的因素，未留桥下净空，加之入土管柱深度不够，水库1965年至1969年改造扩建时，泥沙大量下泄，河床淤积每年以0.09米的速度上升。以此推算，到1996年其水位标高将超过现梁底标高的0.24米，比第71孔梁底标高高1.9米。因此，郑州铁路局于1976年汛期前将大桥南端处于0.25%下坡道的第16孔桥梁抬高为平坡，南台抬高1.6米，并抬高南端线路与南岸车站顺坡衔接，使南端桥下净空不足有所缓和。针对桩基埋深不够，汛期洪水冲刷严重，曾用抛石维护，未见实效。后由铁道部科学研究院、郑州铁路局共同试验研究，于1974—1975年间在桥北端上游岸上修筑防水堤，在沿岸打钢轨桩，桩外用片石笼作为护岸，全长533米。后又于1978年至1980年采用消能桩排方案施工，对北岸1—7号墩间进行防护，共打排桩272根。抗冲刷防护和抗震加固共投资802.5万元。

2. 长东黄河大桥

长东黄河大桥为新菏线跨越黄河之铁路桥。桥址位于河南省长垣县至山东省东明县间。由铁道部大桥工程局承建。1984年1月开工；1985年12月竣工。

长东黄河大桥全长10.26千米，比南京长江大桥长3千米。黄河是我国一条古老的淤积性大河，特别是下游淤积严重，每逢汛期，经常泛滥。1855年，曾在今河南省兰考县铜瓦厢决口，水流转向东北，形成新的河道。该桥处于这一泛滥地段，河流特点是河身高出地面，河床隆起，形成"悬河"。铁道部大桥工程局对桥长提出了三个方案，经比较最后采用桥长10千米的方案。该方案不需改变黄河现状，能适应黄河河道变迁，占用耕地少，河水流向平散缓慢，洪水集中冲刷轻，汛期防洪较为方便。

该桥在设计、施工中充分运用了中国桥梁技术的新成果、新水平，采用新质、高强度、耐腐蚀的材料，设计出用料少，能防御自然力破坏（洪水、暴风、地震等）的新颖、合理的桥式结构。采用高度机械化和自动化进行施工。桥的主跨部分为二联三孔112米的连续高桁梁和12孔80米的简支钢桁梁。桩基为固定墩，直径10.2米钢管桩基础。引桥部分共221孔，100孔为跨度40米的钢板梁，其余121孔为钢筋混凝土梁。全桥工程浩大，共用混凝土190000万立方米，钢材5.4万吨，土方47万立方米，造价为2.45亿元人民币。

3. 新荷铁路跨京广线特大立交桥

位于新乡南站南端。该桥由铁道部第三工程局六处承建，1984年1月动工，10月竣工。

新乡南站一带地形宽阔平坦，由于线路纵断面受跨京广铁路和京郑公路立交桥的控制，前后5千米范围内路基需填高达6—9米。为了少占良田，美化城市，而修建了立交桥。此桥是中国最长的强夯、浅层、短跨、拼装式"U"形特大铁路旱桥。钢筋混凝土结构。跨8米的326孔，16米的9孔，24米的1孔，32米的1孔，共计337孔，全长3016.9米，高度为7—11米，跨越京广铁路、小冀公路、京郑公路、引黄人民胜利渠等。

（二）公路桥

牧野境内跨黄河公路桥由上游至下游分别为：郑州黄河公路大桥、郑新黄河大桥、刘江黄河大桥、开封黄河大桥、开封黄河公路大桥。

1. 郑州黄河公路大桥

又名花园口黄河大桥，原名二号桥，跨越黄河的公路桥。

该桥南起郑州市花园口，北抵原阳县刘庵村，是107国道的重要组成部分。大桥于1984年开工建设，于1986年9月正式建成通车。该桥全长5549.86米，宽18.5米，桥高15米，中间9米为快车道，可以并行4辆55吨的重型汽车，两边各有1米宽的人行道和3.5米宽的慢车道。大桥下部构造有138座4层楼高的巨型墩台。整个桥体的坚固程度，可保证三百年一遇的特大洪峰顺利通过，可抵御7级地震。

该桥在当时号称"亚洲第一大公路桥"，是亚洲最长的公路大桥，邓小平为大桥题写了桥名。郑州黄河公路大桥的建成，方便了十几个省、自治区、直辖市的机动车辆南来北往，使郑州到新乡的里程比走老桥缩短13千米。

2. 郑新黄河大桥

原名为郑州黄河公铁两用特大桥、五号桥，跨越黄河的公路、高速铁路两用桥。

该桥南岸位于郑州市惠济区申庄，北岸位于原阳县韩董庄，距上游郑州黄河公路大桥约7千米，是中国南北交通大动脉京广深港高速铁路的重要组成部分，与现107国道复线共用此桥。大桥于2006年开工建设，2010年9月建成通车。公路桥总长11800米，铁路桥长15000米，公铁合建段长度为9180米，六塔斜拉桥型，总投资约49.8亿元。郑新黄河大桥设计建设规模为世界同类跨河桥梁之最，既是目前世界上最长的公铁两用桥，也是世界上设计时速最快的公铁两用桥。

郑新黄河大桥按照一级公路标准设计，双向6车道布置，采用沥青混凝土路面。铁路设计速度350千米/小时，公路设计速度100千米/小时，荷载为国家标准的1.3倍。该桥结构形式新，三主桁、斜边桁主梁设计为世界首次采用，以满足桥面上宽下窄的要求；大桥施工方法新，主桥钢梁采用多点同步拖拉架设技术，世界领先。

郑新黄河大桥项目的建设，对缓解107国道郑州黄河公路大桥交通瓶颈，完善黄河中下游中原腹地河南省交通运输网络，加强郑州、新乡两市合作交流，加快以郑州为中心的中原城市群建设，实现黄河两岸城市资源共享、产业互补、生态共建，推动河南省经济社会快速全面协调发展，促进中原经济区建设，促进中部地区崛起具有重要意义。

3. 刘江黄河大桥

原名为郑州黄河高速公路特大桥、四号桥，跨越黄河的高速公路桥。

该桥南端位于郑州市惠济区，北端位于原阳县蒋庄，距上游郑州黄河公路大桥约13千米，是京港澳高速公路的重要组成部分。于2006年10月建成通车。全长9848.16米，双向8车道，设计时速120千米。

刘江黄河大桥是黄河上第一座钢管拱形特大桥，也是目前黄河上最长、最宽阔的高速公路特大桥，还是目前中国最长、最宽阔的跨河高速公路特大桥。

4. 开封黄河大桥

又名开封黄河高速公路大桥，原称阿深高速公路开封黄河特大桥，跨越黄河的高速公路桥。

该大桥南岸位于开封县大门寨，北岸位于封丘县互通式立交南端，为大广高速公路（G45）南北跨越黄河的通道。开封黄河大桥于2004年9月开工建设，2006年11月建成通车。全长7858米，主桥长1010米，桥宽37.4米，总投资约20亿元。

开封黄河大桥的长度及其七座塔的桥式和八桥跨的连续数量，在国内居第一，在世界上居第二。

5. 开封黄河公路大桥

跨越黄河的公路桥。该桥南岸是开封县刘店乡租粮寨黄河高滩，北岸为河南省封丘县曹岗堤防险工。位于开封黄河大桥（开封黄河高速公路大桥）下游，为S213省道南北跨越黄河的通道。该桥于1988年2月动工修建，1989年12月建成通车。国家主席杨尚昆为大桥题写了桥名。

大桥由北引道工程、特大桥工程和南引道工程三部分组成，桥长4475.09米，桥宽18.5米，设计运用年限100年，总投资12564.5万元。全桥共计108孔，孔跨布置由北向南为21孔×20米+77孔×50米+10孔×20米。主桥上部结构为部分预应力混凝土T型简支梁，桥面连续；下部构造墩身为单排双柱式中墩，预应力T型截面盖梁；桩基为钢筋混凝土钻孔桩，桩径2.2米，最低桩基高程-5.5米。

6.牧野特大桥

位于107国道卫辉市境内，跨越卫河和京广铁路，全长1335.4米，桥面净宽12米。1987年6月开工，1989年12月竣工，总投资1504万元。

7.卫共大桥

位于新辉路共产主义渠上，跨越行洪区。民国初年在行洪区挖公利渠，以石礅为支架，建成石板桥，名广济桥。1955年改建为4孔，跨径3.5米，全长33米的混凝土桥。1964年改建为10孔，长102米，人行道宽0.75米，车道宽7米。下部为石砌与双柱式钢筋混凝土结构，上部为钢筋混凝土梁，桥高5.4米。1958年共产主义渠建成后，在广济桥南建共产主义大桥一座。1979年4月，于广济、共产主义二桥之间建成"卫共大桥"，使三桥连架，跨行洪区，12孔，径跨20米，是河南省唯一的曲线多跨连续钢架拱桥。曲线半径700米，平面呈月牙形，桥高6米，全长285米，桥面宽9米，两边人行道各宽1.5米，桥面纵坡超过1/100。荷重标准汽车20，挂车100。新乡公路段设计施工，同年12月建成。公用劳动力8.5万工日，钢材120吨，水泥1560吨，木材200立方米。投资104.9万元，每米造价3680元。

（三）公路隧道

新乡市公路隧道总数有12处，累计总长4933米，其中：长隧道2处，累计长度3160米；中隧道1处，累计长度810米；短隧道9处，累计长度963米，分布在辉县山区的省道、县乡公路中。

胜利洞　在辉县市山区老东岭下，位于县乡公路北（寨）吴（村）线上，是新乡市境内最长的公路隧道。全长1760米，净宽7米，高5米。全部工程累计开挖土石方7.9万立方米，总投工54万个，投资196万元。1977年1月动工，1979年10月竣工。

九大洞　建于1968年10月，竣工于1969年4月。由辉县南村公社组织民工施工，开挖土方计5000立方米。九大洞全长160米，净宽6米，净高5米，洞内纵坡2.6%。

愚公洞　1966年开工，1969年4月竣工。由辉县愚公移山专业队施工，共开挖土石方55000立方米，投工223.88万个，投资37万元。洞内纵坡2.6%，洞一侧筑有一条宽、深各1米的石砌暗渠，洞长为810米，净高5.5米，净宽7.5米。

五一洞　1968年11月开工，1969年3月竣工。由辉县高庄公社组织民工修建，共开挖土石方1500立方米。洞长54米，净宽5米，净高5米，洞内全部石砌。2000年6月对该洞实施洞顶爆破，变为敞开式公路通道。

石岭隧道　修建于1965年8月，1966年8月竣工。共开挖土石方31000立方米，共投工81000个，投资9.5万元。1982年由愚公移山专业队将洞内修铺为水泥砼路面，洞长为248米，净宽7.5米，净高5.5米，洞内纵坡0.5%—0.2%，洞口为块石浆砌。

向阳隧道　位于南陵线14+500处羊肠岭下。系辉县愚公移山专业队于1971年1月开工修建；1972年10月完成。长1400米，宽7.5米，高5.5米，洞内路面为水泥砼。对岩石段用料石衬砌，路面两旁下有1.3米×1.5米为灌溉渠，上有照明灯具。全隧道投工23.61万个，开炸岩石49700立方米，投资126.6万元。

占城1号隧道　位于南陵线15+600处，系面临深涧的山屋，山洞从山屋穿过，形如桂林象鼻山，故俗名象鼻山洞。长30米，宽7.5米，高5米。辉县占城乡专业队于1973年12月开工，当月完成，投资1.2万元。

十大洞　位于南陵线15+900处，系在中共第十次全国代表大会期间修建，故名"十大洞"。洞长180米，宽7.5米，高5.5米。于1973年7—10月完成，以料石砌筑洞口，投资6.5万元。

藏龙洞　位于南陵线上，1993年开工；1995年10月竣工。洞长107米，洞高5米，洞宽9米。

卧虎洞　位于南陵线上，1993年开工；1995年10月竣工。洞长36米，洞高5米，洞宽9米。

三郊口洞　位于南陵线上，1993年开工；1995年10月竣工。洞长108米，洞宽9米，洞高5米。

雁翅洞　位于南陵线上，1993年开工；1995年10月竣工。洞长40米，洞宽9米，洞高5米。

四　牧野的现代交通运输场站

（一）火车站

1.新乡站

新乡火车站（简称新乡站）（如图3—3所示）位于新乡市卫滨区平原路1号（平原路最西端）。站中心位于京广线598千米+271米处，新焦线0千米+0米处，新菏线0千米+0米处。北离北京站619千米，南离广州站1685千米。

图3—3　新乡站

（图片来源：赫兴无拍摄）

新乡站系利用中华人民共和国成立前的新乡站（位于今新乡铁路分局装卸修配厂）原有股道扩展股道、新建场站而成。1956年10月，京广复线工程安阳至郑州段开工之后，新乡站新客场、货场和运转场即动工修建。1958年5月，新乡站新站场修建完毕投入使用。新乡站现为一等客货运区段站，隶属郑州铁路局管辖。

新乡站站界为沿京广线自596千米+600米—601千米+007米处，全长4.41千米。主体站房占地总面积为14000平方米，主要包括宽敞明亮的售票厅、候车厅、贵宾厅三大部分。售票厅现有售票口16个，厅外有一个旅客问询窗口和残疾人购票窗口。候车厅共配备座椅1200个，最大可容纳3000名旅客同时候车。站房东边为广场，可供30辆公交车停靠和1万人停留。站房西边为天桥、地道、站台、股道。现有进站天桥一座，出站地道一个；1座侧式站台，4座站台（共9台面），每个站台长约1000米，站台总面积26817平方米，风雨棚总面积6360平方米；9条发到线，2条正线。

新乡站地处京广线与新焦线、新荷线交汇处，主要担负京广、新焦、新荷4个方向的客、货列车的接发、解编及客货运输任务。车站下设客运、货运、装卸、南运转、北运转5个车间，以及物流、行包、集经、旅服4个公司。客运办理旅客乘降和行李、包裹托运。货运办理整车、零担货物发到和集装箱业务。

2. 新乡东站

新乡东站，又叫新乡高铁站，位于新乡市红旗区荣校路东段北侧，107国道（东环路）东侧，京港澳高速公路西侧。其当前位于京港高铁线上。新乡东站于2012年12月正式开通使用，是一个中型高铁枢纽，隶属郑州铁路局管辖。

新乡东站占地总面积2.56平方千米。站房面宽184米，进深42米，檐口高度25米，面积为16000平方米，候车厅可容纳1000余人。现有1座侧式站台，2座岛式站台（共5台面）；站台雨棚面积约为30324平方米；有7股道，其中2条正线，5条到发线。它与新乡站上进下处的客流模式不同，采取的是下进下出的客流模式。

新乡东站地处交通要冲，从该站乘坐动车组出发，向北可直达石家庄、太原、北京、天津、大连、沈阳、长春、哈尔滨等城市；向南可直达郑州、武汉、长沙、株洲、广州、深圳、香港、南宁、桂林、贵阳、昆明等城市；向西可直达洛阳、西安、兰州等城市；向东可直达开封、徐州、南京、苏州、上海等城市。

新乡东站未来将有8台21线（现有3台7线），届时将引入郑济高铁、郑新城际铁路、新焦城际铁路、新开城际铁路。

3. 新乡北站

新乡北站，位于新乡市凤泉区耿黄乡铁路巷。车站中心在京广铁路

587千米+15.8米处。前身为建于1905年的潞王坟站，1968年改名为新乡北站。隶属郑州铁路局新乡车务段管辖，原为三等客货运站，现为三等货运站。

新乡北站建站初期，设有两股道，长度分别为455米和385米。1960年随着京广复线的建成，站内股道增至6股。设有货运站台2座，1座长150米，宽5米；另1座长20米，宽8米。设有2座整车货物雨棚，1座面积643平方米，另1座面积1091平方米。设有零担货物仓库4个，总面积770.4平方米。货场总面积为13472平方米。

新乡北站客运站房面积为200平方米。客运站台2座：第1站台长260米，宽4.1米；第2站台长240米，宽4.08米。行包房121平方米。

新乡北站从成立之初到20世纪80年代一直是客货两用站，承担着凤泉区的客运任务。20世纪90年代，随着新乡站规模逐渐扩大，可以独自满足新乡客运需求，于是将新乡北站仅仅作为货运站，办理整车货物发到，不再办理客运业务。

4. 新乡南站

新乡南站位于市南郊。车站中心位于京广线605千米处，沿京广线往南距七里营站6.4公千米，往北距新乡车站7千米，往西沿新焦线距新乡西站6.5千米，往东距新菏线新乡东站8千米。该站是新菏铁路的起始站。1985年12月，新乡南站开通使用，原为四等客货运站，现为四等货运站。

新乡南站设计规模为一级三场，上下行到发场各7股道，编组场12股道。新乡南站设立前，新焦铁路引入新乡车站是在车站南端西侧，而焦作方向的重车流，主要是开往郑州方向，线路引入方向与重车流方向相反。直通列车需在新乡站改变方向，倒换机车和守车。而且，新焦铁路与京广铁路平面交叉，影响京广铁路的通过能力。设立新乡南站后，新焦线由新乡西站直接引入新乡南站，引入方向与车流方向一致。新建的新菏线也通过跨京广线特大旱桥至新乡南站西侧接轨，实现了主体交叉，大大提高了新乡车站的通过能力。

新乡南站成立之初为客货运站，客运办理旅客乘降与行李、包裹托运；货运办理整车、零担货物发到。20世纪90年代，其客运功能逐渐丧失，成为单一的货运站。

5.新乡西站

新乡西站位于新乡市西郊八里营附近。该站中心位于新焦联络线距新乡车站4千米+350米处，西距大召营站4.2千米，东距新乡南站6.5千米。站界自新焦线3千米+353米处至5千米+150米处。1981年8月，八里营站建成使用。1983年，新菏铁路工程开工，为适应新菏线及新焦复线工程的需要，在八里营站西侧建站场一处，名称定为新乡西站。1984年8月，八里营站迁至新修的新乡西站，12月新站开始使用。新乡西站是新焦支线上的一个五等会让站，不办理客货运业务。

新乡西站共设有1、2、3、4、6五股道，其有效长度分别为868米、974米、857米、850米、850米。站内设有建筑面积为400米的运转室一座。新乡西站建成后，焦作方向来的路过货物列车不再驶入新乡站，可直接由新焦复线经新乡南站转入京广下行线或新菏线；郑州或菏泽方向来的路过货物列车也不再驶入新乡站，可直接经南站转入新焦复线。

（二）汽车站

1.新乡客运总站

新乡客运总站位于自由路以西、人民路以南、平原路以南，紧邻新乡火车站。它是牧野地区规模最大、客流量最大的长途汽车站，既有发往牧野8县市的短途班线，也有发往省内17省辖市的中途班线，还有发往省外各大中城市的长途班线。

2.新乡汽车东站

新乡汽车东站位于金穗大道与新飞大道交叉口东南角。班线主要是牧野境内的短途班线和河南省内的中途班线。其中短途班线主要是分流了新乡客运总站发往东边县市如卫辉、延津、长垣、封丘等的客流。

3.新乡客运南站

新乡客运南站位于新乡市南部城区，紧临107国道和新飞大道，是市区的南出入口。它是集长途客运、公交、出租、物流、餐饮、住宿于一体的综合交通枢纽，2018年1月建成投入使用。

新乡客运南站占地58.08亩，总建筑面积13970平方米，站前广场、停车场、发车位面积为22796平方米，项目总投资9529.35万元。

新乡客运南站班线包括郑州、许昌、漯河、驻马店、信阳、南阳、三亚、珠海、嵩县、禹州、上蔡、郏县、鲁山、南召、内乡、桐柏、唐河、西峡、方城等45条线路，日发客运班次131个，预计分流客流5080人次。

（三）渡口

1.封丘县境内渡口

柳园渡口　位于县南16.4千米黄河沿岸，隔河与古都开封相望。1985年以前为河南省黄河航段上较大的机械化渡口，是联结豫东、开封、商丘同新乡、濮阳各市县的交通要津。1950年，渡口成立了航运工会。1951年6月，成立了渡口管理所。1953年，成立了船民协会。政府对那些霸占渡口、敲诈勒索、搜腰包的地痞、流氓严厉惩处，同时加强航运安全管理，从此渡口航运安全，运输秩序良好。1958年9月，第一艘机帆船"红旗号"投入营运，开创了机船渡运的新纪元，以后，柳园渡口机械化航运能力不断增强。到1985年，该渡口拥有机动火轮6艘，计260吨位，600马力。60多年来，该渡口为沟通大河南北，特别是豫东、豫北广大地区的经济联系，保证来往旅客、车辆、货物渡河安全，作出了巨大贡献，有力地支援了渡口两岸的工农业生产。

碾庄渡口　位于县东南30千米处，原为碾庄村独立经营，东岸同兰考县东坝渡口船只对航。1984年，为适应东濮油田开发的需要，由河南省交通厅牵头，兰考县交通局、封丘县交通局、黄河航运处协商，齐心协力将该渡口由民间航运改造成新型的国营渡口。1984年11月正式通航，同时设立了东坝渡口搬运站，负责上下船只货物的搬运装卸。碾庄渡口的通航，为进一步促进东濮油田的开发，促进豫北同鲁西南各市县的经济文化交流，方便两岸人民群众起了重要作用。

曹岗渡口　位于县东南20千米处，渡达黄河南岸府君寺。渡口业务由县交通局监管，曹岗乡夹堤村经营。1985年，拥有载重量28吨的木帆船1只，年平均货运量6800余吨，客运量3800人次。

贯台渡口　位于县东南贯台村，与南岸王庄渡口对航，贯台村经营。1985年，拥有木帆船2只，载重量35吨，年平均货运量800吨，客运量4000人次。

古城渡口　位于县城东南陈桥乡古城村，属于个体经营的渡口，有木帆船1只。

2.原阳县境内渡口

东刘庄渡口　在县城东南方向13千米处的包厂村正南东刘庄村黄河

岸边，对岸为中牟县三刘寨村。

小庄渡口　在县城正南官厂乡小庄村南，渡口立有原县政协主席刘宗训先生所题"官渡之战遗址"石碑一通。对岸为中牟县。

张良渡渡口　在县城西南22千米之蒋庄乡周屋村东南。此渡是为纪念秦代张良在博浪沙刺杀秦始皇而名。对岸是黄河南大堤。

西新庄渡口　在县城西南30千米之蒋庄乡西新庄村，故名。对岸为郑州郊区的来潼寨庄。

东王屋渡口　原名马渡口。在县城西南24千米之蒋庄乡娄王屋村南，因娄王屋村为东王屋村委会所辖，故名。对岸是郑州郊区马渡村，为百年以上老渡口。

黑岗口渡口　在县城东南29千米之陉门乡大张庄与封丘县孙庄乡老牙张村之间，因对岸地名黑岗口，故名。又名大张庄渡口。对岸附近村庄是开封郊区水稻乡南北堤村。此渡始于清代，为老渡口。是本县通往开封的重要津渡。

仁村堤渡口　在县城东南陉门乡之仁村堤南。对岸为中牟县。

3.长垣县境内渡口

马寨渡口在长垣县武邱乡马寨村东。对岸为山东省东明县。

第四节　牧野的商业

商业，亦称贸易，是专门从事商品交换而获取经济报酬的国民经济部门。[1]商业有狭义与广义之分。狭义的商业仅指国内商业。广义的商业既包括国内商业，也包括国际商业，即对外贸易。本书的商业特指国内商业。

商业是国民经济的一个特殊的部门，它与农业、工业、交通运输业等物质生产部门比较，具有许多不同特点，如依附性、中介性、链环性、体系性等。

商业是第三产业的重要组成部分，是经济流通领域的一个产业部门。所谓"无商不活"，在国民经济的运转过程中，商业是社会再生产的中介，承担着组织商品从生产领域向消费领域流通的重任，起着联系生产与消

---

① 杨万钟：《经济地理学导论》，华东师范大学出版社1999年第4版，第189页。

费、工业与农业、城市与乡村、地区与地区的桥梁与纽带作用。商业活动的成效与兴衰关系到商品生产能否得到发展，关系到地方经济是否得以繁荣，关系到广大人民群众的物质和文化生活需要能否得到满足，关系到城乡之间、各个地区之间的经济联系能否得到加强。①

一 牧野商业简史

由于清末以前汲县是牧野地区的政治经济中心，因此商业活动主要集中在汲县。据《晋书》载，西晋泰始五年（269），晋武帝司马炎给汲郡太守诏书中有"禁止游食商贩"之令，限制百姓从事商业活动，以此可证，当地当时已有商业经营。明万历《卫辉府志》载，汲县"民情颇事商贾"。清朝前期，官办商业扩大，刺激了私营商业发展，汲县街市大小店铺鳞次栉比。光绪二十七年（1901），汲县商会成立，城厢入会者500余家。有粮行、盐店、布庄、油坊、煤场、药店、金店、什货店、旅社、饮食店、文具店等。

清朝末年，平汉、道清铁路交会县城，卫河航运直抵京津，新乡曾一度商贾云集，市场繁荣，堪称豫北商业中心。此时在县城东大王庙，设河南商会馆。顺卫河南岸有致和店、隆庆店、中正堂等商号。商号门面多设于卫河东岸十字街，开展商品采购、批发业务。县城东关、西关一带建有栅栏门，为客商提供投宿之所。卫河东西岸十字向南的两条大道上，辟有年节集，时称新乡第二水旱码头。随着运输条件改善，县城城区扩大，除原有的火车站、饮马口水旱码头、卫河东西岸十字、北关、城里北街、城里十字为重点商业区外，又增设姜庄街、石榴园、姜庄街至老火车站大街商业区等，一些较大的商号、店铺、饮食业在此经营。

民国元年（1912），同和裕银号在新乡创立，民族工商业随之兴盛。百货业有道生祥、万盛公；布业有裕成德、复兴恒、同兴会、德生祥、隆丰等；文具业有天生魁、修文；杂货业有复兴久、恒裕协、协盛公等；食品业有源盛号、三春隆、玉合永、同裕和等。

1938年，日军侵占新乡，商业遭到破坏。据民国二十八年（1939）十一月调查，全县商户减少至355家，1888人。民国三十四年（1945），

---

① 李涛：《中国地理·上册》，东北师范大学出版社2007年版，第353页。

日本投降后，商业开始恢复。全县共有商户647家，其中有金店18家，药店65家，盐店65家，布店60家，洋货庄115家，杂货铺65家，转运货栈10家，粮行100家，浴池7家，服装40家，油坊20家。民国三十六年（1947），全县商家店铺970家。其中百货、日杂店有110家；粮、布店、油坊100家；饮食、照相业165家；文化、医药店68家。

中华人民共和国成立后，新乡的商业迎来了发展的春天。

二　牧野商业地域分布

中华人民共和国成立后，随着平原路西端新乡火车站与自由路南段新乡客运总站的修建与发展，便利的交通带来大规模的人流，牧野的商业开始沿平原路和胜利路聚集，形成了"十"字形商业区。经过多年沉淀与发展，21世纪初，牧野的商业区向南扩展到人民路、健康路，向东扩展到劳动路，向西扩展到解放路和自由路。21世纪初以来，随着城市建设的东扩南移，牧野商业在地域上逐渐形成了五大商圈：老城区主商圈、汽车东站次商圈、东区次商圈、北区次商圈、南区次商圈。

（一）老城区主商圈

即市中心商圈，是新乡市区最悠久、最大、最成熟、最繁华的商圈。它以平原路、人民路、健康路为横轴，以自由路、解放大道、胜利街、劳动路为纵轴而形成，南至健康路，北至平原路，东至劳动路，西至自由路。在这七条街道上稠密地分布着数量众多的商业场所，有新乡市百货大楼、平原商场、新乡市第二百货大楼、新天地百货、大商百货、大商新玛特、胖东来百货、胖东来生活广场、淘宝城、怡园商城、尚潮汇原创购物中心等综合性商场，有金利来小商品市场、金源服装批发城、新乡海宁皮革城、世纪青服装批发城、盛联国际新乡家具城A馆等专业市场，有东方文化商业步行街、平原路温州商业街等商业步行街，同时分布着大量的临街商铺。老城区主商圈不仅辐射新乡市区，还辐射到整个牧野地区。

（二）汽车东站次商圈

汽车东站次商圈是新乡市区比较成熟的商圈，以新飞大道与金穗大道交叉区域为其核心区域。综合型商场有富达购物广场，专业市场有豫北家具大世界、盛联国际新乡家具城B馆，城市商业综合体有金谷东方商业广场。辐射范围南至华兰大道，北至平原路，东至牧野大道，西至和平路。

（三）东区次商圈

东区次商圈以新乡宝龙城市广场为核心区域，还包括商业步行街——宝龙城市广场澳门街。辐射范围南至华兰大道，北至平原路，东至107国道，西至牧野大道。

（四）北区次商圈

北区次商圈以新乡万达广场为核心区域。辐射范围南至平原路，北至北环路，东至新中大道，西至劳动路。

（五）南区次商圈

南区次商圈以弘润·新悦城为核心区域，包括东边丰华街上红太阳百货，西边胜利南街上恒大商业广场，南边华兰大道上万德隆购物广场等综合性商场，以及新乡光彩大世界、劳动桥灯饰城等专业市场。辐射范围南至北环路，北至向阳路，东至新中大道，西至解放大道。

三　牧野商业活动类型

按照商业活动方式的不同，牧野的商业活动可以分为综合性商场（百货大楼）、专业市场、特色商业一条街、商业步行街、城市商业综合体、定期集市等类型。

（一）综合性商场（百货大楼）

综合性商场也叫百货大楼，主要是大型商业企业从事日用百货零售，一般占用面积不大，主要是立体纵向发展，楼层较高。新乡市区的综合性商场（百货大楼）主要集中在市中心平原路和人民路一带。平原路上有新乡市百货大楼、平原商场、新乡市第二百货大楼、新天地百货、大商百货、怡园商城、尚潮汇原创购物中心等，人民路上有胖东来百货、大商新玛特、淘宝城等。此外，健康路上有胖东来生活广场，汽车东站附近有富达购物广场，南区胜利南街上有恒大商业广场，丰华街上有红太阳百货，华兰大道上有万德隆购物广场。

1.新乡市百货大楼

新乡市百货大楼（如图3—4所示）位于平原路与胜利街交叉口西南角，东邻大商百货，西临新天地百货，南邻东方文化商业步行街，北邻怡园商城。它始建于1952年，是河南省百货业历史最悠久的商场，1998年改制为新乡市百货大楼有限责任公司，2008年被河南省政府确定为全省重点培育的30家大型商贸企业之一，是河南省首批认定的"中华老字号"。公司下设22个商场、经营部，营业面积3.9万平方米，经营百货、家电、超市、餐饮、儿童游乐五大业态，30大类3万余种商品，经济效益在全省百货大楼系统名列前茅。

图3—4　新乡市百货大楼

（图片来源：新乡市百货大楼官网：http://www.xxbh.com.cn）

公司先后荣获"全国文明经营示范单位""全国商业信誉企业""全国零售商诚信企业一百强""全国零售商、供应商公平交易十佳单位""全国百城万店无假货示范店""全国质量、计量、服务信得过优秀企业"，"河南省商品质量信得过单位""新乡市质量管理先进单位""全国售后服务满意单位""全国服务业售后服务十佳单位"和"河南省服务名牌"称号。

2.平原商场

平原商场（如图3—5所示）位于平原路与解放路交叉口东南角，东邻新天地百货，西邻新乡火车站、长途汽车站、金源服装批发城、海宁皮革城，南邻东方文化商业步行街，北邻尚潮汇原创购物中心。平原商场于1957年开业，是河南省百货业历史悠久的商场之一，是有着辉煌历史、光荣传统的老字号企业。

平原商场营业面积6万平方米，商品以中低档为主，突出羽绒、男女装、鞋业等品牌规模经营。现拥有员工3000多名，年销售额6亿多元，是集购物、餐饮、休闲、娱乐于一体的现代化商业大厦。

图3—5 平原商场

（图片来源：平原商场官网：http://www.xxpysc.com）

近年来，公司先后荣获"全国百城万店创品牌活动先进企业""全国商业信誉企业""全国百家无假冒伪劣商品商场""全国创建和谐劳动关系模范企业""河南省执行物价政策法规最佳单位""河南省职业道德建设十佳单位""五一劳动奖状""维护消费者合法权益优秀服务单位""重合同、守信用企业"和新乡市"劳动保障诚信五星级企业"等80多项荣誉称号，是新乡商界的一面旗帜。

3.胖东来百货

新乡胖东来百货原位于平原路中段139号，于2005年开业，是新乡市区第一家外来商业企业，第一家集"购物、餐饮、休闲、娱乐"于一体的"一站式"消费场所。2016年搬至新址，位于劳动街与人民路交叉口东南角，毗邻人民公园。

新乡胖东来百货共计3层，建筑面积38147平方米，可出租面积25153平方米，拥有顶楼（第4层）停车位249个，是新乡市硬件条件最好、设施最完善的购物场所。商场涵盖了超市、珠宝、男女服饰、鞋类、化妆品、饰品、生活用品、儿童服装、儿童乐园、电玩、餐饮等多种业态。

4.大商百货

新乡大商百货位于新乡市平原路中段139号，原新乡胖东来百货旧址，西邻新乡市百货大楼，北邻平原路温州商业街。是大商集团在新乡的分公司之一，2016年开始营业。

大商百货营业面积42000多平方米，是集超市、服装、家电、珠宝、药品、餐饮、娱乐、休闲为一体的大型综合性商场。

（二）专业市场

专业市场是由同类小型商企或个体商业门店在块状地域上云集形成的行业商业聚居地，一般楼层不高，但占用较大面积，主要是平面发展。专业市场一般是市场建成后通过招商汇聚而成。

1.农产品市场

牧野地区主要农产品市场有新乡农贸综合批发大市场、牧绿蔬菜批发市场、原阳大米粮油交易批发市场、豫北农产品水产大世界等。

（1）新乡农贸综合批发大市场

新乡农贸综合批发大市场位于新乡市南环路与黄河大道交叉口东南角朱召村，是农业部定点批发市场，新乡市最大的水果、粮油、副食等农产品综合交易市场。该市场占地面积156亩，年交易量400万吨以上，交易额45亿元以上。

（2）牧绿蔬菜批发市场

牧绿蔬菜批发市场位于新乡市北环路于牧野大道交叉口东北角朱庄屯村，是农业部定点批发市场，新乡市最大的蔬菜交易市场。该市场占地面积80亩，年交易量70万吨以上，交易额6亿元以上，目前已成为一个布局合理、功能完备、交易先进的蔬菜物流中心。

（3）原阳大米粮油交易批发市场

原阳大米粮油交易批发市场位于原阳县境内郑州黄河公路大桥北端、107国道东侧。它始建于1991年5月，是农业部定点批发市场，被誉为"中国北方第一米市"。该市场以经营大米为主，兼营小米、小麦、大豆、食油等粮油产品。该市场占地近百亩，日吞吐量500余吨，高峰可达1000余吨，年交易量29万吨，交易额7亿元以上。

2.纺织服装市场

牧野地区市区纺织服装市场主要有金源服装批发城、新乡海宁皮革城、世纪青服装批发城、向阳路纺织大世界等。

新乡海宁皮革城

新乡海宁皮革城位于新乡市平原路与自由路交叉口西北角，西临新乡火车站。于2011年10月开业。它是全国最大的、唯一上市的皮革专业市场——海宁中国皮革城的全国第三大分市场，是我国中部地区最具规模的皮革专业市场。

新乡海宁皮革城营业面积75000平方米，引进浙江海宁皮革生产基地300多家一线品牌，主要经营皮具箱包、皮具制品、皮装、毛皮服装、高档裘皮服装等。

3.建材市场

牧野的建材市场主要有新乡洪门钢材市场、八里营鑫龙钢材市场、新华建材市场、古龙装饰材料大世界、吕村建材大市场、洪门建材市场、新乡光彩大世界、新乡市棉麻公司装饰材料大市场等。

4.家具市场

牧野的家具市场主要有豫北家具大世界、盛联国际家具城、红太阳家俬、易购家居建材广场、居然之家、红星美凯龙家居生活广场等。

盛联国际家具城

盛联国际家具连锁企业在牧野地区开设了两家分店：第一分店——盛联国际新乡家具城A馆（健康路店），位于胜利路与健康路交叉口西南角；第二分店——盛联国际新乡家具城B馆（金穗大道店），位于新乡市新飞大道与金穗大道交叉口东北角。中国家具行业四大驰名商标全部汇聚于盛联家具城A、B馆，150多个国内、国际知名家具品牌，组成新乡品牌家具的主流商场。如此大规模的一线品牌，汇聚在同一商场内，这在中国家具地级市场中是少见的。目前，盛联国际（新乡）家具城已经成为豫北地区经营规模最大，知名品牌最全、服务最优的专业中高档家具商场，是名副其实的中原家具领袖航母。

其主要品牌：大连华丰、曲美、康耐登、北京标致、皇朝、红苹果、富之岛、多喜爱、年年红、兴利宝马、森源、喜临门、爱蒙床垫、大自然床垫、穗宝床垫、斯帝罗兰、左右沙发、顾家工艺、风采沙发、爱依瑞斯沙发、大班沙发等150多个知名品牌。

5.家电数码市场

牧野地区的家电数码市场主要有八方电器、国美电器、苏宁易购、恒升数码广场等。

此外，牧野地区的专业市场还有金利来小商品市场、劳动桥灯饰城、向阳路花卉市场等。

（三）特色商业一条街

特色商业一条街是由同类小型商企或个体商业门店在条带地域上云集形成的行业商业聚集地，一般是沿街平面发展。与专业市场不同的是，特色商业一条街一般是自发汇聚而成。

牧野地区的特色商业一条街主要有平原路手机一条街、西大街电动车一条街、东大街小吃一条街、人民路餐饮一条街、健康路安防器材一条街、自由路化工机电一条街、胜利路服饰一条街、文化路文具图书一条街、劳动路家居布艺一条街等。

（四）商业步行街

牧野的商业步行街主要有平原路温州商业街、东方文化商业步行街、新乡宝龙城市广场澳门街等。

1.平原路温州商业街

全称新乡人防平原路温州商业街，位于新乡市核心商圈平原路中段地下层，东至劳动路，西至胜利路，全长610米，建筑面积17728平方米，共有14个进出口，其中带电梯的有6处。温州商业街主营服装，服装占比约在95%左右，辅以鞋帽、饰品、化妆品、皮具箱包、餐饮，以中低端消费为主。2010年1月开业。

2.东方文化商业步行街

东方文化商业步行街，位于平原路与人民路之间，东起胜利路，西至解放路，东西延绵近700米，占地76亩。它于2005年建成开业。它集商业、居住、休闲、文化、旅游、娱乐、餐饮七大功能于一体，代表了国际上最先进的城市商业发展理念，是与历史人文景观相互映衬的现代人文景观。

东方文化商业步行街主营服装，辅以鞋帽、饰品、化妆品、皮具箱包、餐饮。服装主要是男女服装、中性休闲服饰、体育运动服装。

东方文化商业步行街结合场地条件，规划设置四个街区文化景观广场，利用建筑群体的精巧布局，围合形成舒适宜人的有机建筑空间，以精美的雕塑、碑文、水体、景观植物，来展现传统与现代文化及现代商业的内涵，体现新时代都市风貌。

（五）城市商业综合体

牧野的城市商业综合体主要有新乡宝龙城市广场、新乡万达广场、弘润·新悦城、金谷东方商业广场等。

1.新乡宝龙城市广场

新乡宝龙城市广场地处新乡市东区核心区，位于新中大道以西、新一街以东、金穗大道以南、友谊路以北，2012年9月正式开业，是新乡市第一个城市商业综合体。新乡宝龙城市广场占地450亩，采用中轴线对称布局，东为环湖商业街，西为宝龙第三代标准店，项目总建筑面积约80万平方米。

宝龙第三代标准店是商业主体，主要经营时尚百货、超市、电器商场、医药超市、电影城、电玩城、KTV、餐饮、儿童游乐场等项目。宝龙城市广场配套设施有酒店、写字楼、现代休闲商业街、国际社区等。

2.新乡万达广场

新乡万达广场位于宏力大道与学院街交叉口西南角。2017年12月正式开业，是新乡市最大的城市商业综合体。新乡万达广场总建筑面积12万平方米，总投资约15亿元。

新乡万达广场充分整合电影院、儿童娱乐城、量贩KTV、电玩城、知名餐饮、时尚百货、家电卖场、连锁超市、健身中心等项目，打造现代化一站式消费区域商业中心。拥有万达影城、万达宝贝王、play1家庭娱乐中心、永辉超市、苏宁易购、圣罗巴海鲜自助餐厅等11大主力店及优衣库、MJstyle、以纯、多走路等239个国内外知名品牌。

（六）定期集会

定期集会是指在固定的农历日期里在固定的地方举办的大型物资交流大会。商品多以农副产品、小五金、床上用品、服装、鞋帽、饰品、小吃等为主。牧野地区大规模的定期集会主要有辉县市百泉药材交流大会、市区八一路二月十五会等，此外各乡镇、各村还有自己的小型集会。

1.百泉药材交流大会

百泉药材交流大会，亦称百泉药材暨物资交流大会，历史悠久，闻名全国，是地方组织的全国性药材交流大会，与江西樟树、河北安国，并称全国三大药材大会。

（1）起源与发展经历

百泉药材大会源于百泉一个古老的祭神庙会，庙会距今1400余年的历史。

　　隋朝大业年间（605—618年），祭祀河神，在湖北岸建庙，奉灵源公，庙会始兴。[①]自从隋大业四年（608）开通永济渠引百泉水入渠后，官府就在苏门山麓修起神庙一座，奉祀河伯神，称灵源公，殿名清晖，又名壬癸。每年按照朝廷的规制，府、州、县太守、县令都要率领官员依次进行三次祭祀。也就是春季和秋季第二个月中间的丁日，而农历四月初八日则是规模较大的一次。从清晖殿建成第一年起，以郡守为首的郡府官员祭祀为先，县令率领县府官员祭祀为次，乡里吏员又次。四方乡村农民，看到各级官员依次对河伯祭祀，十里八乡甚至几十里以外的乡农，出于对河伯乞求和敬仰的心理，也都纷纷前来祭祀河伯。

　　到了唐朝，由于唐高宗李治尊信佛教，全国就兴起建佛庙、塑佛像的热潮，百泉也增设了佛寺。《劝佛经书》上说，农历四月初八是释迦牟尼诞辰，十万诸佛皆在这一天享祭。因为四月初八祭佛和祭祀河伯的日期相重叠，故而这一天百泉的盛会就更加热闹。唐武后长安四年（704）九月立在卫源庙的《百门陂碑铭》上说："泉流百道，故称百门，会同于淇，合流入海。冬温夏凉，飞湍漱沫，负群岩以作固，涵细流而成广，酌而不竭，挹之弥冲。"可知泉水的旺盛。"吐纳堤防，周流稼穑"，说明有利农田。因此每年四月，在"紫莺娇春，红蓴笑日"之时，"申祈者倏来忽往，祭奠者烟雾交集"，庙会很是热闹，成为定期庙会。

　　自从庙会兴起，各行各业的商人均看到了商机，卖烧纸锡箔的、卖香火供品的、卖饭食的、卖农具的、张罗缠簸箕的、卖丝线的、卖化妆品的、卖绸缎的，卖玩具的，以及药农也带着山上各种草药上了市。特别是因为有了永济渠，全国各地药商可以坐船通航苏门山下、卫源庙前，购进太行山上上等的好药材，云南、四川、陕西、山西、广州、长白山、黑龙江等地的药商，都带着各地的药材前来交易，卖出所余，购进所需，交易时间慢慢延长。一个祭祀河神的庙会，慢慢演变成一个规模宏大的、全国性的、以祭祀河伯为主兼药材及百杂货交流的大会，且规模越来越大，一直到十天半月甚至月余人还不散，还你来我往地继续交易，直到收麦下种季节才停止。

　　明洪武八年（1375），皇太祖明令规定，四月初八各级官吏亲祭神明，

---

　　①　辉县市史志编纂委员会：《辉县市志》，中州古籍出版社1992年版，第565页。

以报神功，地方官应声而起。知府檄令知县起百泉大会，知府主祭，知县、里正依次排日祭祀，会期延长，规模扩大。"四方货物，辐辏云集。"赶会客商逐年增多，范围扩向外县外省，年长日久，逐步形成全国性药材大会，以药材交易为主，同时交流土特产品、日用器物。

清乾隆十五年（1750），弘历皇帝巡游百泉，改百泉书院为翠华行宫，大会暂移县城东关。后百泉村民在药材会期间，任意抬高房、地赁价及佣金，外地药商不满，聚议迁会。清嘉庆七年（1802）、八年（1803），大会迁址新乡。辉县知县邀数十家药行董事及政界官员出面疏通，严立会规，并派代表赴新乡迎客，几经周折，嘉庆十年（1805），药材会又回迁百泉。清宣统三年（1911），卫辉府（今卫辉市）药商突然向全国发出文柬，诈称百泉药材大会停办，邀请各地药商到卫辉府聚会。百泉药材会主闻悉，力谋对策，急速起草宣言，广泛散发，声明百泉药材会一如既往，热烈欢迎各地药商与会。并许诺上会药材滞销，主会者协助销售。知县也奋力筹划，大会得以如期举行。

抗日战争和解放战争时期，大会中断12年，1950年4月恢复。"文化大革命"前后，大会又停12载，1980年恢复。

（2）会期与规模

会期　唐高宗李治时期，定每年农历四月初八一日庙会。明洪武八年（1375）起增至10日。清至民国年间，会期为农历三月十五至四月十三，四月初一至初十为正会期，药材交易从三月二十六到四月下旬。中华人民共和国成立后，会期最短15天，1954年长达37天。进入60年代，合同交易日增，药材交易时间缩短，物资交流会仍沿传统习惯。1980年后，药材交流会与物资交流会分别进行，物资交流会会期不变；药材交流会会期10—12天，由农历三月下旬起会，改为阳历三月下旬起会。

场所规模　百泉药材会交易区历年基本固定，东街（亦称药货街）为药货区，磨盘街（亦称斜街）为京货、百货区，南街为日杂、农具区，饭庄分散各街。店铺棚帐，北延苏门山麓，西伸百泉湖畔，南过马家桥。1954年始行合同交易，百泉药材大会管理委员会专门设合同交易场所，办理合同签发手续。1955—1956年，在疗养院办理合同签发手续。1957—1959年，移至二中。1960年后改在苏门山西麓水泥厂。1980年，百泉药交会恢复后，药材交易会期提前，主会场设在百泉宾馆。1980年后全部实行看样订货，合同交易。1982年后，与会代表激增，又在共城宾馆设分会场。百货交易会期、地址仍旧。

人员规模 清代以前，交通不便，与会者多系本省及邻省客商。民国年间，与会地区不断扩大。据民国20年（1931）会账记载，是年与会有河南、山西、山东、河北、安徽5省，42市、县，623家客商（不含摊挑），其中，药商178家。[①]中华人民共和国成立后，大会规模越来越大，1980年，52个省级、305个地（市）级、442个县级医药批发经营单位和54个药厂，2353名代表参加交易。1983年，29个省、自治区、直辖市380个地区，1900多个县级医药单位，6900余人到会。1988年，与会代表13000余人，各宾馆、旅社满员，家户也接待不少代表。

（3）交易状况

交易形式 中华人民共和国成立前，在百泉药货街张幕立棚或租赁市房，现场交易，主要是以药换药、以物换药，少量药材现金买卖。新乡"同和裕"和辉县"大来恒""永年堂"采取兑划和托保方式交易。50年代初，多为现金、现货交易，货物互换仍占相当比重。1953年，停止货物互换。1954年，采取主要药材统一收购、统一分配交易方式，并开始合同交易。1980年后，全部实行看样订货，合同交易。

交易品种 中华人民共和国成立前，交易品种主要是药材、京货两大类，其次为日杂、农具。据民国二十三年（1934）调查，会上交易货物80%为药材。1952年后，上会药材种类逐年增多，除太行山药材山货，还有东北人参、鹿茸，海南玳瑁、珍珠，西北羚角、麝香，云贵三七、竹黄，浙江贝母、元胡，陕西秦艽、当归，广东木香、叩仁，四川川芎、枳壳，山东阿胶、菖蒲，河南熟地、菊花等，各种中西药材应有尽有。药商赞誉"春暖花开到百泉，不到百泉药不全"。1964年，上会交易药材达千余种。随着医药事业发展，交易品种以中药材为主逐渐变为以中成药为主。1983年，药交会已发展为中药材、中成药、西药、药械等多种类多品种交易大会，交易品种3661个。其中，中成药1028种，中药材842种，西药958种，其他药品722种，医药器械111种。此后，交易品种逐年增加。

---

① 辉县市史志编纂委员会：《辉县市志》，中州古籍出版社1992年版，第566页。

交易额　民国十八年（1929），百泉药材会货物交易总值200万银元。1953年，药材上市量34万斤，全部成交，交易额24万元（新人民币），占百泉大会总交易额35.8%。随着合同交易量逐年增加，药材上市量逐年下降。1980年后全部改为样品展览，合同交易。1983年，药交额36871万元，占百泉大会总交易额99.7%。1984年后，百泉药材交流会交易额与物资交流会交易额分别统计。1988年，药交额13.5亿元，较1980年增长10.2倍。

会费　清至民国，大会收费分会费、会捐和经纪佣钱三项。会费：根据药材商户大小，分三元、二元一角、一元二角、七角收取；担挑小药商只收五角"小贴"费。会捐：其他各行业按商户大小，分三元、一元六角、一元、五角收取。经纪佣钱：交易谈成，由经纪人按药王会标准秤称量，抽取3%—5%佣钱（买二卖一或买三卖二）。1949年后，取消经纪佣钱，改长期以来划分等级收取会费为按交易额百分比提取会费。1950—1954年，药材交易按交易额4%（买卖各半）收取会费，街头交易额按2%收取。大会逐渐繁荣，会费逐年下降。1963年后，药材买卖双方各交会费2.5‰，其他行业交5‰。1966年后，药材和其他行业各交2‰（买卖双方各半），药材收购行栈交1‰。1982年会费收入42.4万元。会费除用于筹备大会、会期支出、放水鸭、点烟火，余统归县财政。

（4）组织领导

庙会时期，自发到会，烧香祈祷，僧人主持。明洪武八年（1375）奠定药材大会后，由百泉居民和当地药商推选头人主持。清康熙年间至民国，先后由药王会、临时商会主持。1950年复会后，由县人民政府领导和各地与会首席代表组成百泉药材大会委员会。1980年复会后，仍称大会委员会，主任由市（县）长兼任，副主任为国家、省、地（市）医药部门负责人及市（县）有关领导。大会委员会设秘书处、交易股、治安股、招待股。1987年成立百泉药材工作委员会，为常设机构，由副市（县）长兼任主任，负责药材大会筹备和会后调剂全国医药余缺工作。

四　牧野商业发展方向

（一）在商业地域上培育西部商圈，扩大南部商圈

当前牧野商业在地域分布上不很均匀，市中心商圈商业网点过于稠

密，铁路西区缺乏商圈，南部新区商圈还很弱小。究其原因，主要是因为牧野城市发展方向为东扩南移，铁路西区因为铁路阻隔交通不便而成为"衰落区"；南部新区教育、医疗等公共服务相对滞后，人口入住率低。随着铁路西区旧城改造工程的结束，其商业也迎来了发展契机，要大力培育西部商圈，以缓解市中心商业圈的交通压力。随着近年南部新区入住人口逐渐增加，要加快南部商圈的发展，要制定商业先行的城市发展战略，以成熟的商圈吸引人气，提高人口入住率。

（二）在商业活动类型上重点发展城市商业综合体和商业步行街

城市商业综合体与商业步行街是一个城市商业发展成熟的标志，也是未来商业的发展方向。牧野地区商业步行街数量较少，城市商业综合体不仅出现很晚，而且数量稀少。因此，牧野地区在商业类型上应大力发展城市商业综合体与商业步行街。

第五节   牧野的旅游业

旅游业，国际上称为旅游产业，是凭借旅游资源和设施，为旅游者提供游览、娱乐、购物、交通、餐饮、住宿等服务的综合性产业。它包括国内旅游业和国际旅游业两种类型。与其他国民经济部门比较，它具有依赖性、综合性、带动性等特征，具有投资少、收效大、风险小等优势。

旅游业虽然出现较晚，但在国民经济中的作用不容小觑。第一，旅游业可以满足人们不断增长的精神文化生活需要。人们在满足了必要的生存需要和基本的发展需要之后，必然产生旅游活动这一类高层次的享受需要，这就离不开旅游业的发展。第二，国内旅游业可以吸收旅游资金以回笼货币、稳定市场。国内旅游作为一项消费活动，可以把居民手中的部分消费资金（货币）回笼到国家手中，能减轻商品市场的压力，弥补商品供应的不足，起到抑制物价的作用。第三，国际旅游业即进口旅游，能够增加国家的外汇收入，弥补贸易逆差，平衡国际收支，增强外汇支付能力。[①]第四，旅游业具有推动国民经济全面发展的功能。旅游一动百业兴。旅游业是一项综合性产业，它既以其他产业的发展为基础，又能带动和促进其

---

①   李涛：《中国地理·上册》，东北师范大学出版社2007年第3版，第384页。

他产业的发展。旅游业的发展不仅能带动交通运输业、商业、金融业、饮食业、旅馆业、娱乐业等第三产业的发展，而且能促进建材工业、交通机械工业、农副产品加工业等工业和建筑业的发展。第五，旅游业能够扩大就业。旅游业基本上是劳动密集型的服务性行业，它的发展兴盛能解决大量人口的就业问题。

由于牧野地区地处中原腹地，历史悠久，文化灿烂，历史古迹、历史名人、历史事件众多；有太行山和黄河环绕和卫河穿越，山水风光旖旎；加之位置重要、交通便利，有自古就有众多帝王将相、文人骚客游历于牧野山水之间，穿梭于牧野历史遗迹之中。

大自然给牧野地区留下了南太行、黄河、卫水奇特、秀丽的山水风光，悠久的历史给牧野地区孕育了丰富独特的人文景观，牧野地区具有得天独厚的旅游资源优势。改革开放后，随着牧野地区经济实力的增强，政府和旅游企业加大了对旅游资源的开发力度，使得牧野地区的旅游景点不断增加；同时随着生活水平的不断提高和闲暇时间的增加，人们的旅游消费欲望和消费能力显著增强；随着高速公路、高铁和航空运输的迅速发展，人们的旅游交通更加快捷便利。这一切都促进了21世纪牧野地区旅游业的大发展。

一 牧野旅游资源的特点

（一）数量众多，类型多样

牧野地区的旅游资源非常丰富，大大小小的景点有600多处。其类型多种多样，既有自然山水风光，又有人文景观；自然山水风光中既有八里沟、万仙山、回龙天界山、宝泉、九莲山、关山国家地质公园等地质地貌风光，又有黄河、卫河、青龙湖、韦相湖、正面水库、塔岗水库、愚公泉等河湖泉瀑水色风光，还有白云寺国家级森林公园、黄河故道森林公园、豫北黄河故道湿地鸟类国家级自然保护区、河南太行山猕猴国家级自然保护区等动植物景观；人文景观中既有潞王陵、比干庙、百泉等历史人文景观，又有京华园、社会主义新农村刘庄等现代人文景观；历史人文景观既有孟庄、李大召、络丝潭等文化遗址，也有玲珑塔、镇国塔、白云寺、香泉寺等文化遗迹、遗物。

（二）自然旅游资源分布集中，人文旅游资源分布比较分散

牧野的自然旅游资源主要是南太行风光，主要集中在辉县市和卫辉市

西北部；人文旅游资源则广布于牧野市区和各县市。

（三）普通旅游资源多，知名旅游资源少

牧野地区旅游景点虽然有600多处，但类似于周边地区焦作云台山、安阳殷墟、开封清明上河园、洛阳龙门石窟的知名旅游景点甚少。统计显示，牧野地区目前还没有AAAAA级景区，AAAA级景区也仅有10处：八里沟、万仙山、回龙天界山、宝泉、九莲山、关山国家地质公园、潞王陵、比干庙、百泉、京华园，绝大多数旅游资源属于AAA级以下景区。

（四）旅游资源开发潜力大

南太行及支脉在牧野境内绵延几十千米，而目前仅开发了八里沟、万仙山、回龙天界山、宝泉、九莲山、关山国家地质公园、秋沟、跑马岭、方山、凤凰山、齐王寨、五龙山等景区，可供开发的山峰、峡谷还有很多。牧野地区历史文化名人众多，但现有的名人墓地、祠堂、纪念性庙宇仅有比干庙、潞王陵、陈平祠、姜太公墓、徐世昌家祠等，还有以原阳十四丞相为代表的众多历史文化名人墓地、祠堂、纪念性庙宇可以开发。作为全国闻名的"新乡先进群体现象"产生地，牧野地区的现代红色旅游资源潜力无限。

二　牧野的主要旅游资源

（一）八里沟

八里沟景区位于南太行山东麓辉县市上八里镇境内，因距松树坪八里而得地名，距辉县市区25千米，距新乡市区50千米。这里以原始自然风光为主，集旅游观光、生态养生、避暑度假、休闲、娱乐多种功能于一体，是以山水为主要景观的综合类景区。八里沟景区是"河南省风景名胜区"和国家AAAA级景区、国家地质公园、国家猕猴自然保护区。

景区总面积42平方千米，地势西高东低，呈阶梯式层层下降。共有各类景点150多个，其中山峰16座，岩洞10多个，岩石断层景观3个，潭池17个，渠瀑、帘瀑、沟瀑100多处，茶楼5座，森林覆盖率90%以上。整个景区因山体俊秀，池潭密集，岩体奇特而久负盛誉。八里沟主要有山神庙、桃花湾、羊州地、红石河、一线天5个景区。主要景点有山门广场、一线天、红石河、老子布道、玉皇宫、石门庙、二仙庙、三潭、三

毹、八里沟大瀑布（如图3—6所示）、太行猕猴、朝阳沟村、抱犊桥、凤凰大峡谷、石门水库等。

图3—6　八里沟大瀑布

（图片来源：赫兴无拍摄）

（二）万仙山

万仙山景区位于辉县市西北部太行山腹地沙窑乡境内，距新乡市70千米。这里以原始自然风光为主，集旅游观光、生态养生、避暑度假、休闲、娱乐、野营探险、影视拍摄、艺术写生、红色文化教育多种功能于一体，是以山水为主要景观的综合类景区。万仙山景区是"河南省风景名胜区"和国家AAAA级景区、国家地质公园、国家森林公园、国家攀岩公园。

景区总面积64平方千米，最高海拔1672米。这里群峰竞秀，层峦叠嶂，沟壑纵横，飞瀑流泉，既有雄伟而苍茫的石壁景观，又有曼妙而秀雅的山乡风韵，集雄、峻、奇、险于一体。万仙山主要有影视村——郭亮、清幽山乡——南坪、深山寨堡——罗姐寨3个景区。主要景点有将军峰、七郎峰、友谊峰、太行石王、日月星石、神龙石、鸳鸯石、红岩绝壁大峡谷、绝壁长廊（如图3—7所示）、天梯、猴梯、五峰山林海、崖上人家、影视村、铁打寨、汉王寨、罗姐寨、天池、莲花盆、白龙洞、红龙洞、黄龙洞、喊泉、黑龙潭瀑布、磨剑锋瀑布等。

图3—7　万仙山绝壁长廊

（图片来源：赫兴无拍摄）

（三）回龙天界山

回龙天界山景区位于辉县市西北部太行山深处上八里镇境内，距辉县市市区25千米，距新乡市区65千米。这里以原始自然风光为主，集旅游观光、生态养生、避暑度假、休闲、娱乐、野营探险、影视拍摄、艺术写生、红色文化教育、道教祈福多种功能于一体，是以山水为主要景观的综合类景区。回龙天界山景区是国家AAAA级景区、国家地质公园、国家森林公园、国家猕猴自然保护区。

景区与山西省接壤，总面积20平方千米，最高海拔1763米。这里自然景观集奇、险、秀、幽、雄于一体，有泰山之巍峨，黄山之秀丽，嵩山之挺拔，华山之险峻。回龙天界山景区目前形成五个风光各异的观赏区：太行亲水新传奇——龙吟峡、360度看太行——云峰画廊、祈福问道天下铁顶——老爷顶、休闲度假胜地——张沟、太行圣境——十字岭，汇集了数百个景点，主要有红岩大峡谷、张沟瀑布、龙口瀑布、太行猕猴、十字岭、老爷顶、清峰关、回龙庙、暖岳庙、磨针河、摩崖石刻、龙吟峡、挂壁公路等。

（四）关山国家地质公园

关山国家地质公园位于辉县市西北部太行山深处上八里镇境内，距新乡市40千米。其处于南太行的弧形转折段，因此处有"一夫当关，万夫莫开"楔状关隘，号称太行八陉之三。[①]适夕阳当关，紫霞劲射，辉煌耀

---

① 邢亚平：《牧野风·旅游名胜卷》，河南美术出版社2008年版，第48页。

目，人称紫霞关。此关始于春秋战国之前，至于明代，历史上此关一直为兵家必争要塞，关山由此得名。它是一座以石柱林、红石峡、一线天为主，天生桥、大绝壁为辅，以山崩地裂、沟谷交错、崖台环抱、飞瀑流泉、清溪幽潭、峰林竞秀、云海飞渡相映生辉为特色的地质地貌型国家地质公园，为国家AAAA级景区。

景区西起山西境界，东到石门河，南自山前，北至八里沟，面积34平方千米。它集滑塌峰林独特的地质地貌和南太行众多山水佳景于一体，宛若一幅山水画的立体长卷。关山地质公园由盘古河、花山、百宝洞三大景区组成。主要景点有竹景苑、水景苑、红石苑、崖壁苑、洞景苑、逍遥苑、柱景苑、峰景苑、石景苑、谷景苑、迷宫苑、石柱苑等苑区。

（五）宝泉

宝泉景区位于辉县市西部薄壁镇境内，距离辉县市40千米，距离新乡市70千米。它北依太行，南眺黄河，西北与山西省接壤，西南与焦作市毗邻。景区内群山连绵，峰奇壁峭，泉盈地灵，故名"宝泉"。宝泉景区是集自然风光与人文风情于一体的综合类景区，现为国家AAAA级景区。

宝泉景区有悠久的历史，灿烂的文化。相传远古时代，枭雄率众称王于此甚多；宋朝岳飞曾与金兵大战于此；清朝乾隆多次到此旅游，曾留下御书、碑刻多处。盛唐时期兴建的驼佛寺、葫芦寺、白云寺尽在景区内，有庙宇、碑刻为证，很有考古价值。现代修建的宝泉水库与潭头水力发电站，展示了辉县人民的艰辛劳动和聪明才智。宝泉山水资源丰富，风光旖旎，雄伟壮丽，独树一帜。山势险峻，沟壑纵横；奇峰怪石，造像逼真；山泉瀑布如白帐飘落；谷深幽静，变幻莫测。

景区总面积150平方千米。主要景点有：宝泉水库、龙王庙、二龙戏珠、潭头瀑布、西沟四级瀑、西沟水帘、奇石走廊、吸水灵石等。

（六）九莲山

九莲山属南太行山脉，位于辉县市西北20千米处，景区总面积20平方千米，毗邻八里沟、关山国家地质公园、回龙天界山、王莽岭景区。东距新乡市50千米，南距郑州市120千米，西距焦作市45千米，北距鹤壁市70千米。九莲山现为国家AAAA景区。

九莲山因其九座山峰酷似一朵盛开的莲花而得名。清道光《辉县志·山·九莲山水》记载："九莲山在石门口内西部，上有九峰形如莲花，故名九莲山，东山曰'东莲'，因'西莲'而得名，路皆石磴，甚险。"九峰突兀而起，在中间围成一座面积几千平方米的平台，称"九莲台"，古人曾留下"八卦山修正果，九莲台悟真谛"的名句。

九莲山九峰交错，山体运动形成三条巨大的峡谷：西莲大峡谷、关后大峡谷、红岩大峡谷。三峡谷呈三角形环绕，岩如斧劈，峰如刀削，瀑布如练，谷底浅潭小溪，宛若碧玉。由于受地质构造与岩石类型分布影响，地貌类型复杂多样，山峦起伏，谷深林密，峰岭险峻。地貌景观多为峰墙、峰岭、嶂谷一类丹霞、溶蚀柱、溶蚀峰、峰林、峰丛以及瀑布、跌水群、奇石岩画等，特点是"峰奇岭峻、碧潭幽深"。

关后大峡谷、西莲大峡谷一年四季流水不断，谷内植被丰富，景区利用峡谷落差，分级筑坝拦水、蓄水，形成了峡谷水带。其中关后大峡谷自景区大门起，至龙凤瀑布止，沿途有千年潭、孔雀溪、七叠瀑布、猕猴区等自然景观。该景区景观以峡谷尽头"双对称瀑布"为代表，一瀑布居右，落差120米，水流来源于回龙天界山景区内的石板河；一瀑布居左，落差80米，是从山西王莽岭景区内的锡崖沟流入。左瀑布形态似男子恣意潇洒，右瀑布形态似女子风姿绰约，两瀑布在峡谷尽头谷底形成一片浅潭，颇似一对情侣牵手一生，你中有我，我中有你，不离不弃，当地民间俗称"龙凤瀑布"，是情侣承诺爱情的理想目的地。由于地势落差大，关后大峡谷段形成了多级连环瀑布和众多碧潭。碧潭瀑布在谷底曲折盘旋，谷底两岸山坡种植具有具有浪漫色彩、情调的树种，形成浪漫化、个性化的山水特征。

西莲峡谷自天梯停车场起至原圃、水帘洞，自然景观有九莲潭、青龙瀑布、天壶、通惠河、天孕潭、看风池、演水瀑布、原圃、水帘洞等。其中以九莲潭、青龙瀑布、原圃为主要代表，九莲潭"绿水静幽"，青龙瀑"气势如虹"，有很高的观赏价值。

（七）比干庙

比干庙（如图3—8所示）俗称忠臣古庙，是为一代忠臣比干而修建的纪念性庙宇，其位于卫辉市顿坊店乡比干庙村，距离卫辉市区7.5千米，距离新乡市区20千米。比干因规谏获罪，被剖心致死后，其子改为林姓，故比干庙又是中国林姓家庙。比干庙于1963年被列为河南省第一批省级文物保护单位，1996年被公布为国家重点文物保护单位，现为国家AAAA级景区。

图3—8　比干庙

（图片来源：赫兴无拍摄）

商朝末年，纣王无道。他以酒为池，以肉为林，宠信妲己，折涉水之胫，剖有孕之妇，制炮烙之刑，遭到了举国上下的反对。[①]据《史记》载："纣愈淫乱不止，微子数谏不听，乃有太师、少师谋，遂去。"然而，就在这时，比干冒着杀身之祸，又进宫犯颜强谏。无道的昏君纣王却斥问比干："何以恃此不怕死？"比干说："君不道臣之辱也，见过不谏非仁也。""君有诤臣，父有诤子，士有诤友，下官身为大臣，进退自有尚尽之大义。"纣王恼羞成怒，竟说："吾闻圣人之心有七窍，剖比干，观其心。"接着，纣王残酷地杀死比干，剖开胸膛，取出血淋淋的心脏。比干以死谏纣的壮举，赢得了天下人的赞颂，传为千年佳话。后人为了纪念他不畏强暴、直言敢谏的品德，在这里为其修墓建庙。据《史记·殷本纪》载："其墓为周武王所封。"492年，北魏孝文帝又亲赴比干墓，祭祀比干，并因墓建庙，使其初具规模。此后，唐太宗、宋仁宗、元仁宗等都曾下诏，对比干庙进行过大规模地维修。到明孝宗又重建比干庙，到清代又有所增建。

比干庙占地总面积4.4万平方米，现存建筑多为明代所建，有照壁（影壁）、山门、二门、木枋、碑廊、拜殿、大殿、石坊、墓碑亭、比干墓等。

照壁（影壁）：在山门前，高6米，宽10米，上为绿色琉璃瓦顶，正中镶嵌着由24块高浮雕琉璃方砖砌成的牡丹花卉图案，构图精巧，雕工精细，色彩绚丽。

山门：照壁北为山门，面阔三间，进深一间，明式歇山，琉璃瓦顶。明间装有绯红色两扇板门，上有98个金色乳钉装点。门楣上走马板前装有匾额一块，黑底，上书"殷太师比干庙"六字，其中"殷太师"三字字体较小，在左边竖排不显，"比干庙"三字居中横排，字大显眼。木构件均已彩绘，着色讲究，古朴大方。山门左右有昂首张口的蹲狮一对，造型优美，形象逼真，雕刻细腻，栩栩如生。

二门：经过山门，可以看见二门，上题有"谏臣极则"四字，门两旁有对联："犯颜直谏丹行炳炳昭太岳；杀身成仁正气堂堂照卫川。"

木枋：位于二门内，二柱一楼，黄绿色琉璃瓦顶，檐下置七彩重昂翘斗拱，柱头铺作和间铺作皆两朵。两柱下面均有制作规整的抱鼓石，上雕折枝花卉图案和形象逼真、栩栩如生的石狮，把木枋固定在抱鼓石之中。木构件均彩画，内容为二龙戏珠、花卉图案、人物故事等。额坊上书"殷太师庙"四字。

碑廊：在木枋东西两侧，东西长达60米，宽18米。这里石碑林立，共八十六通，大都出于历代帝王、官宦和著名诗人学士的手笔。最著名的为北魏孝文帝的《皇帝吊殷比干文》碑和唐太宗的《赠殷太师比干诏和祭比干文》碑，有极高的艺术价值。

拜殿：沿庙中心的甬道前进，穿过三门，便是比干庙拜殿、大殿院落。迎面先是巍峨的拜殿，面阔三间，卷棚绿琉璃瓦顶，梁架、额坊、雀替均彩绘。额坊上书"殷太师庙正殿"。

大殿：位于拜殿后，面阔五间，进深三间，单檐九脊歇山顶，绿色琉璃瓦覆顶，殿身较低，出檐较深，檐柱粗大，殿顶平缓，具有宋代一些建筑特征。整个建筑掩映在松柏交柯的浓阴丛中。大殿纯系木结构，不用一枚铁钉，无论梁架还是斗拱，全是凿木相吻，相互制约，显得绮丽壮观。大殿内供比干雕塑一尊，高3米，构图合理，造型逼真，沥粉贴金，显得栩栩如生。

石坊：在大殿后，两棵千年古柏之中有明代石坊一座，面阔一间，两根石柱下有抱鼓石。额坊上雕刻"殷太师比干墓"六字，石柱上有对联："孤忠心不死；故社柏犹存。"

墓碑亭：石坊对面便是墓碑亭。亭子面阔、进深各一间，歇山九脊绿琉璃瓦顶。正脊饰龙凤脊，两端装大吻。亭子内竖有一墓碑，上面刻着"殷比干莫"四个字。据说这是孔子用剑刻写的，碑上方"至圣先师孔子书"的留款为后人所加。"莫"即"墓"字，孔子之所以省"土"为"莫"，据说因碑下为土，"莫"加土即"墓"也。

比干墓：墓碑亭前面便是比干墓了。墓冢直径20米，高20余米，为一座高大的土丘。冢墓周围植有300余棵古柏。

据文献记载：比干是中国林姓的始祖。传说当比干罹难时，其子尚未出生，其母陈氏逃之淇河以西的长林里，在林子里生下了他。为了避难，其母改其姓为"林"。后来，武王灭纣，召回他赐姓为"林"，赐名为"坚"，封为"河清公"，食邑博陵郡，也称西河郡（今河北省安平一带）。因此，中国林姓大都冠以"西河"字样，卫辉比干庙自然成了林氏"祖祠"。1934年，南京国民政府主席林森派代表林越修、林越觉从南京专程到卫辉比干庙祭祖，以示不忘祖宗。近年来，越来越多的海内外的林氏宗亲和游客涌入比干庙，访古祭祖，拜谒英贤。

（八）潞王陵

潞王陵为明太祖朱元璋九世孙、明穆宗第四子、明神宗的唯一同母弟潞简王朱翊镠的王陵，坐落在新乡市北郊13千米处的凤凰山南麓，依山坐岭，居高临下，俯视着卫水平原，气势磅礴，雄伟壮观。其建成于万历四十三年（1615）。墓区共有两座城垣高大的陵园，东为潞王墓，西为其次妃赵氏墓。1996年公布为国家级重点文物保护单位。

潞简王朱翊镠生于隆庆二年（1568），四岁受封为潞王，万历十七年（1589）就藩于河南卫辉府（今卫辉市）。朱翊镠谥号简，故称潞简王。

潞简王陵以"潞藩佳城"石牌坊为起点。该牌坊为三间四柱，通阔9.35米。四柱通身高浮雕云龙图案，大小额坊正反面浮雕二龙戏珠图案，明间顶部正中雕盘龙。

石牌坊两侧立华表一对，为石刻仪仗群的标志。华表通高5.42米，四周皆高浮雕云龙宝珠图案。

牌坊、华表以北列翁仲、石兽16对，其中包括14对石兽，1对文吏，一对牵马吏。[1]石兽中的虎、豹、狮、狻猊等雕刻得十分凶猛、神威异常。

---

① 邢亚平：《牧野风·旅游名胜卷》，河南美术出版社2008年版，第105页。

羊、骆驼、马、象等则雕刻得安详、驯良，它们或蹲或卧，形态各异，造型生动，栩栩如生。这些翁仲、石兽自南向北，分东西两行，以4.8米的间隔，依次排列在仪仗线上。整个石刻仪仗群浑然一体，气势雄浑，庄严肃穆。

石刻仪仗群以北为陵前水池，长21米，宽12米，深4米，全用白条石砌成。池中间架三孔石拱桥，桥上以青石铺面，桥两侧精雕白石栏杆和栏板。桥南坡铺鱼鳞石，连接石刻、神道，精美而神奇。

水池以北为城门楼，高10米有余，面阔21米，墙壁全以青条石砌成，下辟三道拱券门，门钉为纵九横九。门楼为单檐歇山顶，梁架系用砖石拱券代替，上以绿色琉璃瓦覆盖，九脊十兽，气势雄浑，为坟园门户。

潞王墓园四周城墙高6米，厚1.5米，南北长320米，东西宽147米，周长934米，全用青条石砌成，上修屋脊式墙帽，是该墓园规模最大、保存最为完整的一项主要建筑。它规整坚固，随南低北高的气势，雄峙凤凰山前，气势十分雄伟，不但是墓区的高大屏障，而且增加了墓园壁垒森严的气氛。

城内横向有两道内城墙相隔，把陵园分为三个自然院落。进入城门，首先映入眼帘的是"维岳降灵"石牌坊。"维岳降灵"石牌坊为园内建筑群的门户，为三间四柱结构，以云龙宝珠为主体图案。坊额正面楷书"维岳降灵"四字，明间两柱书对联一副："龙卧太行绵玉牒；凤栖崒水濯银潢。"该坊全用巨石雕成，屋脊、瓦垅、猫头滴水、吻兽等雕刻形象精致，结构坚固，设计合理。其抱鼓石上的蹲狮形态丰富多彩，趣味横生，表现了高超的艺术水平。

"维岳降灵"坊前60米长的神道两侧为碑廊，展出了潞王之子小潞王朱常淓的手书唐诗石刻336块，书法遒劲，放逸流畅。上面刻有真、草、隶、篆各种书体的印章，印章形状各异，如方印、长方印、闽印、椭圆印、六角印，八角印、葫芦印等，既有白文，亦有朱文，朱白相间，印印有别，实为一批难得的艺术珍品。

神道尽头便是祾恩门。祾恩门原为墓区的主要建筑之一，原建筑已毁，仅存台基。台基广21.35米，深9米，高2米。现在的祾恩门为20世纪80年代复建。门前台阶十三级，中间嵌大型二龙戏珠陛石。

祾恩门前面便是享殿及左右配殿，均被清末捻军烧毁，现仅存享殿台基、柱础和月台。享殿台基广33.3米，深15.6米，高1.2米。32个大型石柱础分四行排列，每行8个，可以推测当年的享殿为面阔七间，进深三间。月台面积约与享殿明、次间相当。从现存台基、月台的宽广高大和排列整齐的32个大型柱础可以推知当年享殿的巍峨宏大。

月台前置高大雄伟的石狮一对，带底座高2.7米，中间有宝珠云龙陛石，陛石两侧各有踏步九级，左右两侧亦均有台阶可供登临。前、左、右三面精雕云龙石柱栏杆。东南、西南两隅各置大型焚帛炉，炉高3米余。

享殿前面两侧为左右配殿。原建筑已毁，仅存遗址。现在的配殿为20世纪90年代复建。

该墓祭碑原有十通，现尚存八通，均为龙首方趺，且有巨石雕成的碑楼。享殿东西两侧的两通最为高大，高约6米，为万历皇帝及东宫遣使所立。明熹宗朱由校、福王朱常洵、朝廷首辅申时行、各部、院官员以及河南地方官员所立之碑，则分列于享殿前，巍巍壮观。

享殿之后，为第二道内城墙。该城墙的正中亦建石牌坊一座，为该墓园葬所院落的门户，是整个墓园的第三道牌坊。该坊形制特殊，面阔为三间，明间为单间两柱，左右次间则各靠以一块巨大的青石板，石板之上以巨石雕楼，又似三间形制，屋脊瓦垅、滴水勾檐等雕刻细腻，极为形象。两次间巨型石板之下，雕大型束腰状底座，束腰部分雕莲瓣，四周精雕花纹。底座外侧又各立一长条青石，分别精雕梅、菊、牡丹等花卉；抱鼓石鼓面精雕"月下麒麟"和"犀牛望月"图。

石牌坊北面，为石雕五供和石条案。石雕五供即香炉一个，花瓶、蜡台各一对。香炉高达3米余，双耳三足，重檐攒尖顶，形象精致。香炉两侧的花瓶高达2米余，上面刻有鹭鸶荷花、盛开的缠枝牡丹、菊花。石条案用青色巨石雕成，长3.86米，宽1.70米，高1.35米，雕成束腰状，上面精雕各式图案。

石雕五供和石条案之后为高大的墓碑。墓碑龙首方趺，通高近7米，宽近2米，碑额上书"皇明"二字；碑身刻大字楷书："敕封潞简王之墓"，字体硕大，笔法苍劲；碑阴刻其生卒年月，整个墓碑雕刻甚精。

墓碑之后便为墓冢了。墓冢呈圜丘式，高约6米，周长达140米，周围以白条石相砌。墓冢正下方为墓室（即地宫），由主室、左右侧室、甬道、中间庭堂等组成，其结构和形式类似定陵地宫，总面积达180余平方米。整个墓室为拱券顶，全部用青条石砌成，宽敞高大，宛如地下宫殿。

西墓区为次妃赵氏墓，城墙前方后圆，呈马蹄形，建筑布局与潞王墓基本相同，只是门前无石刻仪仗设置，占地面积略小于潞王陵。

明代有50名亲王封国建藩，王府、王墓遍及全国。潞王陵是迄今保留下来的规模最大、最完整的一座明代藩王墓。两个坟园保存的石刻，展示了明代石刻艺术的高度发展水平，实为罕见的艺术珍品。

（九）百泉

新乡市西北25千米处，辉县城西北的苏门山南麓，有一个风景秀丽的胜地——百泉。

百泉历史悠久。据文献记载，远在商周时代，百泉就已闻名遐迩。《诗经》云："泉源在左，淇水在右"，"毖彼泉水，亦流于淇"。这里的"泉源""泉水"，据宋代大理学家朱熹的解释，均指百泉。[①]商周之后，经历代劳动人民的建造，现在这里亭台楼阁星罗棋布，诗赋碑刻琳琅满目。这颗璀璨的明珠，1952年被确定为平原省四大名胜古迹之一；1963年被列为河南省第一批省级文物保护单位；1990年被公布为河南省级风景名胜区；2001年被列为国家级重点文物保护单位，现在为国家AAAA级景区。

百泉湖面积约3.4万平方米，最深处达3米。据记载，早在唐代就已经利用泉水进行农田灌溉了，宋代又增挖渠道，明代建闸门5处，清代乾隆年间绕湖岸砌石以防泄水。百泉水南流21千米，入卫河，这段水流名百泉河，故百泉又有"卫源"之说。

百泉湖中的清晖阁，始建于元，阁顶为重檐卷棚，翼角反翘，造型优美。周围翠柏苍劲，清秀雅致。清康熙二十九年（1690），又于阁前建飞虹桥一座。湖心有湖心亭，内竖三米高石碑一通，镌刻着《百泉名胜志略》。湖畔有涌金亭、喷玉亭、灵源亭、课桑亭、钓鱼亭、放鱼亭、下马亭等亭。诸亭设计古朴，玲珑秀丽，其中以涌金亭为最，亭内四壁镶有宋、元、明、清诗赋刻石50余块。苏轼、许衡、乾隆等人的题刻保存完好。凭栏可见串串水珠从湖底冒出，经日光折射，金光闪闪，绚丽多彩，如"喷玉"，似"涌金"，蔚为奇观。

百泉湖北岸便是与百泉齐名的苏门山。苏门山又名苏岭、百门山，系

---

① 邢亚平：《牧野风·旅游名胜卷》，河南美术出版社2008年版，第58页。

太行山的余脉，海拔180米。"苏"的意思是"取草"，"门"为两山对峙。"苏门"者，樵苏者入山之门也。山顶有"啸台"，为西晋隐士孙登隐居处，因孙登常在此长啸而得名。山腰间的孔庙，建于明代成化年间，修有"戟门"，上题"高山仰止"四字，再向前为"子在川上"石坊，两旁书"叁天两地"四字。院内有大成殿和东西两殿。孔庙之北有"龙亭"，之南有振衣亭。孔庙东侧有袁世凯、徐世昌、锡良捐资修建的"三碑亭"。再东系丘处机、刘处元、谭处瑞修道炼丹的"三仙洞"遗址。孔庙之西侧有卫源庙，创建于隋，现存的卫源庙大殿为明代重修，造型古朴，气势宏伟。殿旁有唐长安四年（704）孙去烦书《百门陂碑铭》，是研究唐代水利的实物资料。苏门山东南麓有道教建筑——吕祖阁。苏门山东侧有"饿夫墓"，乃明末志士彭了凡殉节处。苏门山西南坳的"长生洞""安乐窝"，是北宋理学家邵雍的寓所。苏门山西南麓还有冯泉亭，是为纪念民国时期冯玉祥将军在百泉解民倒悬，兴修水利的功绩而修建的。苏门山西侧的凤凰岭，又称"营盘山"，乃岳飞抗金的营地。在苏门山后山还建有道教建筑——三清观。

百泉湖东岸，有宋元太极书院遗址、明清百泉书院旧址。[①]宋代的邵雍，元代的姚枢、许衡、窦默，明代的李贽，清代的孙奇逢均曾在此讲学。湖东岸还有由百泉书院改建而成的清乾隆皇帝的行宫——翠华行宫和白露园。湖东北岸，修有石碑长廊，收集碑刻数百块。其中有宋代岳飞的《四条屏碑》、元代大书法家赵子昂的《盘谷序碑》以及唐伯虎等人的12块扇面石刻。流派不同，各有千秋。北魏时期2米多高的石佛造像，安详肃穆。宋代崔白作的布袋僧真仪像、清代郑板桥画的《竹》石刻，生动逼真，均有很高的艺术价值。

百泉湖西岸，建有邵夫子祠（如图3—9所示）；南岸，建有清初三大名儒之一——孙奇逢的祠堂。

碧波荡漾的百泉湖与旖旎俊秀的苏门山，刚柔相依，至善至美；幽雅秀丽的自然景观与涵延厚硕的人文景观，相映成趣，珠联璧合，吸引了无数游人。

---

① 明清时的百泉书院在宋元时的太极书院遗址上重建而成，清乾隆十五年（1750）改建为乾隆皇帝的翠华行宫。

图3—9 百泉邵夫子祠

（图片来源：赫兴无拍摄）

（十）京华园

京华园旅游景区坐落在全国小城镇建设试点镇——河南新乡小冀镇，始建于1992年4月，总占地面积300多亩，是国家AAAA级景区（点）。

京华园景区由北方民族区、天地宫景点、南方民族区、游乐区等五部分组成。主要旅游资源：山海关、嘉峪关、民庸关挺拔屹立，黄河、长江横贯期间；海上的台湾宝岛与大陆索道相连；天地宫设历代名君殿、名臣名将府、中原名人馆等；蒙古包、维吾尔经房、苗族吊脚楼、傣家竹楼、佛塔，以及各具传统特色的土家族、壮族、朝鲜族、藏族、白族民居；定期举办的泼水节、文化节、火把节等。

京华园景区形象而简明地展现了祖国上下五千年的优秀文化史，将儒学、道学、佛学三道合一，取其长，避其短，互相融通，在旅游休闲中达到教化的目的。这就在文化内涵上，区别于古寺、古庙，乃至宫殿的单一文化架构，具有较高的历史价值、文化和学术价值。在继承大江南北古典建筑艺术之所长的50米高的天地宫上，依《名人图鉴》和《历代服饰》为据，将我国历史名人按年代列于历代明君殿和名臣名将府内，在国内旅游景区实为罕见。特别是在中原名人馆里，雕刻有谋略家姜太公、道教奉为祖师的老子、医圣张仲景、画圣吴道子、诗圣杜甫、民族英雄岳飞、佛学家唐僧……展现了中原大地物华天宝、人杰地灵的景象,反映了黄河流域灿烂的文化,实是独创,为国内景区第一家,其价值具有全国乃至世界意义。它再现了中华民族文化发展的摇篮,对提升河南人形象有着深远的影响。

京华园区耸立在中原大地上,虽由人作,宛自天成,结束了豫北地区缺乏较具规模的风景区的历史。它的建筑和自然环境的紧密结合,充分展示出人是主人,景为人用的基本特点。它把建筑、山水、植物融合为一个整体,在有限的空间范围内,模拟大自然的美景,把自然美与人工美在新的基础上统一起来,形成了赏心悦目、丰富变幻的体形环境。在这样的园林中漫游,感受到的仿佛就是一首描写自然美景的凝固的诗,一幅身临其境的主体山水画。京华园景区在造园艺术上,不仅继承和发展古典皇家园林艺术和私家园林艺术之精华,并且吸收了西方园林艺术之长,融会贯通,使自然园林艺术有创新、有特色。如今树木成林,苍松劲柏,绿竹吐翠,杨柳依依,青草碧碧,百花绽放,香气袭人,突出了一个丽字;水为造园的灵魂,京华园景区水面积约占五分之一,水清清,林密密,花艳艳,又突出了个秀字。美好的自然陶冶着人们美的心灵。

京华园旅游景区,如今正以它秀丽、优美的风姿,召唤着海内外的宾客。经过十多年的时间考验和实践印证,得到了300多万中外游客的认可。这里还接待过外国元首、部长、大使、媒体和我国驻50多个国家的大使们以及上百位将军。2002年京华园景区被评为河南省重点旅游景区。

三　牧野旅游业发展的优势和劣势

(一)牧野旅游业发展的优势

1.旅游资源丰富,开发潜力大

旅游资源是旅游业发展的前提条件。大自然给牧野地区留下了南太行、黄河、卫水奇特、秀丽的山水风光,悠久的历史给牧野地区带来了丰富独特的人文景观。牧野地区拥有八里沟、万仙山、回龙、宝泉、九莲山、关山、秋沟、跑马岭、方山、凤凰山、齐王寨、五龙山等众多的自然景观和40多处国家级、省级重点文物保护单位,500多处市级、县级文物保护单位。牧野地区丰富的自然风光与人文资源为牧野旅游业的发展提供

了得天独厚的便利条件。

牧野地区不仅现有的旅游资源丰富，其开发潜力还很大。南太行及支脉在牧野境内绵延几十千米，而目前仅开发了其中的一部分等景区，可供开发的山峰、峡谷还有很多。牧野地区历史文化名人众多，但现有的名人墓地、祠堂、纪念性庙宇仅有比干庙、比干墓、潞王陵、陈平祠、姜太公墓、徐世昌家祠等，还有以原阳十四丞相为代表的众多历史文化名人墓地、祠堂、纪念性庙宇可以开发。在牧野大地上产生了全国唯一的"新乡先进群体现象"，牧野地区的现代红色旅游资源可供持续开发。

2.气候寒暖适宜，四季分明

牧野地区地处中纬度、暖温带，年平均气温14℃，夏天不是太热，冬天不是太冷，一年四季都比较适宜旅游。牧野地区又处于季风气候区，春季温暖，夏季炎热，秋季凉爽，冬季干冷，四季鲜明的气候特点造就了新乡四季多变的山地植被景观和农业生态景观。

3.地理位置优越，交通便利

牧野地区具有非常优越的经济地理位置。它地处中部经济地带和中原经济区腹地，中原城市群和郑洛新国家自主创新示范区核心区，是豫北地区的经济中心，可辐射安阳、鹤壁、濮阳、开封、焦作、山西晋城、山东菏泽等周边地区。牧野地区地处几大方位区的交汇处，东联华东地区，西通西北地区，南连华中地区，北接华北地区；南距河南省省会郑州市约80千米，距华中地区区域中心武汉约600千米，北距首都北京约600千米，区位优势非常显著。

牧野地区是豫北地区的交通中心。牧野地区是国家重要的铁路运输枢纽城市，京广铁路和新焦、新荷铁路在此交会，京广高铁纵贯全境。牧野地区还是国家重要的公路运输枢纽城市，南北方向有京港澳高速、大广（黑龙江大庆—广东广州）高速、107国道纵贯境域，东西方向有晋新（山西晋城—河南新乡）高速、长济（河南长垣—河南济源）高速横穿而过。

优越的地理位置、便捷的交通为牧野旅游业发展铺就了快车道，插上了腾飞的翅膀。

4.商业发达，旅游商品众多

牧野地区商业体系非常完善，百货大楼、专业市场、特色商业一条街、商业步行街、城市商业综合体、定期集市、旅游小商品专卖店、超市等各类型商业形态均有分布，农业特产、风味小吃、书画作品、旅游工艺品等旅游商品琳琅满目，为旅游业的发展提供了强劲的物质支持。

5.城市荣誉众多，知名度较大

新乡市拥有中国城市综合竞争力百强城市、国家文明城市、国家森林城市、国家优秀旅游城市、国家卫生城市、中国最佳生态宜居城市、中国可持续发展城市等多项荣誉，极大地提升了城市知名度和美誉度，为旅游业的发展打造了优美的城市名片。

6.经济较为发达，旅游业资金雄厚，居民旅游消费能力强

新乡市为豫北地区最大的工业城市，经济实力在河南省内居3—4位，曾多次进入全国经济百强城市。发达的经济为牧野地区旅游景点的开发与建设、旅游设施的修建与维护提供了强大的资金支持。同时经济发达，居民收入较高，也使牧野居民旅游消费能力比较强，为牧野旅游业的发展提供了强大的经济引擎。

7.高校众多，旅游消费市场广阔

牧野地区拥有河南师范大学、河南科技学院、河南工学院、新乡医学院、新乡学院、新乡职业技术学院等10所高等院校，拥有近10万名大学生。大学生闲暇时间多，旅游愿望比较强烈，为牧野旅游业的发展提供了广阔的客源市场。

（二）牧野旅游业发展的劣势与不足

1.城市的旅游知名度小，知名景点少

新乡不是旅游目的地城市，旅游知名度远没有国内的西安、北京、南京、昆明、三亚、苏州、杭州、桂林、青岛等和省内的开封、洛阳等旅游城市高。同时牧野境内旅游景点知名度远没有国内的黄山、庐山、泰山、华山、北京故宫、万里长城、长江三峡、承德避暑山庄等和省内的殷墟、红旗渠、云台山、白马寺、龙门石窟、清明上河园、大相国寺等旅游景点高。目前牧野境内还没有AAAAA级旅游景点，AAAA旅游景点仅有10个。

2.人文旅游资源市区少且分散于各县市

牧野地区的人文旅游资源不像开封、洛阳、安阳主要集中在市区，使得游客的行程紧凑，旅游效率高。牧野的人文旅游资源不仅市区少，主要在县市，而且还分散在各县市。这样就无疑增加了旅游的交通成本和时间

成本，降低了牧野作为旅游目的地的吸引力。

3.市区到辉县市及各景区缺乏轨道交通和高速公路或旅游专用通道

辉县市是南太行风光所在地、牧野地区旅游资源最多的县市，但与市区的交通联系还不是特别便捷。目前还没有从新乡市区两个火车站直达辉县市以及景点的轨道交通，还没有从新乡过境高速公路出口直达辉县市以及景点的高速公路或旅游专用通道。外地游客坐火车到新乡后还有转乘汽车到辉县，自驾到新乡后要转道普通公路，这就会游客感觉到交通的不便，无疑会降低牧野的旅游吸引力。

四　牧野旅游业发展对策

1.坚持可持续原则

牧野旅游资源以"山水"自然资源为主要基础，这就需要在开发过程中坚持可持续性原则，对资源的开发、景观的建设等都要强调可持续性，盲目开发或者无限制开发都可能造成资源环境的极大破坏。旅游资源的最大特点就是其自身的可持续性特征，所以开发时必须做到科学规划，合理开发，注重维护，实现可持续发展。

2.加大宣传推广，提升城市及旅游景点知名度

城市的知名度高低在一定程度上可以提升旅游景点的知名度。因此首先要提升城市的知名度。可以通过举办各级各类体育赛事、文艺活动、科研学术会议、拍摄影视作品如《官渡之战》《牧野大战》《陈桥兵变》等加大城市宣传力度。

其次，要加大旅游景点的宣传推介力度。除了传统的广告牌宣传、地图宣传、公交车身宣传、旅游网站宣传、政府组团异地举办推介会、本地旅行社宣传、央视卫视广告宣传外，还可以通过外地旅行社宣传、开办牧野旅游微信公众平台、旅游报刊或专栏登载广告、创办牧野旅游报刊、出版牧野旅游资源图书、举办导游专业技能比赛、旅游文学赛事、旅游文化研讨会和旅游节、高铁、飞机冠名如"八里沟专列""八里沟专机"等形式进行宣传。

3.政府推动，走整合营销之路

一是实行大区域旅游产品整合营销。在旅游市场竞争日益激烈的今

天，一个地区的各旅游景点单打独斗自行营销其效果甚微，需要政府主导对零星的旅游景点进行整合营销。对于自然旅游资源，要以万仙山为龙头，将整个南太行旅游区进行资源整合，加强区域内各景点间的互动，以一个共同的品牌——"南太行"集中向市场推介。对于人文旅游资源，可以分门别类整合成"宰相名臣文化资源""著名战争与历史事件遗址""现代红色旅游资源"等主题品牌进行打包宣传。二是加强旅游产业链的联合营销。这就需要新乡市政府全面规划，对重点景区进行政策、资金等扶持，在促进景区建设的同时，发挥其对休闲、文化、商业、房产等相关产业的辐射带动作用，以形成牧野旅游产业链。

4.发展精品，创出品牌

虽然牧野地区有一流的旅游资源，但一流的旅游产品却不多。资深旅游产品"八里沟""万仙山"运营20多年如今仍然只是AAAA级景点。要根据AAAAA级景点的要求，加快"八里沟""万仙山"资深成熟景区的全方位建设和培育，尽快将其打造成品牌景区，实现牧野地区AAAAA级景点零的突破，进一步提升牧野旅游景点知名度和美誉度。

第四章　牧野人文地理

第一节　牧野的文化遗址

牧野地区地处黄河流域人类文明诞生地，人类活动很早，留下的文化遗址众多。

一　新乡市络丝潭遗址

络丝潭遗址位于新乡市西南5千米的市郊络丝潭村东，为河南省重点文物保护单位。遗址东西长约150米，南北宽约100米。1982年4月，原新乡地区文管会和新乡县文化馆联合对遗址进行了发掘，发现了属于原始社会时期的仰韶文化和龙山文化两种遗存，发掘出半地穴式房基1座、灰坑17座和一批丰富的文化遗物。

（一）仰韶文化

1. 遗迹

发现的遗迹主要为灰坑，共有11座。[①]形制结构分为两种：一是斜壁平底形，以13号灰坑为例，口为椭圆形，最大口径2.54米，坑口上部被破坏，现存深约1米，坑底直径1.5米。坑内填土颜色上部黑灰，下部灰褐，土质较松。二是锅底形，以1号灰坑为例，口为圆形，直径1.34米。坑内填土颜色为灰绿色，质地疏松。

2. 遗物

出土的遗物有生产工具和生活用品两大类。

---

① 邢亚平：《牧野风·文物考古卷》，河南美术出版社2008年版，第6页。

（1）生产工具

种类有石铲、骨锥、蚌箭头等。

石铲，平面形状呈长方形，用石片磨制而成，两面弧刃，上部中间有一小圆孔，直径1.7厘米。铲上部已残，现存长10.8厘米，宽8厘米。

骨锥，仅有一件，系利用一段骨头磨制而成，长5.2厘米，最宽处（最大直径）1.7厘米。

蚌箭头，用蚌壳精磨而成，形体呈现出三角形，长3.1厘米，最宽达1.5厘米，厚0.2厘米。

（2）生活用品

生活用品中大多数为陶器，仅发现两件石环。陶器质地为泥质和夹砂。陶色以灰陶为主，约占90%，红陶约占10%。有一部分钵、碗的口部胎质呈红色，下部为灰色，即所谓的"红顶式"。器物的表面大部分无纹饰，在一部分泥质缸、碗、瓮的表面画有彩绘的纹饰，也叫彩陶。这种彩陶多数为泥质红陶施红彩和黑彩，少数的有泥质灰陶施红彩或棕彩，也有红、黑兼施于一器的。彩绘纹饰有网状纹、竹叶纹、"～"纹、"X"纹、"S"纹、水波纹、"山"字纹、变形睫毛纹、蝶须纹、"鸡尾状"纹、钩叶纹等。在不施彩绘的一部分夹砂陶和泥质陶器表面也有印上或刻画的纹饰，种类有附加堆纹、弦纹、篮纹和方格纹。陶器的种类有鼓腹罐、折腹罐、平口罐、盆、钵、碗、瓮、澄滤器、鼎、缸、杯、环等。

络丝潭遗址的仰韶文化遗存时代约相当于原始社会的中期晚段，年代约在距今6000—5000年，其社会发展阶段约属母系氏族社会晚期。根据上述发现的遗迹遗物并参考其他地区的发现，这时的络丝潭人应该是居住在半地穴式或地面上的圆形或方形由茅草搭建成的尖顶状的房子内；手持着用石器、骨器、蚌器制成的生产工具从事渔猎和农业生产，使用着用泥土烧成的陶器，过着相对安定的生活。

（二）龙山文化

1.遗迹

发现的遗迹有房基1座和灰坑6座。

（1）房基

距地表1米以下，为一座半地穴式的房基，平面呈圆形，最大直径3.4米，发现时穴壁高30厘米。穴壁和地面均为黏土构筑，室内平面坚硬平整。由于9号灰坑打破了室内部分地面和南墙基，上部又被破坏，所以未能发现柱洞、门道和灶炕等遗迹现象。室内填土为灰褐色，内夹杂有较多的草拌泥块和红烧土块。

根据前述房基内发现的遗迹现象，参考其他地区发现的同时期房屋情况，推测该房子应为一座圆形半地穴式尖顶状房屋。建造顺序应为：先在平地挖一圆形、深约半米的坑作为房基，将地面和坑壁修整夯打，使之坚硬平整；第二步是在房基四周插上木棍，绑扎上芦苇或草一类的东西，抹上草抹泥作为墙壁；第三步是在房基中间埋一根中心柱，用来支撑屋顶；第四步是以中心柱为支点，捆扎上若干根木棍散向四周墙壁作为屋顶的支撑；第五步是在屋顶的木棍上铺上芦苇、茅草等。这样一座屋子基本建成，最后在室内挖上灶坑，并烧烤地面和墙壁使之干燥，地面上平铺一层柔软的草后就可以比较舒适的居住了。

（2）灰坑

共发现6座。以9号灰坑为例，介绍如下：此坑上部已被破坏，形制为袋形穴，口小底大。坑口为椭圆形，最大直径为2.16米，深0.86米，底最大直径2.62米。坑壁上部为红土，向下渐变为黄土，底部坚硬平整，坑内填土疏松，呈黑灰色并杂有草木灰。根据该坑结构和大小，参考其底部坚硬平整的情况，推测其用途应为储藏物品的窖穴。

2. 遗物

发现的遗物有生产工具和生活用品两大类。

（1）生产工具

有石器、骨器等。石纺轮，仅有一件，石灰岩质，通体磨光，呈圆饼状，中间有一圆孔，孔径2厘米，采取单面钻法。纺轮直径8厘米，厚1.4厘米。纺轮的用途是搓捻线或绳。骨簪，仅一件，系用一段细骨头磨制而成，一端为骨头原状，另一端磨制光滑呈尖状。通长11厘米，上部直径0.6厘米，下部直径为0.4厘米。簪为头饰，用来束发或插入发中固定头发。角锥，仅一件，利用动物角磨制而成，通体磨光精致，现存长10厘米，下端直径1厘米。

（2）生活用品

基本为陶器，以泥质灰陶占多数，夹砂灰陶也有相当大的数量。纹饰中以方格纹较多，次为绳纹和篮纹，有一部分附加堆纹和弦纹。陶器的种类有作为炊具的鼎、夹砂罐等，有作为盛食器的盆、碗、豆，还有作为储存器的缸、瓮和其他用途的澄滤器、圈足器等。

络丝潭遗址的龙山文化遗存时代约属原始社会晚期，年代在距今5000—4000年，其社会发展阶段已经进入父系氏族社会。根据该遗址的发现并参考其他地区同时期同类遗存的发现，这时的络丝潭人应居住在半地穴式或地面成排的房子里，以家庭为基本的社会单元，以氏族的形式聚集在一起，用石、骨、蚌器制造的工具从事生产劳动，使用着陶器，过着相对安定、自给自足的生活。

络丝潭遗址虽然发掘面积不大（不足100平方米），但其价值还是比较重要的，它是新乡市最早经过正式发掘的遗址之一，其遗迹遗物的发现使人们对新乡地区仰韶文化和龙山文化的面貌有了基本了解，填补了新乡考古发掘上的空白。从考古学的空间概念上，也把安阳和郑州联结了起来，其研究价值也是比较重要的。[①]

二　新乡县李大召遗址

李大召遗址是一处保存较为完整、发育良好、延续时间较长的中型古文化聚落遗址，位于新乡市西李大召村北侧的高台地上。2002年3—4月，郑州大学考古专业对该遗址进行了调查、钻探和试掘，发现该遗址包含有龙山文化、二里头文化、殷商文化、汉代墓葬等各时期文化遗存。其中龙山文化最为丰富，出土了一批石、骨、蚌、陶器，为研究豫北地区龙山文化向夏商文化发展以及与周邻古文化的关系提供了新资料。

该遗址中的龙山文化灰坑，分圆形、椭圆形和不规则形三类。遗址中出土了一批生产工具和生活用品。生产工具有蚌刀、骨镞等。生活用品主要为陶器，分为泥质、夹砂和夹蚌三类。泥质陶以灰陶为主，黑陶、褐陶次之；夹蚌陶则以褐陶为主，灰陶次之。纹饰以篮纹、绳纹、方格纹为主，另有少量附加堆纹、弦纹等。陶器的制法多为轮制，器底多留有切割痕迹，少量器物为手制或模制。器类有罐、高领瓮、盆、器盖、甗、刻槽盆、圈足盘等。

从出土的龙山时期遗物看，李大召遗址与周边的辉县孟庄、汤阴白

---

① 邢亚平：《牧野风·文物考古卷》，河南美术出版社2008年版，第10页。

营、淇县王庄龙山文化基本一致，属同一类型的文化遗存，它的发掘与研究将进一步完善新乡地区考古学文化发展序列。

三　辉县市孟庄遗址

孟庄遗址位于辉县市孟庄镇孟庄村东侧，面积很大，南北长约600米，东西宽约500米。1963年被公布为河南省文物保护单位。2001年被公布为国家级文物保护单位。该遗址文化内涵十分丰富，延续时间非常长。遗址最下层是距今8000—7000年的裴李岗文化层，向上依次为仰韶文化层、龙山文化层、二里头文化层、二里岗文化层、殷墟文化层、西周及东周文化层等，并出有各个时期相关的遗迹和遗物。尤为重要的是遗址内发现了龙山、二里头及商代晚期三座相叠压的城址。其中龙山城址的面积达13余万平方米，是目前河南省境内所发现的面积最大的龙山城址之一。孟庄遗址包括城垣、城门、护城河和城内一批房基、灰坑、水井等遗迹。1994年它被《中国文物报》评为全国十大考古新发现之一。孟庄遗址的发现第一次在豫北地区建立起一个较系统的考古学编年序列，为研究该地区的考古学文化提供了依据。[①]辉县在西周时为共伯之国，西周之前这里也当为共地，孟庄龙山城址可能是古代传说中共工氏所留。孟庄龙山、二里头、晚商三叠城的发现，为研究原始社会晚期向阶级社会过渡和探索中国古代文明起源提供了重要材料，是中华民族五千年文明史上具有代表性的一处文化遗产，具有较高的历史价值和科学价值。

（一）裴李岗文化

1.遗迹

由于发掘面积有限，本时期的遗迹主要为不规则形灰坑。坑内填土颜色为黑灰色，土质较松。

2.遗物

本时期的遗物主要为以陶器为主的生活用品。陶质为泥质和夹砂。陶器的制作方法均为手制。其中大件器物如罐、壶等用泥条盘筑法制成，小件器物如方形器、小壶、器盖等则用手捏成。由于陶器烧制的火候偏高，夹砂和泥质陶中多数陶质都比较坚硬。陶色以红陶为主，并有少量的灰陶

---

①　邢亚平：《牧野风·文物考古卷》，河南美术出版社2008年版，第15页。

和黑陶。器物种类有罐、壶、碗、方形器等，种类比较简单，制作比较粗糙，不少器型制作得不够规整，胎壁厚薄不一。泥质陶的器表有饰陶衣的现象，除少数三足钵上饰划纹外，不饰其他纹饰。夹砂陶上所饰的纹饰主要是篦点纹、划纹、乳钉纹等，其中篦点纹的夹砂陶占有一定的比例，并且往往组成一定的图案。

（二）仰韶文化

1. 遗迹

本时期的遗迹主要为房基。房基主要集中分布于遗址的西南部、中西部以及中东部，其中以西南部二、三区的房基保存最好。目前二、三区发现的房基多为连间式地面建筑，房基多为东西向，门朝东成排分布。时代较早的下层房基，居住面上未涂抹白灰面，时代较晚的均涂有白灰面。值得注意的是三区8号房基，为方形连间房，北隔墙中间有一通道。居住面可分三层，最下层为纯黄土，中层由红烧土块铺垫而成，上层先抹一层草拌泥，其上又涂抹一层光滑平整的白灰面。该房墙壁为土坯砌成。其室内墙壁制作的十分讲究，墙壁上先涂抹白灰一层，白灰上再涂红色涂料（系红石粉）。这不应是一般的居室，在同时期仰韶文化遗址中属首次发现。

2. 遗物

发现的遗物有生产工具和生活用品两大类。

（1）生产工具

石质工具出土数量较少，种类只有铲、斧、锛、镞四类。其磨制较精，形体很规整。骨质工具主要是骨锥、骨镞等，制作精良，形体规整。陶质工具主要是纺轮和陶刀。

（2）生活用品

主要是陶器。陶器以泥质灰陶、夹砂褐陶、夹砂灰陶为主，另有一定数量的泥质红陶、泥质黑陶等。纹饰以宽而浅的竖篮纹为主，并有一定数量的宽斜篮纹，另外还有附加堆纹、划纹、弦纹、鸡冠状錾以及少量的粗绳纹和排印工整的方格纹等。彩陶主要饰于泥质高领瓮、钵的肩部或腹部，通常直接饰于器表之上。彩陶的颜色通常以红色为主，黑色次之，并有少量棕色。彩陶的纹饰有网状纹、弧线纹、"X"纹、"S"纹、平行线纹等。陶器的制法多为手制轮修而成，大型器都用泥条盘筑法制成，小型器则用手直接捏成。仰韶文化陶器的最大特点是炊器个体较大，一般高在

50厘米左右，为大口深腹罐，有的底部抹有细黄泥，下腹部多被火烧成褐红色。这些大口深腹罐废弃后又多作为儿童瓮棺葬具。器类主要有深腹罐、小口罐、盆、刻槽盆、尊、杯、豆、器盖、碗等。

（三）龙山文化

1.遗迹

龙山文化遗迹类型较多，有城址、房基、灰坑、水井等。

（1）城址

孟庄龙山城址位于遗址西北部。根据目前考古钻探和发掘的材料，东城墙保存较好，长约375米，正中还发现了城门。北墙东部保存较好，西部多被毁，残长约260米，复原长度340米左右。西墙长约330米，在20世纪60年代初孟庄镇考古挖掘时将墙体的西部挖去，仅残存东半部，保存宽度2—4米不等。南墙在70年代平整土地时被全部平去，仅存有南城河。整个城址的平面形状略作梯形。依城墙保存较好的东墙观察，城墙的筑法是内外取土，分段堆筑而成。墙内侧设有夹板以便增加墙体的高度，东、西、北三面墙体内侧都发现有夹板留下的木板灰痕，及在生土上挖的固定木板的基槽。夹板向内侧为护坡，宽约8米，夹板以外为墙体，宽约15.5米。城墙内侧挖的取土沟一般较窄，为3—5米，距今地表深为1—1.5米。外侧的取土沟即护城河宽约20米，距今地表深5—6米，据当时地面深约3.8—4.8米。东墙外侧有宽约14米的缓坡作为过渡地带，然后再向下挖护城河，河面至河底仅深1米左右，这可能是东部留有城门方便进入所致。

门道位于东墙正中，宽约2.1米，里边发现有多层路土。门道两侧发现有东西向基槽，贴近墙壁一侧有竖置的木板灰痕，且灰痕十分清晰。

（2）房基

房基多被晚期文化层所破坏，无保存完好者。目前已发掘出房基15座，多为地面式建筑。二十区内平面形状为长方形的有4座，圆形的有2座，房基内及四周多有圆形柱洞，居住面多被火烤或抹有白灰。例如7号房基平面形状呈长方形，东西长约4米，南北宽约2.8米，居住面用灰褐色土铺垫而成，表面烧烤呈褐色，厚约10厘米；居住面周围残存5个柱洞，呈圆形，周边及底部用料礓石掺杂碎陶片砸成磉墩。

（3）灰坑

灰坑多为贮藏粮食的窖穴，数量较多，主要集中在城内西南部八区和城内中北部二十区内。依据坑口的形状可分为圆形、方形、椭圆形、不规则形四类。

圆形坑还包括有袋状坑、桶状坑和锅底状坑。其中以袋状坑最有代表性，其周壁规整，不少坑内还留有石铲挖掘的铲痕。桶状坑也颇具特征，口径一般在1.5米以上，周壁规整，平底略小，这类坑同袋状坑一样是贮藏食物用的窖穴。

（3）水井

水井共发现4眼，均分布于城内西南部的八区内。井口均呈长方形，深4米左右，井壁斜直，近底部向外坍塌，成圜底，部分井壁两侧有上下对称的脚窝，井底堆积有用于汲水的泥质灰陶高领瓮。如八区1号水井内出土完整小口高领瓮9件。

2. 遗物

发现的遗物有生产工具和生活用品两大类。

（1）生产工具

生产工具分石、骨、蚌、陶四类。[①] 石质工具主要有长方形石铲、穿孔石斧、穿孔石刀、长方形石镰、长方形石锛、石凿、石镞等；骨质工具有骨凿、骨锥、骨镞等；蚌质工具主要是蚌刀、镰、铲等；陶质工具有陶纺轮、陶垫、陶拍等。

（2）生活用品

生活用品主要为陶器。陶器主要分夹砂、夹蚌和泥质三大类。夹砂陶以夹砂灰陶数量最多，次之为夹砂褐陶和夹砂黑陶；夹蚌陶的陶色以褐陶为主，并有少量的灰陶和红陶等；泥质陶以灰陶为主，次之为黑陶和红陶等。纹饰有篮纹、绳纹、方格纹、弦纹、附加堆纹、契点纹、圆圈纹、指甲纹、乳钉纹、划纹等，其中契点纹多自行组成图案，纹饰与所饰器类的关系十分密切。夹砂灰陶甗、深腹罐多饰绳纹和方格纹。篮纹一般饰泥质灰陶高领瓮或甗的腹部。契点纹饰于泥质灰陶器盖、器座或双腹盆上等。夹蚌陶的器表比较粗糙，一般不饰纹饰，但部分上腹部或肩部饰有乳钉纹。主要器类有深腹罐、甗、斝、高领瓮、甑、深腹盆、圆腹罐、双腹盆、平底盆、器座、筒形杯、觚形杯、单耳杯、扁腹罐、刻槽盆、器盖、

---

① 邢亚平：《牧野风·文物考古卷》，河南美术出版社2008年版，第19页。

碗、钵、豆、圈足盘、尊形器等，另外还有少量的鬲、鼎等。上述器类中区别于其他地区龙山文化且颇具特征的陶器有夹蚌褐陶圆腹罐、夹蚌褐陶深腹罐、夹蚌甗、束颈高领深腹斝、大袋足甗、卷沿深腹大瓮、扁腹罐、内部饰有契点纹的双腹盆等。

（四）二里头文化

1. 遗迹

发现的遗迹主要有城址、房基、墓葬、窖穴等。[①]

（1）城址

二里头时期的城址直接压在龙山城址之上，城址的平面形状、面积与龙山城址一致。东墙长约375米，北墙约340米，西墙长约330米，南墙已被毁掉。目前已发掘的东、西、北三面龙山城墙上都发现有二里头时期的夯土。二里头夯土一般是用龙山及二里头时期的文化层筑起的，夯土内包括有龙山或二里头时期的陶片。二里头夯土由夹板夯筑而成，夯层厚5—7厘米，夯窝密集呈半圆形，夯径为3—5厘米，夯土坚硬，层次清晰，系集束木棍夯打而成。少部分地段发现二里头夯土成块状修补于龙山城墙上的状况。二里头夯土城墙内侧设有护坡，也为夯筑而成，但夯层较厚，夯土打得较松，夯窝不十分明显，护坡呈三角形，底部宽度8米。

（2）房基

房基共发现4座，均为圆形，分地面式和半地穴式两类。

（3）墓葬

均为小型长方形土坑竖穴墓，部分墓葬有随葬品，其组合为鬲、豆、盆；鼎、豆、盆；单个罐或鬲、豆等。

（4）窖穴

共18座，可分圆形、椭圆形和不规则三类，其中以第一类为主。

2. 遗物

本时期的遗物主要为以陶器为主的生活用品。陶器以泥质灰陶和夹砂灰陶为主，次之为夹砂褐陶和黑陶。纹饰有中绳纹、线纹、契点纹、附加堆纹、压印花纹、鸡冠状錾等。器类主要有深腹罐、圆腹罐、橄榄形罐、长颈罐、卷沿高领鬲、甗、鼎、蛋形瓮、深腹盆、平底盆、豆、杯、

---

① 邢亚平：《牧野风·文物考古卷》，河南美术出版社2008年版，第20页。

器盖、尊等，其中罐类数量较多。圆腹罐多尖唇、卷沿、长颈、鼓肩、平底，少量圆腹罐肩部饰有契点纹，口沿外用泥条附加出花边，腹部有饰篮纹现象。橄榄形小罐形体较瘦，厚胎，多为夹砂褐陶。长颈罐深腹，颈部多有抹刷痕，颈肩相交处往往饰有契点纹。鬲的数量较少，卷沿高领，鬲足上刻有竖向和横向凹槽。甗的甑部多做成罐状，鬲部腰内束，腰部一般饰有附加堆纹一周，陶胎较厚，足也刻划有横向和竖向凹槽。鼎的数量较少，一般为罐形、卷沿深腹、圆底，足一般装在腹中部，足的形状多为扁凿形，外侧用手捏出按窝。蛋形瓮数量较多，分泥质和夹砂两类。除平底外，又出现了不少圈足瓮。蛋形瓮腹部一般饰有鸡冠状錾，上饰有四个以上按窝。深腹盆分敞口和直口两类，腹部也有饰鸡冠状錾的现象。平底盆一般为敞口、腹壁微曲、大平底。豆分浅盘和深盘两种，浅盘豆多为泥质灰陶，深盘豆多为泥质黑陶。

（五）二里岗文化

1.遗迹

主要有房基、墓葬、灰坑等。房基多为方形地面式，一般破坏严重。墓葬主要分布于遗迹中北部，均为长方形竖穴土坑墓；多数墓葬无随葬品，少数墓葬随葬有鬲、罐、豆等陶器。另外本期发现两座铜器墓，为鬲、爵、斝组合。灰坑多为圆形锅底状坑。

2.遗物

本时期的遗物包括生产工具和生活用品两类。

（1）生产工具

主要是石斧、石铲、石凿、石刀等，均为磨制而成。此外，骨器类有骨簪、骨锥、骨镞、骨凿、骨匕等，蚌器类有蚌镰、蚌刀等。

（2）生活用具

主要为陶器。陶器以夹砂灰陶为主，次之为泥质灰陶，并有少量夹砂褐陶、泥质黑陶等。陶器的火候较高，器形较规范。陶器多数有纹饰，其中以绳纹为主。绳纹可分为粗、中、细三种，其中中绳纹所占的比例较大，次之为粗绳纹和细绳纹。除绳纹外还有少量的方格纹、划纹、压印纹、附加堆纹、弦纹、镂孔等。绳纹主要饰在夹砂陶的鬲、甗、盆、瓮以及各种罐类等大型器物之上，泥质陶的盆、瓮、大口尊也多有使用，上面的绳纹一般竖向排列，压印整齐。附加堆纹多饰于大口尊的肩部。弦纹多饰于泥质陶上，多为阴弦纹。压印纹可分为云雷纹、菱形纹、"S"纹等。夹砂陶的器类主要有鬲、甗、甑、缸、瓮、深腹罐、小口罐、大口罐、高领瓮等。泥质陶的种类有鼓腹盆、平底盆、大口尊、瓮、豆、器盖、小口壶等。二里岗时期出土的陶器以平底器和三足器为主，圆足器、圆底器较少。

（六）殷墟文化

1.遗迹

主要有城址、灰坑、水井、墓葬等。这时期的城墙已经不复存在，仅在西墙及东墙处发现有商代晚期修补的夯土，其夯层清楚，夯窝密集。灰坑的形状可分为圆形、椭圆形、长方形、不规则形状，以圆形坑的数量为最多。这些坑大部分是作为窖穴来使用，均为人工挖制而成。水井多为方形、斜壁、平底。墓葬发现的较少，一般为长方形土坑竖穴，部分墓内随葬有陶器。

2.遗物

本时期的遗物主要为以陶器为主的生活用品。出土有大量的碎陶片，完整器比较少。器类以鬲的数量最多，另有少量瓮、深腹盆、深腹罐、缸、簋、豆、器盖、钵、甗、尊等。陶器以泥质灰陶为主，夹砂灰陶次之，并有少量的夹砂红陶、泥质黑陶、泥质红陶。纹饰以粗绳纹为主，多饰于鬲上。另外还有少量的细绳纹、弦纹、划纹、附加堆纹等。

（七）西周文化

1.遗迹

主要有灰坑、墓葬等。灰坑的形状有圆形、椭圆形、长方形、不规则形，以圆形数量为最多，其次是椭圆形。墓葬出土的数量比较多，均为长方形土坑竖穴。大部分有棺材，多数有随葬品，主要随葬品有鬲、豆、罐等。

2.遗物

出土的遗物包括生产工具和生活用品两类。生产工具类出土的石器有石斧、石刀、石铲等，均为长方形。骨器类有骨锥、骨镞、骨匕等。生活用品以陶器为主。不过出土有较多的碎陶片，完整器较少。陶器以泥质灰陶为主，次之为夹砂灰陶，少量为夹砂褐陶、泥质黑陶。纹饰以中绳纹为主，并有少量弦纹、划纹等。器类以鬲、豆、罐最多，另有簋、盆、钵、瓮、器盖等。陶器的制法以手制为主,制作比较粗糙。

(八)东周文化

1.遗迹

主要有灰坑、水井、陶窑、墓葬等。灰坑的形状有圆形、椭圆形、方形、不规则形,以圆形的灰坑数量最多。这些灰坑大部分为人工挖制,作为窖穴使用,比较规整。水井为长方圆角形,井底小于井口。陶窑数量众多,为圆形。墓葬较多,为长方形土坑竖穴,少数墓内有墓葬品,组合为鼎、豆、壶等。

2.遗物

出土的遗物包括生产工具和生活用品两类。生产工具类出土有少量的石斧、石铲、石锛等,它们均为磨制而成,表面平整光滑。生活用品主要为陶器,不过出土有较多的陶片,完整器较少。陶器以泥质灰陶为主,夹砂灰陶次之,少量为泥质黑陶。纹饰以浅粗绳纹为主,中粗绳纹次之。器类以高柄豆的数量为最多,另有鬲、盆、瓮、罐、盂、壶、鼎、器盖、钵等。陶器的制法以手制为主,间有轮制。

孟庄遗址是中华民族五千年文明史上具有代表性的一处文化遗产,它的历史价值、科学价值和艺术价值主要表现在如下几个方面:

一是龙山、二里头及商代晚期三叠城在中原首次发现,为研究原始社会向阶级社会过渡、夏商更替等主要历史事件提供了重要资料。[1]

二是裴李岗、仰韶、龙山、二里头、二里岗、殷墟、西周、东周时期历时数千年一直都有人类居住,并留下丰富的文化遗物,这为建立新乡地区的考古学编年序列提供了条件。

三是龙山、二里头、商代城址及城内建筑物的发现,以及大量遗物的出土,为研究各个时期的建筑艺术、文化面貌提供了新材料。

四 辉县市凤头岗遗址

凤头岗遗址位于辉县市峪河镇丰城村东南1.5千米的凤头岗,因遗址所处岗地酷似凤头,故名。它是一处以龙山文化为主,兼有夏商周等文化的大型古人类遗存。遗址北望太行,南接卫河,东连峪河,中心区呈岗

---

① 邢亚平:《牧野风·文物考古卷》,河南美术出版社2008年版,第24页。

台地貌，南北长612米，东西宽470米，总面积达30万平方米。文化层堆积厚达2—4米，自下而上堆积依次为龙山文化、二里头文化、先商文化、二里岗文化、殷墟文化及西周文化时期文化层。断崖上有龙山文化的灰坑、房基及红烧土地坪、白灰面地坪等遗迹和种类齐全的石器、蚌器、骨器等遗物。遗址还出土了商代精美的玉器和铜器。遗址文化内涵丰富，为研究豫北卫河流域与冀南漳河流域的考古学文化交流和地域差异提供了难得的实物资料。凤头岗遗址还是商周王朝控制东方地区的重要军事地——"戚"故地，是武王伐纣进军线路上的要地，为夏商周断代工程相关课题的研究提供重要的参考资料。该遗址具有较高的历史价值、艺术价值和科学价值，1986年被河南省政府公布为省级文物保护单位。

五　原阳县谷堆遗址

谷堆遗址位于原阳县原兴街道谷堆村，为新石器至商代古文化遗址。谷堆遗址南北长约250米，东西宽约200米，呈不规则形。文化层厚1—3米，部分裸露地表，曾出土鬲、罐、盆等器物陶片，多绳纹、篮纹和附加堆纹。该遗址的发现，填补了原阳县没有古文化遗址的空白，同时对黄河的变迁及黄河流域的商代文化研究具有很高的科学价值和历史价值，被河南省政府公布为河南省重点文物保护单位。

六　封丘县青堆遗址

青堆遗址位于封丘县城东北8千米的青堆村东头，属于历史上的新石器时代的遗址。据历史记载，该遗址曾高出地面约4米，占地面积13万平方米。在对这片遗址的发掘中，人们找到的遗物有石器、灰陶（条纹、方格纹）和俑腿。在1978年的发掘中，人们又在此发现了蚌镰、陶罐、陶瓮。青堆遗址在1963年被河南省公布为第一批文物保护单位。

七　长垣县小岗遗址

小岗遗址，位于长垣县城东北4千米的满村镇小岗村北400米。小岗遗址以为新石器龙山文化为主，兼有商、周、春秋战国至汉代的文化遗存。遗址南北长约220米，东西宽约120米，面积26400平方米。遗址北高南低，中心高出地面3米，文化层较厚，中心钻探5米不到底。灰土露于地面，陶片标本有瓮、罐、盆、鬲、豆、壶等。纹饰有绳纹、篮纹、弦纹、附加堆纹等，陶色多为灰陶。1978年被河南省定为省级文物保护单位。

八　长垣县宜丘遗址

宜丘遗址位于长垣县满村镇宜丘村东约500米处的台地上，属于龙山文化和商文化遗址。台地东西长近100米，南北宽约90米，北部高出地表3—4米，南部高出地表不足1米。1998年春，郑州大学历史与考古系联合新乡市文化局、长垣县文管所对其进行了考古发掘，发掘面积350平方米。[①]该遗址通过发掘，其文化遗存分为三期。

第一期遗存：遗迹比较丰富，发现有房基和灰坑。房基均为圆形半地穴式建筑，根据基槽填筑方法的不同可分为两种类型：一种是在基槽内立木骨柱子，填筑草拌泥；一种是在基槽内填砌土坯，屋内地面皆经火烧处理，烧结硬面厚度近3厘米。灰坑分圆形、椭圆和不规则三种。

遗物主要有石器、骨器和陶器等。石器主要是生产工具，有石斧、石铲、石凿、石镞；骨器有骨针、骨镞、骨鱼鳔、骨牌饰。陶器主要是生活用具，以夹砂灰陶和泥质灰陶为主，夹砂褐陶、红褐陶及泥质黑陶也占有一定比例，还有少量泥质红陶。纹饰以方格纹、绳纹为主，篮纹也占一定比例，此外还有少量弦纹、划纹、镂空、刻槽纹等。瓮、杯多带有桥形耳。陶器多轮制，器底有切割痕迹，小型器盖、鼎足手制，袋足可能为模制。器类有罐、器盖、豆、盆、瓮、甑、盘等生活用具及少量陶拍、抹子、纺轮等生产工具。

第二期遗存：遗迹主要是灰坑，分圆形、椭圆形和不规则形三种。遗物主要有石铲、骨刀和陶器。陶器以夹砂和泥质陶为主，陶色多呈黄褐色、浅黄褐色，其次为灰色，少量红褐色。纹饰以中粗绳纹、细绳纹、绳切纹为主，还有少量弦纹、附加堆纹等。陶器多为轮制，少量小型器物及鬲足等为手制。器类有橄榄形罐、鼓肩罐、鼓腹罐、盆、尊、瓮、鬲等。其中以橄榄形罐为大宗。

第三期遗存：遗迹有近圆形和不规则形灰坑。遗物有石器、骨器、蚌器及陶器。石器有石斧、石铲、石镰；骨器有骨簪、骨镞、骨针；蚌器有

---

① 邢亚平：《牧野风·文物考古卷》，河南美术出版社2008年版，第12页。

蚌镞等。陶器中，夹砂陶多于泥质陶，以灰色陶为主，少量红褐陶。器类有鬲、豆、钵等，其中鬲数量最多。纹饰以中粗绳纹为大宗，主要装饰在鬲、钵等器物的腹部，另有少量弦纹、附加堆纹、划纹等。陶器多为轮制，少量器物和部分器物的附件采用手制或模制。

宜丘遗址发现的三个不同时期的文化遗存，其文化面貌差别较大，分别属于龙山文化遗存、先商文化遗存、晚商文化遗存三个不同类型的文化遗存。以上三个时期考古学文化遗存的发现，为建立长垣考古学文化序列提供了主要资料，也为本地考古学文化提供了断代标尺。

九　凤泉区潞王陵商代遗址

潞王陵商代文化遗址位于新乡市凤泉区，距京广铁路新乡北车站1.5千米。它的北部毗连太行山余脉凤凰山，东北5—6千米是卫辉市山彪镇，东南濒临卫河，并与铁路南侧的何屯新石器时代遗址遥遥相对。遗址的面积很广，东西长约200米，南北宽约150米，文化层厚达5米余。1958年12月，河南省考古研究所（原河南省文化局文物工作队）在这里做了小规模的试掘，共开探沟（方）4个，面积125平方米。[①]其中还发掘了商代的窑址1座和墓葬3座。

（一）文化层堆积情况

最上面为耕土层，厚度约为0.2米；耕土层以下为汉代淤土层，距地表深0.2—1.2米，厚约1米，棕红色，质地坚硬，包含有汉代绳纹砖块、布纹瓦、盆片；商代文化层位于汉代淤土层以下，厚度约4.1米；文化层以下为生黄土。发掘时曾根据土色的不同，将商代文化层分为6薄层。但根据各层出土遗物的不同，可以归纳为两个层次：

上层：土色浅灰，距地表深1—2.5米，厚约1.5米，其上顶汉代淤土层，下压深灰土层。

下层：土色深灰，距地表深2.5—5.1米，其上顶浅灰土层，下压生黄土。

（二）遗迹

主要有陶窑、墓葬等。

---

①　邢亚平：《牧野风·文物考古卷》，河南美术出版社2008年版，第25页。

1. 陶窑

仅发现1座陶窑，位于4号探方中部的深灰土层之下，残高1.34米，残长0.87米，最宽处1.1米。[①] 此窑结构可分窑门、火腔、窑柱、窑箅和窑腔五部分。窑门向南。火腔直径0.9米，作桶状，顶已不存。窑柱在中部，高0.5米，最厚处约0.3米，前窄后宽，将火腔中分为两部分。窑柱上承托圆形窑箅，已残，直径0.7米，厚0.23米。箅面残存6个火孔，它们的直径在0.1—0.12米。

窑内各部皆经火烧，内填灰土，出有石镰1件及陶片3块。由于此窑位于深灰土层之下，故其年代应早于潞王陵商代文化下层。

2. 墓葬

商代墓葬共发现3座，依其葬式不同，可分为二式：

Ⅰ式：共2座，皆为俯身直肢葬。墓4位于2号探方东北部，方向180度，为长方形土圹竖穴墓。墓坑长2.1米，宽0.66米，深0.65米，墓口距地表深1.1米。墓内葬一人，俯身直肢，无殉葬品。墓内填浅灰土。

Ⅱ式：只有1座，即墓5，位于2号探方内，方向153度。墓坑长1.4米，宽0.34—0.37米，深5米，墓口距地表深4.4米。内葬一人，死者俯身，右下肢向前弯曲，左下肢直伸而交叠于右股骨之上，无殉葬品。墓内填灰土。填土中出灰陶甑1件，敞口、深腹，外壁饰粗绳纹，颇似郑州二里岗期的陶甑。

（三）遗物

这次发掘所获的遗物相当丰富，根据上述两个层次堆积的先后关系以及它们所包含的某些遗物形制的差异，把它们分作前后两期。

1. 后期遗物

上层遗物即后期遗物，皆出土于浅灰土层中。

（1）生产工具

出土有石斧、骨斧、石锛、石铲、蚌铲、石镰、铜刀、石刀、石凿、骨凿、蚌凿、骨鱼叉、石镞、骨镞、陶拍子、陶纺轮等32件。

（2）生活用具

出土有陶鬲、甑、大口尊、爵、豆、盆、瓮、罐等陶器，出土有骨

---

① 邢亚平：《牧野风·文物考古卷》，河南美术出版社2008年版，第25页。

匕、骨锥、骨簪、石环、卜骨等16件。

2. 前期遗物

下层遗物即前期遗物，皆出土于深灰土层中。

（1）生产工具

出土有石斧、石锛、石铲、骨铲、蚌铲、石镰、石刀、蚌刀、骨凿、蚌凿、石杵、石镞、骨镞、石弹丸、陶纺轮等37件。

（2）生活用具

出土有陶鼎、鬲、甑、钵、杯、大口尊、盆、瓮、罐等陶器，出土有骨锥、骨匕、石环、陶环、蚌饰、卜骨等13件。

潞王陵商代遗址发现的两个不同时期的文化遗存，其文化面貌有一定差别，分别属于先商文化遗存、后商文化遗存两个不同类型的文化遗存。

第二节　牧野的行政区划

新乡市，系河南省地级市，地处河南省北部，南临黄河，与省会郑州隔河相望。新中国成立初期为平原省省会，是中原地区重要的工业城市，中原经济区及中原城市群核心城市之一，也是豫北的政治、经济、文化、交通、教育中心。新乡市总面积8249平方千米，市区面积396平方千米，建成区约140平方千米（2010年），总人口约606万（2010年），常住人口约571万（2010年）。新乡市下辖4区6县2市：红旗区、卫滨区、牧野区、凤泉区、新乡县、获嘉县、原阳县、延津县、封丘县、长垣县、卫辉市、辉县市。

一　牧野城区行政区划

红旗区，新乡市主城区，位于新乡市市区东南部，总面积约为148平方千米。辖区东以小店镇的东边界为界，南以关堤乡、小店镇的南边界为界，西以胜利路—化工路—和平路为界，北以卫河—兴隆街—东二环—平原路—小店镇的北部边界为界。红旗区下辖5个街道、2个镇和1个乡，共8个乡级行政区。它们分别是：西街街道、东街街道、渠东街道、南干道街道、向阳小区街道、洪门镇、小店镇、关堤乡。

卫滨区，新乡市主城区，位于新乡市市区西部，总面积约为52平方千米。辖区东以胜利路—化工路—和平路为界，南、西分别以平原乡的南部边界、西部边界为界，北以卫河为界。卫滨区下辖7个街道和1个乡，共8个乡级行政区。它们分别是：胜利路街道、解放路街道、中同街街道、健康路街道、自由路街道、南桥街道、铁西街道、平原乡。

牧野区，新乡市主城区，位于新乡市市区中北部，总面积约为80平方千米。辖区东、北以牧野乡的东部边界、北部边界为界，南部以卫河—兴隆街—东二环—平原路—小店镇的北部边界为界，西部以王村镇的西部边界为界。牧野区下辖7个街道、1个镇、1个乡，共9个乡级行政区。它们分别是：东干道街道、荣校路街道、北干道街道、花园街道、卫北街道、新辉路街道、和平路街道、王村镇、牧野乡。

凤泉区，新乡市远城区，位于新乡市市区北部，总面积约为116平方千米。辖区南与牧野区毗邻，西北与辉县市相连，东北与卫辉市相接。凤泉区下辖2个街道、1个镇和2个乡，共5个乡级行政区。它们分别是：宝西街道、宝东街道、大块镇、潞王坟乡、耿黄乡。

二　牧野县市行政区划

新乡县，位于新乡市西南部，总面积约为375平方千米。辖区东毗延津县，南连原阳县，西邻获嘉县，西北接辉县市，东北接新乡市区。新乡县下辖6个镇和1个乡，共7个乡级行政区。它们分别是：翟坡镇、小冀镇、七里营镇、郎公庙镇、古固寨镇、大召营镇、合河乡。

获嘉县，位于新乡市西南部，总面积约为473平方千米。获嘉县下辖8个镇和3个乡，共11个乡级行政区。它们分别是：城关镇、照镜镇、黄堤镇、中和镇、徐营镇、冯庄镇、亢村镇、史庄镇、位庄乡、大新庄乡、太山乡。

原阳县，位于新乡市南部，总面积约为1338平方千米。原阳县下辖3个街道、5个镇和11个乡，共19个乡级行政区。它们分别是：龙源街道、阳和街道、原兴街道、原武镇、师寨镇、福宁集镇、齐街镇、太平镇、葛埠口乡、祝楼乡、桥北乡、韩董庄乡、蒋庄乡、官厂乡、大宾乡、陡门乡、路寨乡、阳阿乡、靳堂乡。

延津县，位于新乡市东部，总面积约为886平方千米。辖区东毗滑县，南连封丘县、原阳县，西邻新乡市区、新乡县，北接卫辉市。延津县下辖5个镇和7个乡，共12个乡级行政区。它们分别是：城关镇、丰庄镇、东屯镇、石婆固镇、王楼镇、僧固乡、魏邱乡、司寨乡、马庄乡、胙城乡、榆林乡、小潭乡。

封丘县，位于新乡市东南部，总面积约为1221平方千米。封丘县下辖8个镇和11个乡，共19个乡级行政区。它们分别是：城关镇、黄陵镇、黄德镇、应举镇、陈桥镇、赵岗镇、潘店镇、留光镇、城关乡、荆乡回族乡、王村乡、陈固乡、居厢乡、鲁岗乡、荆隆宫乡、曹岗乡、李庄乡、尹岗乡、冯村乡。

长垣县，位于新乡市东部，总面积约为1051平方千米。长垣县下辖5个街道、11个镇和2个乡，共18个乡级行政区。它们分别是：蒲西街道、蒲东街道、南蒲街道、蒲北街道、魏庄街道、丁栾镇、樊相镇、恼里镇、常村镇、赵堤镇、孟岗镇、苗寨镇、方里镇、佘家镇、张三寨镇、满村镇、芦岗乡、武邱乡。

卫辉市，位于新乡市东北部，总面积约为882平方千米。卫辉市下辖7个镇和6个乡，共13个乡级行政区。它们分别是：唐庄镇、汲水镇、孙杏村镇、后河镇、李源屯镇、上乐村镇、太公镇、城郊乡、柳庄乡、顿坊店乡、庞寨乡、安都乡、狮豹头乡。

辉县市，位于新乡市西北部，总面积约为2007平方千米。辉县市下辖2个街道、11个镇和9个乡，共22个乡级行政区。它们分别是：胡桥街道、城关街道、孟庄镇、百泉镇、薄壁镇、峪河镇、南村镇、吴村镇、常村镇、南寨镇、占城镇、上八里镇、北云门镇、沙窑乡、西平罗乡、张村乡、高庄乡、拍石头乡、黄水乡、洪洲乡、冀屯乡、赵固乡。

第三节　牧野的人口与民族

一　牧野的人口

牧野地区拥有平坦的地形，温暖的气候，充足的水源，丰富的植被，肥沃的土壤，自然环境优美；同时经济比较发达，人文底蕴深厚，民风淳朴，非常适宜人口的生长繁衍。

（一）人口增长

一个地区人口数量的变化，主要有两个原因：一是人口的自然增长，取决于人口出生率和死亡率的变动；二是人口的机械增长，这是由人口迁移引起的。

2000年新乡市常住人口[①]约为541万人，同1990年第四次全国人口普查相比，10年间共增加约58万人，增长12.01%，平均每年增长1.20%。

2010年新乡市常住人口约为571万人，同2000年第五次全国人口普查相比，10年间共增加约30万人，增长5.54%，平均每年增长0.55%。

2015年新乡市常住人口约为572万。出生人口约6.71万，出生率1.17%；死亡人口约3.50万，死亡率0.61%；自然变动净增人口约3.21万，自然增长率0.56%。

可以看出，牧野地区人口一直处于增长状态。在2000年以前增长速度较快，而在2000年以后增长速度减缓。究其原因，一是国家计划生育政策逐渐深入人心和养育孩子成本的提高以及社会保障制度的完善，人口出生率下降；二是由于务工、经商和求学而引起的迁出人口增加。

随着2016年1月1日国家"全面二孩"政策的实施，在2016年、2017年和2018年牧野地区人口出生率有较大幅度的提升，自然增长率也将随之较大幅提升；2018年以后人口出生率和自然增长率有所回落并趋于平稳。不过，推升人口较大幅增长的主力主要集中在市辖区，这是因为市辖区人口主要是非农业人口，计划生育政策执行很严格，在很大程度上压制了人们的"二孩"生育愿望。而在市辖区范围之外的各县市农村人口占很大比重，在"全面二孩"政策实施前，生育"二孩"的现象相对比较普遍，受"全面二孩"政策影响不大。

（二）人口结构

人口结构又称人口构成，指的是人口系统内部不同属性之间的比例关系。[②]根据人口过程的特点和运动方式，人口结构可分为自然构成和社会经济构成两大类。人口的自然构成主要包括人口的性别构成和年龄构成，人口的社会经济构成主要包括人口的种族构成、民族构成、阶级构成、婚姻家庭构成、文化教育构成和职业构成等。

---

①　各省辖市、县（市）的常住人口包括，居住在本乡镇街道、户口在本乡镇街道或户口待定的人；居住在本乡镇街道、离开户口所在的乡镇街道半年以上的人；户口在本乡镇街道、外出不满半年或在境外工作学习的人。

②　王恩涌等：《人文地理学》，高等教育出版社2000年版，第85页。

人口结构及其变动是由社会的生产方式所决定的，它随着社会经济的发展而作相应变动，具有动态特征。人口结构一旦形成，在一定的时期内又具有相对的稳定性，它对人口发展过程产生重大影响。

1.性别构成

人口性别构成是一个国家或地区两性人口数的比例关系，它通常以性别比例表示。性别比例是用一定人口中一种性别的总人数与另一性别总人数之比，通常用100个女性所对应的男性人口数来表示。性别比在100以上，表示男子多于女子，100以下则表示女子多于男子。计算公式如下：

$$性别比例 = \frac{某时某地男性人口数}{该时该地女性人口数} \times 100\%$$

在正常情况下，各国各地区性别比例为92—106。由于受自然环境和社会因素的影响，各国各地区与各年龄组人口性比例相差很大。人口的性别构成对婚姻和家庭状况的影响十分明显，并进一步影响到人口的增长、迁移和其他人口构成。

2010年新乡市常住人口中，男性人口为2873291人，占50.34%；女性人口为2834510人，占49.66%。总人口性别比例由2000年第五次全国人口普查的103.6下降为101.37。

2.年龄构成

人口年龄构成是指一个国家或地区总人口数中不同年龄人口的比例关系。表示人口年龄构成最常用的方法是年龄金字塔图表法，另外老年人口系数（即老年人口数占总人口数的比重）、少年儿童系数（即少年儿童人口数占总人口数的比重）等都是衡量人口年龄构成的常用指标。

人口的年龄构成直接取决于人口出生率和死亡率的变动。出生率对人口年龄构成的影响较为简单：出生率上升时，少年儿童在总人口中的比重上升，老年人比重下降，人口年龄构成趋于年轻化；出生率下降时，少年儿童在总人口中的比重下降，老年人比重上升，人口趋于老龄化。死亡率变化对人口年龄构成的影响则比较复杂。各年龄组死亡率下降的幅度不同，引起的人口年龄构成的变化方向可完全相反。在各年龄组死亡率都下降的情况下，如果婴儿和儿童死亡率的下降幅度大于老年人，则少年儿童在总人口中的比重相对增大，老年人的比重相对减少，人口年龄构成朝年轻化方向发展。如果婴儿和儿童死亡率的下降幅度低于老年人，则人口年龄构成朝老龄化方向发展。近几十年来，许多发达国家人口死亡率已经下降到很低的程度，平均期望寿命的延长也越来越缓慢，在这种情况下，出生率的变动已成了影响人口年龄构成最主要的因素。

人口的年龄构成对人口发展动态有很大影响：年龄构成较轻，少年儿童比重大，则将来相继进入婚龄育龄的人数比例必然大，最终使出生率长期偏高，人口过快增长；反之，年龄构成老龄化，少年儿童比重过小，必然造成出生率低下，甚至会导致人口的萎缩。

2010年新乡市常住人口中，0—14岁人口为1197872人，占20.99%；15—64岁人口为4063416人，占71.19%；65岁及以上人口为446513人，占7.82%。同2000年第五次全国人口普查相比，0—14岁人口的比重下降4.71个百分点，15—64岁人口的比重上升3.53个百分点，65岁及以上人口的比重上升1.18个百分点。

3.文化构成

人口文化构成是各种文化指标下的人口占社会总人口的比重，是衡量一个国家或地区人口文化素质的标准。文化指标常以人口的受教育程度来衡量，主要的文化指标有：成年人口文盲率、小学入学率、中学入学率、大学入学率、人口中大学生比例、科技人员比例等。

文化构成对社会的作用主要体现在其对人口数量增长的影响上。一方面文化程度的提高延长了劳动者的受教育时间，相对推迟了人口的婚育年龄；另一方面文化素质的提高，改变了人们传统的生育观念，"少生、优生"等现代生育观逐渐深入人心。

2010年新乡市常住人口中，具有大学（指大专以上）文化程度的人口为363488人；具有高中（含中专）文化程度的人口为893973人；具有初中文化程度的人口为2499083人；具有小学文化程度的人口为1215658人（以上各种受教育程度的人包括各类学校的毕业生、肄业生和在校生）。

同2000年第五次全国人口普查相比，每10万人中具有大学文化程度的由3300人上升为6368人；具有高中文化程度的由12724人上升为15662人；具有初中文化程度的由44355人下降为43784人；具有小学文化程度的由32473人下降为21298人。

全市常住人口中，文盲人口（15岁及以上不识字的人）为166899人，同2000年第五次全国人口普查相比，文盲人口减少115101人，文盲率由

7.01%下降为2.92%，下降4.09个百分点。

可以看出，牧野地区人口的性别结构比例、年龄结构比例、文化程度结构比例都相对比较合理。不过需要注意的是，牧野地区人口也逐渐迈入老龄化阶段，要通过加快有关老年人的养老、医疗保健、体育运动、休闲娱乐等产业的发展和提高人口出生率来应对这个问题。

（三）人口分布

人口分布是指一定时间内人口在一定地区范围内的空间分布状况。它是人口过程在空间上的表现形式。[①]影响人口分布的因素既有地形、气候、水源、土壤、矿产资源等自然因素，也有历史、政治、经济、文化、科技、风俗习惯等社会人文因素。

1. 政区分布

2010年新乡市常住人口5707801，其中红旗区常住人口391265，卫滨区常住人口193493，牧野区常住人口317973，凤泉区常住人口144289，新乡县常住人口339918，获嘉县常住人口402922，原阳县常住人口659335，延津县常住人口469248，封丘县常住人口743786，长垣县常住人口809479，卫辉市常住人口495710，辉县市常住人口740383。

可以看出，在牧野地区12个县级政区中，占全市总人口（常住人口）比重最大的是长垣县，为14.18%；最小的是凤泉区，为2.53%。而2000年牧野地区12个县级政区中占全市总人口（常住人口）比重最大的政区是辉县市，为14.36%，最小的仍然是凤泉区，为1.85%。全市总人口（常住人口）比重最大的政区发生了变化，这大概与辉县市境域面积最大且远远超过其他政区，而2000年以后长垣工业日益发达进而聚集了大量人口有很大的关系。而凤泉区始终是全市总人口（常住人口）比重最小的政区，这主要是因为凤泉区属于远城区，在主城区以外的政区中面积最小，且远远低于其他县市政区。

2. 城乡分布

2015年新乡市常住人口约572万，其中城镇人口数量约为289万，乡村人口数量约为283万，城镇人口数量略超过乡村人口，城镇化率达到了50.44%。这与2000年新乡市城镇化率23.57%相比，15年间增长了一倍多。

---

① 王恩涌等：《人文地理学》，高等教育出版社2000年版，第50页。

这充分反映了新乡市城市经济的迅猛发展和农村生产力的大幅提高。

3. 人口密度

人口密度是指单位土地面积上居住的人口数。它一般被看作衡量人口分布的主要指标，反映一定地区的人口密集程度，通常用每平方千米常住的平均居民数量来表示，称为人口算术密度。

2010年新乡市人口密度为每平方千米692人，其中红旗区人口密度为每平方千米2644人，卫滨区为每平方千米3721人，牧野区为每平方千米3975人，凤泉区为每平方千米1244人，新乡县为每平方千米906人，获嘉县为每平方千米852人，原阳县为每平方千米496人，延津县为每平方千米530人，封丘县为每平方千米609人，长垣县为每平方千米770人，卫辉市为每平方千米562人，辉县市为每平方千米369人。

可以看出牧野地区人口密度具有如下规律：从政区上看，市辖区人口分布比较密集，县市人口分布比较稀疏；市辖区中主城区人口比较密集，远城区人口比较稀疏；从地形上看，平原地区人口比较密集，山区人口比较稀疏；从发展历史上看，历史悠久的城市人口比较密集，新兴城市比较稀疏；从产业发展上看，工业发达县市人口比较密集，工业落后县市人口比较稀疏。

（四）人口迁移

人口迁移是指人们出于某种目的，移动到一定距离之外，永久性或长期性改变其居住地的行为，是人口移动的一种形式。按地理范围划分，牧野人口迁移可以分为域外迁移和域内迁移两种。

1. 域外迁移

指人口从牧野地区迁到河南省其他地市、省外地区，或者从河南省其他地市、省外地区迁到牧野地区。域外迁移的方向主要是从牧野地区迁往京津地区、山东半岛、长江三角洲、珠江三角洲沿海发达地区的城市，武汉、西安、重庆等内地的区域中心城市以及省会郑州。迁移目的主要是务工、经商和求学。因为这些城市要么经济发达、劳动力工资高、商业繁荣、消费能力强，要么高校林立、教育发达。

当然，也有外来人口迁入牧野地区的。主要是牧野周边的安阳、濮阳、鹤壁、开封、洛阳、济源、焦作等地区的人口为了务工、经商和求学而迁入。不过数量不大，迁出的远远大于迁入的。

2.域内迁移

指牧野地区内部的人口迁移。主要是城市化导致的人口由乡村迁往城市，由小城市（县市）迁往中等城市（市区）。

二　牧野的民族

民族是在历史上形成的一个有共同语言、共同地域、共同经济生活以及表现于共同文化上的共同心理素质的稳定的人群共同体，是一种文化现象。[①]我国现有56个民族，其中汉族人口最多，约占总人口的92%，其余55个民族约占总人口的8%，习惯上称为少数民族。

牧野地区地处我国南来北往的交通要冲，自古以来频繁的人口迁移使得这里少数民族众多。

（一）民族构成

2013年，全市共有回族、蒙古族、满族、苗族、彝族、壮族、朝鲜族、藏族、布依族、土家族、维吾尔族等少数民族44个，人口64418人，占全市总人口的1.07%。在少数民族人口中，数量最多的是回族，共有56353人，占少数民族人口的87%；其他人口较多的少数民族是蒙古族（2947人）、满族（2029人）等。

（二）民族分布

牧野地区属典型的少数民族杂散居地区，具有大分散小聚居的特点。全市少数民族人口在万人以上的县（市、区）1个（封丘县）；少数民族人口在千人以上的乡（镇、街道）13个，其中有1个回族乡——封丘县荆乡回族乡；共有51个少数民族聚居村（回族47个，蒙古族4个）。

1.回族的分布

回族主要分布在封丘县、原阳县、辉县市、红旗区、卫滨区。

封丘回族居住非常集中。封丘回民独居村就有：后荆乡、百寺、杨庄、白庄、时寺、辛寨、小贾、海庄、牙铺9个。回汉合居街村有：尹岗乡南文寨、张庄，李庄乡的竹岗、苦庄、顺河集，留光乡的留光集，司庄乡的司庄集，陈桥乡的陈桥集，城关镇的东大街和城关乡的前荆乡，共10个街村。

---

① 王恩涌等：《人文地理学》，高等教育出版社2000年版，第152页。

原阳县回族居住比较分散,集中聚居村只有吕寨和仁村堤。回汉合居街村有城关南街、原武南街、齐街南街、邢堂、官厂、延州、太平镇和张大夫寨。

辉县市回族主要分布在城关云门路、西关及薄壁、百泉、中疃、峪河、赵固、韩营等村镇。

红旗区、卫滨区作为新乡老县城所在地,回族人数也比较多,但居住比较分散,几乎各街道办、社区都有分布。

此外,新乡县回族主要集中分布在小冀、史屯、申店、合河等村镇;获嘉县回族多聚居在东关街、亢村、中和、刘桥、徐营等村镇。

2.蒙古族的分布

蒙古族分布较多的县(市、区)主要是获嘉县、辉县市、红旗区。获嘉县蒙古族主要分布在狮子营村、陈孝村、大洛纣村;辉县市蒙古族主要分布在峪河乡穆家营村。

3.满族的分布

满族主要分布在红旗区、卫滨区、原阳县。

(三)少数民族的风俗习惯

民族风俗习惯简称民俗,是指一个民族在物质文化、精神文化和家庭婚姻等社会生活各方面的传统,是各族人民历代相沿积久而形成的风尚、习俗。[①]具体反映在各民族的生产、饮食、服饰、居住、交通、婚姻、丧葬、节庆、文娱活动、礼仪、禁忌等方面。我国古代称由于自然环境的不同而形成的风尚叫作"风",由于社会环境的不同而形成的习俗叫作"俗"。

生活在牧野本地的少数民族人民,因为多年在牧野地区的生活,除保留自己的民族惯有的生活习俗外,生产方式和汉族大致相同。

1.回族的生活习俗

(1)服饰

牧野地区回族服饰基本上"随乡入俗",和汉族服饰大体相近,所以历史上有"汉装回"之称。

回族的传统服饰,根据性别形成了男子服饰和女子服饰。回族男子服饰中最显著的标志,就是头戴无沿小白帽(俗称"回回帽")。这与伊斯

---

① 王恩涌等:《人文地理学》,高等教育出版社2000年版,第163页。

兰教信仰有关，因为伊斯兰教的"五功"之一——做礼拜时要求，礼拜者的头部不能暴露，必须遮严；礼拜叩头时，前额和鼻尖要着地。这样，不戴帽子礼拜不符合教义，戴有沿帽子礼拜时不方便。而无沿小白帽则能弥补二者的不足，所以又称为"礼拜帽"。当然现在回族中戴白帽，不完全是做礼拜或者是宗教的原因，已成为回族身份的一种标志。

回族除了戴小白帽外，还有在头上戴"太斯达尔"（缠巾）的。相传穆罕默德在早期传播伊斯兰教时，就是头缠"太斯达尔"做礼拜。戴"太斯达尔"时有许多讲究：前面只能缠到前额发际处，不能把前额缠到里面，这样不利于叩头礼拜；缠巾的一端要留出一肘长吊在背心后，另一端缠完后压至后脑勺缠巾层里。过去回族头缠"太斯达尔"的较多，现在多戴小白帽，只有一些阿訇、满拉和老人缠头。

坎肩是回族传统服饰的一个重要组成部分。回族男女都喜欢穿坎肩，特别是回族男子喜欢在白色的衬衫上套一件对襟青坎肩，即"白汗褡青夹夹"，黑白对比鲜明，既清新，又文雅。由于季节不同，坎肩的质地也不同，有夹的，棉的，还有皮的。既可当外套穿，又可穿在里面。特别是回族爱清洁，做礼拜时又要洗大小净，还有喜欢练武的习俗，所以穿坎肩方便实用。

回族妇女的衣着打扮也是别具特色的，其中最有特点的是盖头。盖头的式样一般是统一的，从头套下，披在肩上，遮住两耳，颔下有扣，将头发全部盖住，只露面孔在外。通常是少女和已婚的少妇戴绿色的盖头，中年妇女戴黑色的，老年妇女戴白色的。这种特殊装束源于阿拉伯游牧民族防止风沙尘埃的生活习惯，后来成为伊斯兰教规定的穆斯林妇女头饰。[①]

回族妇女传统的衣服是大襟衣服和长及膝盖的袍子。中老年妇女多着暗色，姑娘则穿红着绿，并喜欢在衣服上嵌线、镶色、滚边等，有的还在衣服的前胸、前襟处绣花。现在回族女性虽然在衣饰上"入乡随俗"，但她们一般不穿超短袖衫及超短裙。在回族文化中心清真寺，是禁止穿裙子的女性进入的。

（2）饮食

在回族饮食习俗中有一些与其伊斯兰教信仰密切相关的规定，而伊

---

① 杨圣敏：《中国民族志》，中央民族大学出版社2003年版，第60页。

斯兰教有关饮食的规定是以《古兰经》和《圣训》为依据形成的，强调猪肉、血液、自死物及酒类为"禁忌"品。所以回族不吃猪肉、自死物、血液、不喝酒（在宴会上往往以茶代酒）。

牧野地区回族的主食为面食。面食品比较有特色，有牛肉拉面、臊子面、羊肉泡馍、羊肉水饺、粉汤、油香、馓子等。菜肴比较丰富，一般以爆、烤、涮、烧、卤、酱、扒、炸、蒸为主，主要有蒸羊羔肉、牛羊杂碎、手抓羊肉、爆羊肉、烤羊肉、烤鸭、涮羊肉、卤牛肉、酱牛羊肉等。

（3）居住

牧野地区回族民居总体上和当地汉族民居没有多大差别。然而由于回族特殊的生活习俗，一般喜欢本民族同胞住在一起，其"小聚居"的特点非常明显，形成遍及牧野各地的回族村及一条条回族街道。在回族聚居的地区，清真寺是其民俗生活的核心。它不仅是重要的宗教活动中心，也是回族群众主办婚丧嫁娶和屠宰食用禽畜的服务场所。正因为回族群众的宗教生活和日常生活都与清真寺有极为密切的联系，所以他们通常将清真寺建在居住区中心。清真寺成为回族信仰的物质显示，也是现实中的生活路标。

（4）取"经名"

回族出生后要请阿訇取一个"经名"（或称"教名"），以表示婴儿出生后即与伊斯兰教信仰联系在一起。经名多用伊斯兰教圣人贤哲的名字。如尔撒、努哈（努海）、易卜拉欣、易斯马仪、优素福（尤索夫）、穆萨、达吾德、叶哈雅等均是伊斯兰教典籍中先知的名字；穆罕默德、欧麦尔、阿里、哈桑等是伊斯兰教史上重要人物的名字。以上是男孩子的名字。女孩子一般起名为阿米娜（穆罕默德之母）、海底彻（穆罕默德之妻），阿依莎（穆罕默德之妻）、法图麦（或称法蒂玛，穆罕默德的女儿、阿里的妻子）等。在举行命名礼这一天，有条件的家庭要宰羊，一般的家庭也要炸油香、馓子等，请阿訇食用，并送左邻右舍、亲戚朋友，以示庆贺。

一般回族在外面工作或学习都用学名，其经名主要在家庭或居住区内使用。但在阿訇为青年举行的婚礼上，则需要将新郎新娘的经名写在婚书上。

（5）婚姻

回族的婚姻强调以双方都是穆斯林为前提，但不排除与愿皈依伊斯兰教的其他民族青年通婚。一般而言，与回族通婚的非穆斯林青年在正式举行婚礼之前先要"进教"，就是皈依伊斯兰教。"进教"仪式通常由阿訇主持，为"进教者"念诵《古兰经》《圣训》有关章节，大意是奉真主之命，接受她（或他）为教中人，愿真主赐福他们。然后再按回族正常的结婚程序进行。

按传统的回族婚俗来说，结婚要经过三个程序：

①说亲。当男方看中某家的姑娘时，由男方家中的长辈出面，带上礼到媒人家中，请媒人为自己的子女说亲，也有媒人主动为两家说亲的。随着社会的发展，现在有些青年男女互相早已相识，且彼此有爱慕之心，但要想缔结婚姻，还是要找个媒人从中说合，否则会被人嘲笑为不懂"规矩"。

②订婚。男方家要准备好回族喜欢喝的茶叶及糖、桂圆、果干等，分别包成红包，还有送给女方的衣料、化妆品等，由媒人和男方家的人送到女方家。女方家中要备茶饭招待客人。吃完宴席后，双方当着亲属的面互道"色俩目"（阿拉伯语音译，为穆斯林间的问候语），这门婚事就算定下来了。女方家在送客人时，要回赠男方家以适当的礼品。定亲过后，男方就要准备送大礼，即送给女方聘金、四季服装、化妆品等，还要给女方直系亲属中的长辈（按女方开列的名单），一一送冰糖、茶叶等礼包。送了大礼，标志着双方的亲事完全确定。

③婚礼。回族的婚礼通常选择在"主麻日"或"开斋节""古尔邦节"前后。[①]回族婚礼的一些仪式如接亲、在新房中放置花生、红枣等内容与汉族相似，但回族婚礼的一项特殊的重要仪式，是请阿訇念"尼卡哈"（阿拉伯文的音译，意为"结合"，即证婚词）。回族传统的婚礼通常要三天，即除第一天主要仪式外，第二天要请新娘家中女客来新郎家吃宴席；第三天是"回门"的日子。新娘、新郎由男方家的女客们陪同到新娘家吃席，并到亲戚邻里家分别做客。

（6）丧葬

回族的丧葬习惯中，比较完整地保持着早期伊斯兰教的特征：简朴、快捷，主张死在哪里就葬在哪里，反对将死者运回故乡，俗称"天下的土

① 杨圣敏：《中国民族志》，中央民族大学出版社2003年版，第62页。

地，埋天下的回回"。

回族称死亡为"无常"或"归真"（即归至真主阙下），称殡体为"埋体"，称死者为"亡人"。回族在临终前，将其儿女亲朋叫到跟前，以便聆听遗嘱，又叫"口唤"。"口唤"是回族专用语，意为"同意"或"允许"。临终者停止了呼吸以后，要为亡人洗涤全身，然后用"开番"（阿拉伯文，即殓服）包裹全身。"开番"用白布做成，因伊斯兰教崇尚白色，认为白色布最洁，同时也寄寓着"清白一身而来，清白一身而去"的含义。

概括而言，回族的葬礼有如下几个特点：

第一，要为亡人作殡礼。伊斯兰教认为，为亡故的穆斯林向安拉祈祷是一项共同的义务和集体的责任。所以，有人亡故后，周围的回民一般都来参加殡礼。殡礼后将亡人移入清真寺公有的"塔布"（阿拉伯语，即匣子。指专为运亡人而制作的长方形木匣子。回族亦称为"经匣"或"塔布匣子"）内，由四个人或八个人轮番抬到基地埋葬。中途可以换，但"塔布"绝对不许着地。妇女一般不参加殡礼，不送葬。

第二，土葬。土葬是伊斯兰教丧葬制度的最基本内容，而火葬是其所忌讳的，这是因为伊斯兰教认为，世上干过歹事的人，死后安拉惩罚时才用火。

第三，速葬。回族主张速葬，亡人停留一般不能超过三天。

第四，薄葬。伊斯兰教的葬礼是最节约的，也是最平等的。无论亡人生前贫富贵贱，都是用同样规格尺寸的"开番"，都埋葬在同样大小的墓穴，都不允许用任何物品陪葬，都须举行同样程序的殡礼，都会有众多的穆斯林赶来送葬，都不要花钱雇人抬送"埋体"。伊斯兰教不主张为亡人穿孝服，送葬者只要素衣洁服即可。

（7）节日

回族的民族节日主要有开斋节、古尔邦节和圣纪节。它们都源于伊斯兰教，所以既是回族的宗教节日，又是民族节日。

开斋节　开斋节系阿拉伯语"尔德·菲图尔"的意译，这个节日是穆斯林斋戒期满开斋的日子，也是回族最大、最隆重的节日。开斋节这一天上午要举行会礼。之后，回族群众先向阿訇道安，接着大家彼此互通色俩目，然后各自到墓地为亡故的亲人念经。从墓地回来，再到亲友家祝贺节日愉快。

古尔邦节　古尔邦节是阿拉伯语"尔德·古尔巴尼"的音译，意为献牲，故又称"献牲节""宰牲节"，回族俗称"忠孝节"。这一节日在开斋节后的第七十天，伊斯兰教历的十二月十日举行。伊斯兰教规定，教历十二月上旬是穆斯林去麦加朝觐的日期。朝觐的最后一天要宰杀牛羊庆祝，所有人共餐，称为献牲。回族对古尔邦节的重视度仅次于开斋节，这天他们要沐浴盛装，参加会礼，互相拜贺。除炸油香、馓子以外，还要宰牛、羊、骆驼等。一般经济条件允许的，每人要宰一只羊，七人合宰一头牛或一峰骆驼，所宰的肉要分成若干份，分赠给亲友、阿訇和贫民。这一天，回族群众还要去游坟，缅怀先人。

圣纪节　圣纪节是伊斯兰教始传人穆罕默德的诞辰纪念日。穆罕默德逝世于伊斯兰教历十一年（632）三月十二日，据说与诞生的月、日相同，因此回族的圣纪活动兼有纪念穆罕默德诞生与逝世的双重意义，称为办"圣会"。届时，人们前往礼拜寺，听阿訇念经、赞圣，讲述穆罕默德的生平业绩和品德，表示深切怀念。

2.蒙古族的生活习俗

（1）服饰

蒙古族的男女老幼都喜欢穿皮质长袍，这种长袍俗称"蒙古袍"，身宽肥大，袖长，下摆不开衩，在衣领、袖口、下摆等处绣有精美的花边。"蒙古袍"颜色多为红、黄、深蓝色。蒙古族在服饰色彩上，崇尚白色，以此象征圣洁、长寿。因此，每逢年节，蒙古族人就会穿上白袍，相互问候，以示喜庆。穿"蒙古袍"时必须系腰带，腰带所用的质料有布、绸、缎等，颜色多为红、绿色。束腰带，除了重要的装饰作用，更是未婚女子的标志和饰物。

蒙古族女子的特色饰物是"哈布特格"。这是挂在蒙古袍右上襟纽扣处的一种囊式小饰物，一般长为3寸，宽约2寸，其形状各式各样，有正方形、长方形、三角形和圆形、椭圆形的。[①] 这种状如荷包的"哈布特格"，是采用浆过的硬布，中间纳以棉花，外边裹以绸缎，缝成空心小夹。外面用金银线绣上蒙古族女子最喜爱的图案，如美丽的山丹、莲花或飞禽、动物等。上边开口，下端缀以穗带，中抽丝带，用时可上下抽动。里边可装香料、药物、鼻烟壶、烟草及针线等物。"哈布特格"不仅是生活中很有

---

① 杨圣敏:《中国民族志》，中央民族大学出版社2003年版，第111页。

实用价值的饰物，又是蒙古族青年女子表达爱情的信物。

蒙古族男子有木碗、腰刀和火镰"三不离身"的佩饰。蒙古族喜用木制器皿，木碗是用原木制成外部镶白银，花纹美观。吃饭时，即使是一家人，也是各用各的碗，客人也是用自己的碗来就餐。

（2）饮食

饮食是人类生存的第一需要，作为一种文化，各民族的饮食受生态环境、自然资源和社会生产力发展水平的制约，呈现出色、香、味各种特色的菜系食谱。蒙古族长期生息在北方草原，以牧业为主，创造了独具民族特色的饮食文化。他们的主要食品，除炒米之外，还有"白食"与"红食"之说。

"白食"象征纯洁的意思深受蒙古族人民喜欢。"白食"分为食品、饮料两种，奶制饮料有鲜奶、酸奶、奶酒、奶茶等；奶制食品有：奶豆腐、酸奶豆腐、奶酪、奶酥、奶皮、奶油、黄油、奶渣子、黄油渣子等。因为蒙古族崇尚白色，招待尊贵的客人，首先要敬献白食。逢喜庆宴席或逢年过节，也要敬献洁白的奶豆腐或奶皮子，让客人品尝，表示良好的祝愿；如有亲人出门远行，也要用白食祝福一路平安。

"红食"是肉食品，其原料主要是牛羊肉，其次是山羊肉和骆驼肉。吃法多种多样，通常是手扒肉、炖羊肉、烤羊肉，宴席则讲究摆整羊席，有蒙古烤全羊，挂炉烤羊等。

但由于牧野地区的蒙古族人长期居住在汉族地区，一些饮食习惯也有所汉化，但对于蒙古族的重大节日，他们原本的饮食习俗依旧会延续下去。

（3）婚姻

蒙古族青年男女结婚，男方须多次向女方家求亲，才能得到许诺。求亲达成协议后，由男方带上哈达、奶酒和全羊到女方家"下聘"，女家请亲友陪客人饮酒，表示正式定亲。

（4）丧葬

蒙古族人死后，一般在家停灵三天、五天、七天才送葬。亲人要为死者请喇嘛念经指路，让死者到"德娃珍"去（民间认为那里没有灰尘，是享福的地方）。

蒙古族人死后，亲人要请人为死者穿丧服。蒙古族以白为纯洁，以蓝为民族本色，所以丧服上衣穿白布衫，下身穿蓝裤；布用平纹，不穿棉衣。儿女不许伸手给死者穿衣，死者遗留衣服，多赠给为死者穿衣服的人。入殓时死尸不能从门过，要打开窗户，用秫秸三根拼成门形，将死者抬出。

蒙古族送葬的方式是老年人死后灵柩用人抬到墓地，中年人和青少年死后灵柩用车送到墓地。当死者出殡时，灵车上不是头朝前，而是脚朝前。

蒙古族丧葬方式为土葬。下葬后不为死者烧纸，而是烧一些死者生前喜欢的食物和使用后的畜骨为死者祝福。死者如果年岁高，贡品被视为福物，贡品要分给亲友们。祭祀用的鸡，多留给送灵下葬的人回来食用。

（5）节日

蒙古族的民族节日主要有春节、灯节（正月十五）、清明节、端午节、祭敖包、七夕节（七月初七）、中元节（农历七月十五）、那达慕大会、中秋节、重阳节、小年等。

那达慕大会　那达慕大会，意为"娱乐""游玩"，是蒙古族最盛大的传统节日，在每年牧草繁茂，牲畜肥壮的农历七、八月间举行，会期三、五或六、七天不等。那达慕大会历史悠久，史籍记载：成吉思汗为了庆贺征服花剌子模的胜利，在布哈苏齐海举行了一次盛大的那达慕大会，会上举行了射箭比赛。[①]以后经过元、明两代的发展，射箭、摔跤和赛马成为那达慕大会男子比赛的三项固定形式。到了清代，那达慕大会逐步变成定期召集的有组织、有目的的游艺活动。

现在的那达慕大会，除射箭、摔跤、赛马等传统项目外，又增加了拔河、歌舞表演、物资交流等内容。牧野的蒙古族人们每年都会派代表赴内蒙古草原参加那达慕大会。

春节　春节即农历新年，蒙古语为"查干萨仁"，即白色的月，因此蒙古族将新年亦称为"白月"或"白节"。大年三十，全家围坐在一起吃"手扒肉"；晚上守岁，下蒙古棋、听艺人演奏马头琴，妇女、儿童玩"嘎拉卡"（羊骨拐子）、唱歌等；黎明将至时，晚辈要向长辈敬"辞岁迎新酒"，全家围着火炉吃饺子。大年初一人们穿上艳丽的民族服装，烧香放

---

① 杨圣敏：《中国民族志》，中央民族大学出版社2003年版，第114页。

鞭炮，去亲友家拜年。春节期间蒙古族人们还会组织灯会、荡秋千、踩高跷、摔跤、民族歌舞表演等多种文娱体育活动。

小年　小年是农历腊月二十三，这一天正好是送"灶王爷"上天的日子，故又称作"祭灶""祭灶神"或"祭火"。各户要在灶前烧香上供，供品有"白食"和"红食"。祭祀时，全家人向火神爷爷跪拜、磕头，长者还要念祷词，祈求庇护。

3.满族的生活习俗

（1）服饰

满族男性民族服饰是长袍马褂。长袍又称旗袍，按季节分为单、夹、棉、皮四种。通常是左衽、无领、四面开襟、束腰、窄袖，袖口为马蹄袖。马褂又称"行褂"，是套在长袍外面的服饰，高领对襟，四面开襟，长及腰部，两袖较短。而妇女的旗袍由宽腰直筒式逐渐变成紧身合体的流线型款式，充分表现了中国妇女的形体和文静贤淑的性格。现已发展成了代表中国民族女性特色的服装，直至21世纪仍然在世界上广为流行。

（2）饮食

满族的主食类有：豆面饽饽、豆包、豆面卷子、黏火烧等，最有民族特色的是萨其玛和酸汤子。"萨其玛"是满族的名点，香甜可口。它是用精粉、鸡蛋、糖、芝麻、青红丝和瓜子仁等原料制作的，如今已经发展成为现代食品工业的品种之一。"酸汤子"是满族民间夏天喜欢吃的一种食品：把玉米泡涨后磨成糊状，稍发酸时做汤，另加以蔬菜、盐等调料，味香而稍酸，有开胃之效。

菜肴类主要有：白肉、血肠、酸菜粉条和火锅。满族的火锅为铜火锅，原汤为鸡汤，汤中杂以酸菜丝、粉丝，用来涮猪肉、羊肉、兔肉、鸡肉、鱼肉等。

（3）居住

满族建房有"以西为贵，近水为吉，依山为富"之说。[①]满族旧宅有三个特点：一是烟囱建于屋侧面。二是屋内南、北、西三面建火炕。三是"窗户纸糊在外"。牧野满族住宅，在城镇为典型的四合院，院门这一面修建了门楼和大院墙，院子的左右两边建筑有东西厢房。坐北朝南的住宅为

---

① 杨圣敏：《中国民族志》，中央民族大学出版社2003年版，第73页。

正房，通常有三间或五间，中间开门，进门为堂屋；西屋为贵，称上屋，由家中长辈居住；东屋称下屋，为晚辈居住。在农村则是一家一户一个院落，普遍盖三间大瓦房，院墙是用砖垒或用木栅，大门向南开，院内有影壁，立"索罗杆"。

（4）婚姻

满族订婚仪式是男方请媒人到女方家说亲，先后要三次，女方父母才能同意。男方向女方送彩礼：猪、酒、钱、衣服首饰等。女方家将其彩礼视为姑娘的个人财产。

结婚时，新娘要在南炕上坐帐一日，称为"坐福"。晚间在地上放一桌子，桌上放两个酒壶和酒盅，新郎新娘手挽手，绕桌子三圈后饮酒。炕上点燃一对蜡烛，通宵不熄，亲朋好友、等唱喜歌、撒黑豆，尽情尽兴热闹。三日后新郎新娘回娘家。

（5）丧葬

满族丧葬流行土葬。在满族的风俗中，以西炕为尊，因祖宗板供在西炕之上，所以人不能死在西炕上。当人要咽气时，必须移到南炕上。人死之后，要用白布盖脸，不准死人见天日。人死后要顺炕沿停放，头冲门，不得过屋中的大梁，老年人与炕平放，中年人低于炕沿，小孩更要低些。当死尸入殓时，不能从门抬出，要从窗户抬出，因为门是人走的，死者只能走窗户。人死后丧家要挂大幡，就是在院子西边立一个高杆，高约1丈5尺，上挂布幡，幡长9尺，用红布和黑布做成，幡的头尾用黑布，中间用红布，满族人认为幡是死者的魂灵。人死后不是马上就葬，一般停灵一、三、五、七天不等，但出殡的日子一定是单数，不能双日子出殡，双日子出殡意味着家中又有人要死了。

清明、七月一日、七月十五日、农历腊月三十日为祭奠日。清明祭奠时要"插佛托"。"佛托"是用杏条插上苞米骨子，上饰五色纸。苞米骨子象征裸体的佛托妈妈，五色纸为彩衣。插"佛托"是祝愿亡灵保护生者。腊月三十日祭奠要供肉和饭，供肉一碗，饭按坟中人数，每人一碗。同时还烧包袱，即用暝纸叠成口袋状，内装金银镂子，上写祖宗名字。用这样独特的形式表现出灵魂崇拜的内容，由此构成了满族丧葬文化的鲜明特色。

（6）节日

满族的民族节日主要有春节、灯节（正月十五）、添仓节（正月二十五）、清明节、端午节、七巧节（七月初七）、中元节（农历七月十五）、八月节（农历八月十五）、重阳节、腊八节、小年（腊月二十三）等。

春节为满族传统的盛大节日，每年农历正月初一开始，节期一般为三至五天，旧时延至正月十五。节前清扫庭院，张贴对联、挂笺、窗花和福字，备办年货，蒸年糕，烙粘水勺。初一凌晨子时鸣放鞭炮，辞旧迎新，并摆设供品祭祀祖宗，祈求神灵保佑全家在新的一年平安无事，万事如意。新年伊始，全家吃团圆饺子，俗称"揣元宝"。晚上，晚辈要向长辈叩头拜年；家长要给小孩守岁钱。宗族近亲互相拜年，亲朋好友相互宴请。歌舞是节日活动的重要内容，从初一至初五，人们都聚在一起唱歌跳舞和踩高跷。

第四节 牧野的语言与宗教

一 牧野的语言

语言是指用习惯的记号、姿势、符号，特别是音节分明的口头声音交流思想和感情的工具，是人类思维的物质外壳。[①]语言的本质特征可概括为：语言是一种文化现象；语言是人类的一种交际工具；语言是人类的一种思维工具；语言是一种符号系统。

（一）牧野语言属性

世界上的语言分为印欧语系、汉—藏语系、伞—含语系、乌拉尔—阿尔泰语系、尼日利亚—刚果语系、科依桑语系、尼罗—撒哈拉语系、马来—波利尼西亚语系等。其中汉—藏语系分为汉语族、藏缅语族、苗瑶语族、壮侗语族等。其中汉语族又分成北方方言、吴方言、湘方言、粤方言、闽方言、赣方言、客家方言七种方言。而北方方言还可细分为四大官话（即次方言）：北方官话、西北官话、西南官话、江淮官话（下江官话）。按照语言分类谱系，牧野汉族语言属于汉—藏语系汉语族北方方言中的北方官话。牧野的回族、蒙古族、满族等少数民族也都使用北方官话。

（二）牧野的方言

每个地区都有自己特有的方言土语，牧野地区也不例外。下面是牧野

---

① 王恩涌等：《人文地理学》，高等教育出版社2000年版，第172页。

方言中常用词语：

中——行、好吧、可以，全省通用，河南的代表方言

得劲——舒服、爽，全省通用，河南的代表方言

木牛——没有

怼——万能动词

偶——牛

花椒——本是一种调味品，现指嘲笑讽刺的意思

膈应——恶心

生瓜蛋——不会办事

跟盖儿——旁边

姑堆——堆

枯锤——蹲

布住——抱着

空壳篓——没有

秃噜——下滑

个寥——古怪

光嘟、撒都儿、撒麻肚儿——不穿衣服光屁股

砢碜——恶心

迷瞪——脑子呆滞

义睁——发呆

枯楚——有皱纹，不平展，多用于纸张、人物面部

毒气——狠

幺嗬、协活——喊

老闸皮、老闸——不时髦、土

出驴——到处跑

布拉——用手拍拍，比如衣服脏了，布拉布拉

老末、摸嘟儿、末低遛——最后

烧包儿——指人不踏实爱炫耀

白动——别动

憋住——忍住

徐虎不徐虎——注意没注意，看见没看见

老鳖依——吝啬

这枪那枪——这边那边

挨熊——被批评

鳖孙——骂人的词

日他嘚——气愤

信球——白痴、傻瓜

去球——完了、算了

欣——我去给你欣点青菜回家下面条。指白拿、白要的意思

欣——你家的闺女欣下了没有？指出嫁的意思

大毛小毛——扑克牌里的大小王

不忿儿儿——不服气

拾掇——收拾、修理

摆置——收拾

和撒——发抖

气蛋——烦人

搁住喽——不值得、犯不上

掉板——丢脸

实称——实在、老实

地道——好

乖乖——惊讶、吃惊

涨补儿——食物发霉

丝奇——食物变味

排场——长得英俊

翁——推倒

quo——骗

弄啥哩——干什么

外先——外边

不精细——傻

费坠——淘气

使里晃——累

不瓢——不错

担木儿——故意

招呼着——小心，有威胁之意

统——更加。如"统不中哩"，意思是更不行

不老盖儿——膝盖

墩儿——凳子

藏老木儿——捉迷藏

夜儿黑——昨天晚上

燕变虎——蝙蝠

老鸹——乌鸦

甜哥当——甘蔗

短——不仗义

出溜——滑下去

二　牧野的宗教

宗教是支配着人们日常生活的外部力量在人们头脑中虚幻的反映，是一种文化现象。[①]宗教通常分为原始宗教、地区性宗教（民族宗教）和世界性宗教。其中地区性宗教主要有犹太教、印度教、拜火教、神道教、道教、儒教等；世界性宗教为佛教、基督教、伊斯兰教。其中基督教又分为天主教、东正教和新教（即狭义基督教）。

宗教在牧野地区的流传地域广泛，历史悠久，因此，目前牧野地区信教人士较多，宗教在牧野的社会生活中扮演着重要角色，对人们的道德思想还具有重要的影响。

（一）宗教类型与地域分布

牧野地区的宗教类型有基督教[②]、天主教、伊斯兰教、佛教、道教。其中基督教、天主教、伊斯兰教、佛教由国外传入，道教为我国土生土长的宗教。2000年，全市有信教人士近16万人，占全市总人口的3.1%。其中基督教66381人，天主教10900人，伊斯兰教45700人，佛教28350人，道教7980人。2013年，全市有信教人士267116人，占全市总人口的

---

①　王恩涌等：《人文地理学》，高等教育出版社2000年版，第198页。

②　这里的基督教指狭义的基督教，即新教。

4.7%。其中基督教138403人，天主教10369人，伊斯兰教56874人，佛教40590人，道教20880人。可以看出，目前在全市宗教教徒中基督教教徒人数最多，天主教教徒人数最少。与2000年相比较，当前上升人数最多的是基督教，上升速度最快的是道教，天主教人数有所下降。

从地域上看，基督教和天主教教徒主要分布在城市，佛教和道教教徒主要分布在广大乡村地区。而穆斯林则集中分布在封丘县、原阳县、辉县市、红旗区、卫滨区，即回民集中的地区。

（二）宗教景观

宗教作为一种文化现象，它的形成与文化内涵与地理环境有着直接联系，反过来宗教一旦形成，又会营造出独特的人文景观。这些人文景观与宗教信仰、宗教氛围具有同一性，成为大地上最具特色、最具魅力、最具影响的文化表征。

牧野地区的宗教景观数量众多，既有佛教的寺庙、塔、石窟，也有道教的观、阁、庙，还有伊斯兰教的清真寺，以及基督教和天主教的教堂。这些宗教景观既是牧野宗教文化的象征，也是牧野几千年沧桑历史的见证。

1. 佛教景观

牧野地区佛教流传历史悠久，地域广泛，佛教三大宝——寺庙、塔、石窟广布于牧野大地。牧野地区现存的古代寺庙主要有辉县市的白云寺、三湖寺、西莲寺，卫辉市的香泉寺，延津县的大觉寺，红旗区的东宁寺等。塔主要有辉县市的善济塔，卫辉市的镇国塔，原阳县的玲珑塔，延津县的万寿塔等。石窟主要有卫辉市的香泉寺石窟和新乡县的小宋佛西明寺北魏石刻造像碑等。

（1）白云寺

白云寺，我国北方著名的佛教寺庙之一，位于辉县市西约32千米处的太行山南麓冠山峰下（如图4—2所示），创建于唐代，距今已有1300多年的历史。1986年12月，河南省人民政府公布其为省级重点文物保护单位。2006年5月，它被国务院批准列为全国第六批重点文物保护单位。

图4—2　辉县市白云寺

（图片来源：赫兴无拍摄）

白云寺旧名"白茅寺"，又称"梦觉寺"，肇建于唐，后毁，元至元二十年（1283）重建，明洪武二十四年（1391）重修改今名。清朝康熙年间（1662—1722年）亦屡加修葺；乾隆庚午年（1750），圣驾幸临，并御题"白云自在"①；清道光《辉县志》赞曰："盖太行诸梵宇之最佳者。"

白云寺总占地面积21.4万平方米，建筑面积4000平方米。白云寺整个院落为中轴式群体建筑，总体为明清建筑风格，主要由山门、中佛殿、大雄宝殿及廊庑、配殿、陪楼等组成。周围现存文物有宋碑一通，元石塔两座，宋、明砖塔三座；另有古银杏树六株，竹林数亩，金沙、银沙二泉。

寺东96米处立"五百罗汉碑"一通，刻于宋祥符元年（1008），龙首龟座。该碑概述了白茅寺创建的历史及五百罗汉铸造之经过，是研究古代佛教的珍贵资料。

寺西有竹园数亩，金沙、银沙二泉自山中流出，沿竹园从一龙嘴中喷出，形成一小小瀑布，吸引无数游人驻足。泉旁有地藏殿，建筑奇特。西临石崖，有窟名"黑龙洞"，深邃莫测。

寺后及丛林深处有宋、明代方形砖塔三座——"孤峰长老之塔""冠山寂照通悟禅师徽公塔""隐庵长老塔"；元代石塔二座，其一为"普照大禅师石塔"。

---

① 邢亚平：《牧野风·文物考古卷》，河南美术出版社2008年版，第103页。

冠山寂照通悟禅师徽公塔，于南宋淳祐六年（1246）建，密檐式纯砖结构，5层，高6.95米。一层塔檐为灰瓦滴水，檐下置一翘三彩砖斗拱，琴面昂嘴，砖雕虬龙头，泥道拱，拱两头有散斗；檐上反叠涩，整个塔体从底至顶渐次收缩，塔刹砌仰莲。塔前镶石刻碑文，为徽公禅师生前好友、大文学家元好问所撰，叙述了禅师的生平、经历和声望。"没之七日，远近会葬，频动州邑"，碑文也记述了徽公禅师与张公履、聂廷玉、元好问等人之间的友谊，具有很高的史料价值。

普照大禅师石塔，为石雕喇嘛塔，是足开山主持佛光普照大禅师寿至九十三岁的迁化灵塔，元至元二十九年（1292）建，纯石结构，五层。基座、塔檐为八角形，圆柱塔体，周围雕佛像，枋檐上雕有缠枝牡丹、伎乐飞天等图案。整个石塔，刻工精细，叠罗大方，造型优美，为元代石刻中的珍品，具有极高的艺术价值，是研究元代建筑的实物资料。

白云寺现为牧野西北太行山区建筑历史最早、规模最大、保存最完整的佛教寺院。

（2）三湖寺

三湖寺，佛教寺庙，位于辉县市沙窑乡境内深山峻岭之间，山清水秀，环境优美，系南湖寺、中湖寺、北湖寺三寺之总称，分别创建于唐代和元代。

三寺南北排列，每寺相距三里许，素有"南湖好寺院，中湖好竹园，北湖好栗园"之美称。[1]可惜几经战乱，寺庙多毁，竹栗园不复存在，但名胜古迹、自然美景仍然闻名遐迩，为避暑旅游之胜地。

南湖寺，又名恩国寺，元代创建。旧寺规模宏大，五进院落，庙百余间，和尚百余人，土地千余亩，管辖大佛殿、禅堂寺、金登寺，为辉县市一古老的佛教寺院。旧寺已废，现寺院三进院，占地十余亩，房180余间，规模之盛不减当年。

中湖寺，名曰"中湖禅院"，又名兴国寺，创建于唐代。殿宇依山而建，三院参差错落，岩谷深幽，林木参天，山泉绕寺而过，溪流潺潺。旧寺多毁，现存寺庙数十间。寺内有太平兴国禅院碑一通，为宋太平兴国元年（981）所立，为省级重点文物保护单位。

---

[1]　邢亚平：《牧野风·旅游名胜卷》，河南美术出版社2008年版，第128页。

北湖寺，又名安国寺、兴福寺，元代创建。旧寺规模十分庞大，已废。现寺庙10余间，背山临水，十分幽静。

（3）西莲寺

西莲寺，佛教寺庙，位于辉县市松树坪村，创建于唐代。

在辉县市松树坪村北尽头海拔千米的山崖上，有九座山峰，形如莲花，呈圆形连绵相依，名叫九莲山。在九莲山环抱之内，有两个小山村，东西相对，因山名村，东的叫东莲村，西的叫西莲村。两个村内各有寺院，以村名寺，在东莲的叫东莲寺，规模较小，一进院落；在西莲的叫西莲寺，规模宏大，坐北朝南，三进院落，有殿堂数十间，正殿奉佛，侧殿敬道，又名西新寺，人称"小西天"。

旧西莲寺创建于唐，后毁于战火。新修的西莲寺，五进院落，殿宇相连，青色料石砌墙，黄瓦盖顶，金碧辉煌；内塑彩像，惟妙惟肖，真假难辨；满堂壁画，情节动人，从建筑规模和雕塑上看均胜于旧时。在寺院西北，山腰间有"悟空洞"，内塑"齐天大圣"，目光炯炯，形象逼真。寺北一里许有一"水帘洞"，泉清洞幽，入洞有脱俗超凡之感。传说孙悟空曾在此居住，又传唐僧西天取经，误走此地，见一寺院，说是到了西天，故有"小西天"之称。这里香火极盛，每日善男信女来往如织，最多达数千人。

（4）香泉寺

香泉寺，我国北方著名的佛教寺庙之一，位于卫辉市太公镇西北霖落山中，创建于南北朝时期。2000年香泉寺被公布为河南省文物保护单位。

香泉寺始建于北齐天保七年（556），隋大业五年（609）重建，唐垂拱元年（685）建造安禅师砖塔，唐开元十六年（728）建造石窟，唐代建造稠禅师石塔两座[1]，宋、金、明、清均有石窟、石刻雕像。"香泉甘洌"为卫辉古八景[2]之一，寺名就是因之而来。香泉寺是我国历史上最早、最大的佛教文化胜地之一。早在6世纪中叶，北印度高僧那连提黎耶舍就曾经到此讲经传播佛教文化，并且创建了中国第一家麻风病院——疠人坊，收容了众多无家可归的麻风病人。唐代《续高僧传》称："于汲郡西山，

---

① 邢亚平：《牧野风·文物考古卷》，河南美术出版社2008年版，第81页。

② 卫辉古八景：佛洞烟云、古塔凌云、凉台玩月、涧水涛声、竿山叠翠、乳岩寒流、香泉甘洌、炉光夕照。

建立三寺，依泉傍谷，制极山美，收养疠疾，男女别坊。"香泉寺规模宏大，殿台楼阁、碑刻、坊塔、佛雕无所不有，蔚为壮观。寺以山势分隔，为东西二寺。

西寺有稠禅师殿，殿前有神头塔（亦称胜经塔、无顶塔），整塔用佛雕砖砌。说起神头塔，民间流传着一段美丽传说：很早以前，众多道士常在此塔前习武练功，小道士练功不久，自能腾空飞至塔腰。他们高兴地说与师父，师父不信，从远处细看，发现塔顶隐一大蟒，正在用力吸引练功的小道士，吸到塔腰，因已无力，才将其放下。师父将真情说与小道士，小道士就拾来许多柴草放在塔下点燃，大蟒经不住大火卷尾而去，带走了塔顶。可惜，这座塔后来遭到毁坏。塔的两侧有稠禅师石塔和千佛石阁（即千佛碑）。稠禅师石塔现存六级，残高3米，塔四周各级每面雕佛像3尊。千佛石阁高约3米，宽、厚约为1米，阴阳两面均雕佛17行，每行10尊，刻工精湛，形象逼真。这是两寺中一座比较完整的宗教艺术石刻建筑。

沿石径东北行，梵宇临空，便是东寺。一股清泉从东寺石隙中流出，穿岩越石，飞溅崖畔，泻作瀑布。陡壁如削的山崖，以石径作梯盘曲而上，一座面阔一间，高约4米的石坊枕崖而立，坊楼顶部围绕有脊兽、额枋、斗拱、仰莲等，此坊名曰"南天门"。石坊檐下刻"淑海香天"四个大字。坊柱上刻有"西天既许分东土，南海当移住北方"的对联。穿石坊拾级而上，可以看到东崖壁的华严洞，洞内刻佛，洞外刻经，现已剥落，但其残处可见宋人题名。寺后有一方石筑水池，即为香泉之源。石崖上有明代潞简王亲书的"香泉"二字，字大如斗，清晰如初。其旁还有线刻麻姑像，线条流畅，行笔洒脱，衣带当风欲飘，传说为唐代吴道子所画。附近山崖有数十个小龛，龛内大都是宋雕佛像，仅有一较大龛内为七尊道教造像。山巅之上有狮子岩等景点。登临山巅举目远眺，如置于蓬莱仙境。

（5）大觉寺

大觉寺，古称"上乘寺"，佛教寺庙，位于延津县城北街，创建于唐代。1983年其被河南省人民政府公布为省级文物保护单位。

该寺始建于唐天宝年间（724—755年），宋元时期多次修葺，至明宣德年间（1426—1435年）寺废，唯有万寿塔与长明灯记碑幸存。明宣德己酉年（1429）有僧原无相主领寺事，在旧址重建大觉寺，大殿内供奉

"如来"，昔"如来"以宏慈大愿，摄爱众生，以己之大觉，归众生正觉，故该寺以"大觉"名之。明清以来，大觉寺曾多次葺修。现存寺院南北长81米，东西宽49米，总面积4000平方米。大觉寺大门三楹，二门三楹。正殿为大雄宝殿，三间，供奉佛祖释迦牟尼。正殿前右侧有元代书法家赵孟頫（字子昂）亲书《长明灯记》石刻一副。正殿两厢房左为伽蓝殿，右为地藏殿，正殿后为水陆殿（万历年间改为大士阁），三殿各三间。现其他殿已毁，仅存正殿。大觉寺内还有万寿塔、鲁葛祠、厢房等以及较多的碑刻题记。

（6）东宁寺

东宁寺，又名小塔寺，佛教寺庙，位于新乡市红旗区东台头村，创建于唐代。2008年被河南省人民政府公布为省级文物保护单位。

东宁寺占地面积18亩，建筑雄伟，有山门大佛殿、千手观音殿、尊提菩萨殿、十二老母殿、祖师殿、玉皇殿、佛尊塔。佛尊塔为寺院主体建筑，高七层26米。

（7）善济塔

善济塔，位于辉县市区塔东街西端路南原天王寺内，创建于元世祖至元四年（1267）。2013年5月国务院公布其为第七批全国重点文物保护单位。

佛寺早废，唯塔独存。该塔为七级六角形砖塔，由塔基、塔身和塔刹三部分组成。塔基为须弥座，塔身高24.4米，自下而上逐层收敛呈锥形，通体嵌砌青砖浮雕、斗拱、棱柱、假窗。第一层东壁开塔门，塔心室设梯道可逐级而上。各层塔心室都开有塔门，可供游人远眺。该塔历经12次地震，仍巍然屹立。塔为仿宋建筑，同时又吸收喇嘛塔建筑艺术，为研究元代建筑艺术和佛教历史的珍贵实物资料。附近石碑，为省级重点文物保护单位。

（8）镇国塔

镇国塔，又名灵应塔，位于卫辉市东南隅原千佛寺内，创建于明万历十三年（1585）。2000年镇国塔被公布为河南省文物保护单位。

佛寺早废，唯塔独存。该塔气势雄伟，造型美观，富有阁楼色彩。镇国塔平面呈六角形，边长4.85米，共七层，高33米。塔身各层面阔与高度自下而上逐层递减。塔身用长42厘米、宽19厘米、厚9厘米的青砖砌成。每层檐下施砖雕仿木结构的额枋、斗拱等装饰，并砌出线条柔和的腰檐。每级刻有浮屠。第一层南北两面各辟一券门，可供游人上下。门楣下各镶嵌石碣一方，刻有篆书"护国保民"和"灵应塔"。第二层至第七层每边各辟一窗。每层有塔心室，为穹隆顶，门均向北边；其余各边设佛龛共计28个。绕塔心室砌有螺旋塔道可上达塔顶。塔顶上有八卦图，显示它为道教建筑。每年农历正月十五、十六，当地居民有登临此塔远眺的习俗，并说"上上塔，活一百"。

镇国塔是一座具有一定历史、艺术、科学价值的古代建筑。虽遇多次地震和洪水侵蚀冲击，历经沧桑，至今仍巍然屹立，充分显示了古代劳动人民在建筑艺术上的聪明才智。

（9）玲珑塔

玲珑塔，也称雁塔，位于原阳县城西南17千米原武（旧县治）东门外。[①]创建于宋崇宁四年（1105），明万历辛丑年（1601）重修。1963年河南省人民政府公布其为省级文物保护单位；2013年5月国务院公布其为第七批全国重点文物保护单位。

该塔为砖木结构，外轮廓略成抛物线形，六角13级。总高约47米，每面阔5.8米，塔径10.8米。因遭河患，底层已淹没于底下，现在看到的只有十二层，高43米。塔向东北倾斜2.33度，歪而不危，斜而不险，巧成一景。塔北面有一塔门，早已被历史的风尘湮灭，塔檐砖砌斗拱露出地面。现今的塔门设在南面，为原来塔身二层的窗户改建而成。自第二层以上皆为叠涩出檐，塔身每层均辟半圆拱券门及假窗，斗拱、层檐、装饰假窗均为雕砖垒砌。该塔的轮廓为抛物线形，砖木结构，每层角梁系木制，突出塔身外部，上有铁鼻，悬挂风铎，微风过处叮当作响。塔内置60厘米宽的旋梯，游人扶梯可登临塔的最上层。垒砌方法为无垈分，黏合物为石灰黄土。外部用料使用石灰，墙中间使用黄土，灰缝一般为2厘米，俗称皮条缝。最大青砖重9.25千克，长56厘米，宽26厘米。每层平坐四层仰莲砖，上有二层条砖，仰莲砖长39.5厘米。该塔气势雄伟，秀硕挺拔，为楼阁式建筑。1979—1984年对玲珑塔进行了全面维修并且划出了保护区，南北141米，东西109米。

---

① 邢亚平：《牧野风·文物考古卷》，河南美术出版社2008年版，第100页。

　　玲珑塔历史悠久，对研究历史、宗教、古代建筑艺术都有一定的价值。玲珑塔是一座富有民族建筑风格的楼阁式砖塔，造型美观，观之赏心悦目，为宋代寺院之佳作。登上此塔可以南望黄河波涛，北眺太行峰峦，东见浩瀚云海，西览万顷碧绿，真可谓妙趣横生，蔚为奇观，被誉为中国的比萨斜塔。

　　（10）万寿塔

　　万寿塔，位于延津县大觉寺院内，创建于唐代。1983年其被河南省人民政府公布为省级文物保护单位。

　　万寿塔始建于唐，重修于明。明嘉靖二十七年（1548）有邑侯李元春施银命匠重修万寿塔，从寺门之右移位到寺门之左，请到卫辉府获嘉县赞成寺化主常庆等前来修盖此塔，时因力不能加，只修至两层便停工。万寿塔为一座平面六角形，七层楼阁式砖塔，自青石塔座底至塔刹顶通高29.67米，首层塔身边长3.90米，七层塔身边长2.98米，自下而上挑檐及平座逐层内收轻微，外形高耸挺拔，气势雄伟壮观。首层由青石基座砖砌塔身和带斗拱的挑檐组成，第二层至第七层均嵌有碑刻和题记，第二层至第六层各1方，七层5方，多为捐资修塔记事碑和文人墨客登塔漫兴题诗碑，其中有明确都御史周咏题诗一首。诗曰："浮屠高起城之隅，乘月攀登绝登游。危磴盘旋迷眺望，虚窗缥缈豁吟眸。本来生灭原无相，岂是废兴自有由。会得空门真意味，乾坤古今一浮沤。"万寿塔整体建筑结构庄重浑厚，建筑宏伟，风格统一，严谨规整，具有典型的明代特征。

　　（11）香泉寺石窟

　　香泉寺石窟位于卫辉市太公泉镇西北霖落山香泉寺后山崖上，开凿于唐代。2013年5月被国务院批准列为全国第七批重点文物保护单位。

　　石壁正中开窟门，圆拱形，上饰尖拱楣，高3米，深3米，宽2.5米。[①]后壁雕刻着一佛二弟子：释迦牟尼面部丰满，慈眉善目，垂肩大耳，神态自若，交足而坐，为唐代雕刻风格；弟子阿难、伽叶分立两侧，弟子阿难文静温顺、衣着朴实，伽叶沉重认真。左壁雕刻观音菩萨，两侧雕刻善才龙女。右壁雕刻佛，两侧雕刻小佛像。洞壁雕小佛龛达千尊。

---

　　① 邢亚平：《牧野风·文物考古卷》，河南美术出版社2008年版，第82页。

（12）小宋佛西明寺北魏石刻造像碑

小宋佛西明寺北魏石刻造像碑位于新乡市西南14千米的新乡县翟坡镇小宋佛村西北，创建于北魏时期。其于2000年被河南省人民政府公布为省级文物保护单位，2006年5月被国务院批准列为全国第六批重点文物保护单位。

该石刻造像碑属单体石刻造像，佛像高4.15米，底座高0.65米，通高4.8米，宽1.65米。背光呈莲花瓣形，正面雕一佛二菩萨三尊立像。本尊为无量寿佛，两侧菩萨为观世音和大势至，统称"西方之圣"。三尊佛像面相清瘦；本尊佛像身着褒衣博带式袈裟，右手施无畏印，左手提香包，身体修长；协侍菩萨像均头戴三叶高宝冠，身披"X"形披巾，下身着百褶长裙，立于狮子承托的莲台上。左侧菩萨左手执净瓶，右手握莲蕾；右侧菩萨双手握莲蕾。三尊像身后为火焰背光，雕刻有化佛、飞天。背光双侧上部各浮雕龙纹一个。背光背面线刻一帷幔，菩萨坐于方形莲座上，前有侍女，后有菩提树。佛像基座方形，四面刻捐资人题名，下为宝装覆莲座。

明末兵部尚书张缙彦为造像碑题诗一首："天竺来灵圣，慈航不溺水，峨峨真实相，渺渺虚无旨，白鸟翔鹭云，慈风落昙芷，不知几何年，犹出五狮子。"该造像碑整体雕刻细腻，线条流畅，被誉为"年代之早，形体之大，雕刻之精，中原之冠"，为研究新乡地区北魏时期的佛教及石刻艺术提供了实物资料。

（13）水东唐代经幢

水东经幢，原存新乡市西5千米的卫滨区水东学校（定觉寺内），现保存在新乡市平原博物院，创建于唐开元十三年（725）。2013年5月被国务院批准列为全国第七批重点文物保护单位。

经幢通高6.2米，由幢座、幢身、幢顶三部分组成，三层六节。

幢座：由三层须弥座组成，高1.86米。第一层须弥座为方形，下部由三块方石组成基台；中间束腰部分四角各雕力士一尊，四面每面雕俯身魔相两个；上部为一方石。第二层为八角形，下部雕刻成覆莲座；上边束腰部分八角各雕力士一尊，皆歪头一肩着物，八面各雕坐佛一尊。其中四佛各双手五指平伸置足上当脐前，呈禅定相；其余四佛各一手置足上，另一手抚膝，呈降魔相，头部皆有圆形头光。第三层也为八角形，下部为两块八角形石块相迭而成的小座，座之上立八角形矮柱，矮柱的每面雕高

24厘米、宽16厘米的小龛一个。其中四龛各雕坐佛一尊，佛端坐于莲花座上，手印皆为一手仰置足上，另一手平伸五指抚膝，呈降魔相，头后有圆形头光；其余四个龛内各雕菩萨（或供养人）立像一尊，皆立于莲花座上头戴宝冠，身披璎珞，手印姿势各不相同。其中一尊左臂下垂，手抚飘带，右臂下部向上弯曲至胸前，手似拿一物；另有一尊右臂下垂，手抚飘带，左臂下部向左扬起，手中托有一物。在龛的两旁刻有"佛弟子元亮妻子二娘供养"等字样。矮柱之上有八个斜面，每面都有阴刻线的人物故事或伎乐天：第一面（正南面），刻一飞奔的狮子，上骑一人（可能是文殊菩萨），周围有卷云；第二面（西南面），刻一迦陵频伽，人首鸟身，双翅扬起，口吹横笛，正展翅飞翔，前后皆有卷云；第三面（正西面），刻一奔驰的烈马，上骑一人，衣带随风飘扬；第四面（西北面），左刻两个迦陵频伽，人首鸟身，合翅，手弹琵琶，右刻一人翩翩起舞；第五面（正北面），风化严重，左面似刻一小动物，右面有一奔跑的猛虎；第六面（东北面），风化严重，已看不清内容；第七面（正东面），刻飞奔的大象，上骑一人（可能是普贤菩萨），衣带随风飘扬，周围有卷云；第八面（东南面），刻一迦陵频伽，身挂细腰鼓，两手似正在拍击，双翅展开，正凌空飞翔，周围刻有卷云。上述八面，其中四面为伎乐天：其他四面可能是"经变图"（即根据某一佛经中一段或全部所述内容而雕刻的图像）。八个斜面之上为一八角廊庑形的宝盖，顶部刻出瓦垅，每面34行，八个角现各有一洞，可能系原来挂铃所用。

幢身：为八角柱体，总高1.77米，下部有一圆形仰莲小座接于幢座之上。幢身每面宽20厘米，直径50厘米。幢身雕刻可分上、中、下三部分。上部八面刻八个尖拱形小龛，龛高21厘米，宽14厘米。龛内各雕坐佛一尊，有桃形头光，其中四尊各右掌压左掌，仰置足上当脐前，呈禅定相；其余四尊各一手置足上，一手平伸五指抚膝，呈降魔相。幢身中部阴刻经文，每面九行，足行五十五字，楷书。正南面首行刻有"佛顶尊胜陀罗尼经序"9个大字，以下即为经序正文，共刻五面，第六、七面因字迹剥落严重，已看不清楚内容。第八面从第五行开始刻"般若波罗蜜多心经"，共刻五行。幢身下部刻幢颂并序，每面刻九行，足行十一至十二字不等。下面（南面）刻有"尊胜陀罗尼幢颂并序"字样和"维大唐开元十三年岁次乙丑五月甲申朔廿日癸卯慧登明智等上为"的题记，此后刻颂文并序。

　　幢顶：由宝盖、雕龙、矮柱、宝珠四部分组成，总高2.25米。宝盖接幢身之上，下部刻出帷幔形状；上部为八面挑角廓庑形状，上刻瓦垅，每面最多达四十行。宝盖之上为一倒置的刻有帷幔的八角形小柱，上立四条雕刻盘龙，盘龙上为一覆莲小盖。小盖之上有一八角形素面小座，上立八角形矮柱，矮柱八面各雕一尖拱形小龛，每龛雕坐佛一尊，皆有桃形头光。八尊坐佛的手印与幢身上部的八尊坐佛相同，即四尊各仰置双掌放于足上当脐前，呈禅定相；其余四尊各一手置足上，一手平伸五指抚膝，呈降魔相。矮柱之上为一圆盘，上立葫芦形宝珠。

　　该经幢通体瘦长，用青石雕刻而成，其造型艺术端庄完美，雕刻艺术精湛。雕刻家们把座、身、顶三部分很协调地联结在一起，并运用了浅浮雕、高浮雕和圆雕等多种雕刻手法[①]，并巧妙地利用每块石材上的有限面积，雕出各种不同题材的作品，雕刻比例协调，刀法准确，显示出了高超的雕刻技艺。

　　2.道教景观

　　（1）三清观

　　三清观，道教建筑，又名无梁殿、王母庙，位于辉县市百泉镇百泉宾馆主楼后（如图4—3所示），创建于明隆庆元年（1567）。

图4—3　辉县市三清观

（图片来源：赫兴无拍摄）

---

　　① 邢亚平：《牧野风·文物考古卷》，河南美术出版社2008年版，第80页。

三清观是由山门、三清殿、祖师殿、王母殿等构成的一组道教建筑群。每座殿宇纯系青石交叉拱券而成,保存完好。

（2）吕祖阁

吕祖阁,又叫白云阁,道教建筑,位于卫辉市北2.5千米处的唐岗村,建于清康熙二十三年（1684）。

吕祖,即吕洞宾,历史上实有其人。他是唐代末年五代时期的著名道士,姓吕,名俨,号纯阳子,自称回道人,山西永济人。他虽熟读经书,但考了几次进士都名落孙山,遂修道得法。道教尊他为北五祖之一,世称"吕祖""纯阳祖师",民间传说他为八仙之一。

吕祖阁是一组古建筑群,前面为戏楼,过去是人们唱戏还愿的地方。过戏楼北行是山门,高约6米,拱券门灰瓦顶。过山门是拜殿和中殿,原来供有吕洞宾的塑像。中殿后为阁楼,阁下层为砖石拱券、石门、石窗框、铁窗梁。门上刻"脱凡洞"三字,原有吕洞宾塑像（已毁）。洞内东西两边有石台阶可通阁上,阁称"白云阁",建于6米多高的脱凡洞上。白云阁高15米左右,面宽3间,进深1间,4根7米长的大木通柱纵穿两层楼直达阁顶。阁顶为重檐歇山顶,用绿、黄琉璃瓦覆盖。前后装有木雕隔扇门窗,檐下有斗拱水托,雕刻工艺精湛,建筑独具风格,造型华美,设计新奇,为豫北所罕见。白云阁两边为东西厢房和八仙配殿。

（3）东岳庙

东岳庙,道教庙宇,位于新乡市区东关,始建于五代后唐清泰二年（935）,宋、金、元、明各代均有重修。

东岳庙现存建筑有大殿、拜殿及门楼等,皆为清代所建。其中以大殿建筑最为壮丽,面阔五间,进深三间,单檐歇山顶,黄绿色琉璃瓦覆顶,殿额悬"东岳齐天"金字牌匾一块,殿内金柱通体浮雕盘龙,刻工精湛,色彩浑厚;整个建筑造型宏伟壮观,结构严谨。中轴线两侧为新建长廊,内置北朝至明代石刻多通,是研究此庙历史的重要资料。

（4）真武庙

真武庙,道教庙宇,位于辉县市西12.5千米上八里镇的太行山老爷顶,相传为太上老君修行得道处。明嘉靖三年（1524）即建真武庙,又称玄武庙,至清代又有增修,逐步形成较完整的建筑群。真武庙现为省级文物保护单位。

真武庙现存文物有大殿、圣公圣母殿、灵宫殿、拜殿。在通往老爷顶的道路两旁分别建有一天门（清峰关）、二天门、三天门（南天门）、天桥等古建筑，大部分建于明代嘉靖、万历年间，另有摩崖题记3区10万多方，明、清碑刻30余通。

真武庙大殿面阔3间（8.9米），进深4架椽（5.35米），单檐庑殿顶，墙体及梁架全部用石材建造，为无梁殿建筑。顶覆筒板瓦、脊兽，构件皆为铁质，不少铁瓦上均铸有明确年号及捐施人姓名，如"万历卅一年"等。前檐均刻有精美浮雕图案。大殿月台前的石栏杆均为明万历年间原有构件，月台上立一小型石碑坊，坊前有一铸于万历二十四年（1596）的铁鼎。大殿周围另有配殿2座。老爷顶周围的山崖上满刻明、清两代朝山进香的题记。

真武庙是河南省为数不多的，有明确纪年的道教建筑，规模虽小，但保存完整，风格独特，具有较高的文物价值。

第五节　牧野的聚落与建筑民居

聚落是指人类各种形式的居住场所，在地图上常被称为居民点。[①]聚落不仅是房屋的集合体，还包括与居住地直接相关的其他生活设施和生产设施。它包括房屋建筑（住宅、机构、工厂、仓库、交通场站、商店以及教育卫生、文化娱乐等建筑），街道或聚落内部的道路、广场、公园、运动场等人们活动的场地，供居民饮用洗涤用的河沟、池塘、井泉，以及聚落内部的空闲地、蔬菜地、果园、林地等构成部分。聚落是人类活动的中心。聚落分为乡村和城市两大类。乡村是以农业为经济活动基本内容的居民聚居地，是聚落的常见形态，又称农村。城市是具有一定人口规模，并以非农业人口为主的居民聚居地，是聚落的一种特殊形态。[②]

一　牧野的古城遗址

（一）辉县共二凡国故都

辉县有文字可考的建都始于西周初，成王封姬姓共伯和凡伯国于此

---

① 王恩涌等：《人文地理学》，高等教育出版社2000年版，第219页。
② 许学强等：《城市地理学》，高等教育出版社1997年版，第1页。

（见表4—1）。共与凡国共处一地，患难与共，唇齿相依。凡伯曾任西
周大臣，颇有权势。据某些古书载，共伯国曾干预过西周国政，也是个不
可小觑的国家。但两国在进入春秋后国势大衰，约于公元前660年以前若
干年为卫国所灭。西汉置共县，隋改共城县，金设辉州，明降州为辉县，
1988年撤县设市。

表4—1　　　　　　　　　　辉县市建都史简表[①]

古都名	地理位置	历史时期	建都国名	起止年代	年限	备注
共	辉县城关	西周—春秋	共	公元前1040—前660年以前	约380年	成王时封，灭于卫
凡	辉县西南北云门镇凡城村	西周—春秋	凡	公元前1040—前660年以前	约380年	成王时封周公庶子，灭于卫

1.共国古城遗址

共城遗址位于辉县旧城周围，属于全国重点文物保护单位。城址东依
石河，西临百泉河，南望平原，北靠共山，平面呈方形，规模较大。该城
址有大小两城，大城俗称共城，小城俗称新城，位于大城偏西南隅。[②]

大城为一南向北的长方形，城墙南北长1300米，东西宽1200米，周
长5000米，面积为56万平方米。现城墙断断续续，约占周长的五分之
二。1994年6月，省、市考古工作者对南城墙进行了发掘。经发掘，南城
墙残高约9米，宽度不详（城墙两边被公路和民居破坏），基槽深0.6米，
城墙夯筑在坚硬的黄沙礓黏土上。城墙周垣发现6个缺口，可能与城门
有关。

城墙的夯筑办法：先挖一深0.6米的基槽，然后填土逐层夯实，出基
槽后夯土向外延伸，夯层厚8—13厘米，夯窝清晰，夯窝直径8厘米，深
不足1厘米，夯窝基本上是平夯（把圆木锯断后直接用于夯打）。

城墙采用两边夯打，中间填实的办法。城墙外部夯土基本上为生土夯
打，非常坚硬，夯层和夯窝不太明显，北部有生土、灰土，夯层清晰，夯
窝明显；中间填土有明显的坡状堆积，层较厚且不均匀。从调查看，东墙
现宽60—70米，北墙宽50余米，西墙宽50余米，南墙宽40—60米。

---

① 张轸：《话说古都群——寻找失落的古都文明》，吉林文史出版社2009年版，第90页。
② 邢亚平：《牧野风·文物考古卷》，河南美术出版社2008年版，第51页。

城墙的年代：从夯土内出土有大量的绳纹板瓦、半圆筒瓦及绳纹陶片，出土铁工具有一字形铁锄、肩铁铲、环首铁削等，出土兵器仅见箭头，分铜、铁两类，形式基本上为三角和凹槽两种，中间填土底部发现残"公"字布币。从出土铁器形制、箭头、布币及陶器看，城墙的夯筑年代不早于战国中期，最上部有汉唐时期修补的痕迹。

城墙的废止年代：探沟北端发现北宋墓葬3座，在起土中发现北宋洞墓多座。因此，城墙的废弃应在五代末或宋初。

小城近正方形，城墙南北长700米，南墙660米，北墙600米，周长2660米。城墙夯土层明显，系平夯筑成，在夯土层附近活土中出土有唐黄釉碗和莲花纹瓦当等器物残片。

在小城内北部（辉县市人民政府后院）有一土台俗称"共姜台"，系夯筑而成，夯土层明显，台高5米左右，东西长30余米，南北宽20余米，在夯土层内发现朽木棍痕迹和商周至两汉时期的陶片、板瓦、筒瓦和豆柄等遗物。相传共伯妻共姜因其夫共伯早死，她守于此。

在共姜台南约200米处，1981年市政府建房挖地基时，在深2.5米的断壁上发现商周和春秋战国文化层堆积，并有相互叠压关系，有些还堆有大量的陶片、筒瓦、板瓦和豆柄等遗物，可能为战国以前的建筑遗址，应为宫殿基址。

在大城内西北隅城后村的西南角，已挖一条深2米左右的渠道，从断壁上看，发现不少周代灰坑，采集有绳纹袋足宽裆陶鬲和粗柄陶豆，这里属周代遗址。

1980年6月，在城后村西南角打井时，至深约5处，发现古墓一座，出土近40件铜器，其中有铜鼎、铜豆、铜盘、铜觚盖、铜戈、铜镞、铜凿、铜泡、马衔、马饰、车辖、车饰以及铜鉴等残片，时代属西周晚期或春秋早期。

另外，1952年在大城东南约300米琉璃阁附近发掘了商周、春秋战国时代大型墓葬，曾出土大批珍贵文物。这些文物是研究共城历史的重要实物资料。

共城遗址凝聚了"共和行政""共和元年"等历史事件的发生，使其成为中国历史纪年上的分水岭。这座城址包含的丰富的文化内涵，对于研究太行山前地带商周时期的历史具有较高的历史和资料价值。

2.凡国故城

凡国故城位于市西南北云门镇凡城村，自古认为该地是凡国遗址。西周王朝建立后，实行了分封制度，由于周公（姬旦）特殊的政治地位，周公的8个儿子均受到天子的分封，他的第三个儿子瞵被封到了凡国。凡国的君主为世袭制，继承其爵位的历代君主，后世一律称其为凡伯。遗址占地13万平方米，地表散布着大量春秋陶器，有盆、豆、罐等器形。出土过宫殿建筑用板瓦、筒瓦。原有城墙今已平毁。

（二）获嘉齐州故城

获嘉县的齐州故城，系河南省重点文物保护单位，是新乡市范围内目前保存最完整的古代城址之一。1956年底，获嘉县在进行文物普查时发现该城址，并根据城址所在地为杨洼村而称为"杨洼村古城"。[①]1976年，获嘉县文化馆对该城址重新进行了考察。1978年，新乡地区文物普查时对该城址进行了复查，并正式命名为"齐州故城"。

"齐州故城"位于获嘉县城西南12.5千米，史庄镇杨洼村正北0.5千米，其东约1千米为西张巨村（即原张巨乡政府所在地），往南约0.5千米为杨洼村，其西约2千米为高庙村。城址正中有一条西张巨至高庙村的乡级公路东西而过，城址西约100米有一条南北向的灌溉渠，城址内外均为耕地所在。

从实地勘察的情况来看，该城址接近正方形，偏西南18度，现存城墙东西长458米，南北宽419米，总面积19余万平方米。但因长期的人为和自然破坏，西城墙南段已被挖成平地。其他地段的城墙均有不同程度破坏，现存高度1—5米不等。现存城墙地面的宽度，东城墙底宽15.6米、顶宽12米，南城墙底宽15.6米、顶宽12.2米，西城墙底宽12米、顶宽11米，北城墙底宽26.6米、顶宽12米。城垣四面所见豁口可能与城门有关，其中南豁口宽29米，北豁口宽34.8米。经考古钻探，城址东西长500.4米，南北宽448.8米。城墙墙基宽度，东墙36米，南墙48米，西墙56米，北墙32米。

从采集的标本看，陶器均为泥质或夹砂灰、红褐陶，器形有鬲、瓮、豆、罐，以及板瓦、筒瓦等。其中鬲、豆时代较早，鬲为大袋足，裆近

---

① 邢亚平：《牧野风·文物考古卷》，河南美术出版社2008年版，第86页。

平，外饰绳纹；豆为浅盘、高柄，二者均为战国时期中原地区的常见器物。陶罐、瓮均为泥质灰陶，瓮为直口、平折沿，腹部饰以绳纹；筒瓦、板瓦外表均饰以绳纹，以上器物为汉代时期中原地区常见器物。此外，还发现有汉代五铢钱，也具有早期五铢的特点。在2005年夏，整修公路时，发现了战国时期的云纹瓦当、绳纹罐（罐的肩部压印有"宫"字印戳）。因此我们从采集的标本分析，该城址始建于战国中期，使用高峰在战国秦汉时期。

从目前所见城垣剖面考察，该城址为版筑平夯，夯土细密，每层厚度8—20厘米不等。这种平夯的方法在中原地区秦汉以前的古城中极为常见，如洛阳东周王城为平夯夯筑，夯层厚度6—10厘米；上蔡蔡国故城，亦为平夯，夯层厚10—14厘米；战国阳城城墙为平夯分层夯筑，夯层厚度一般为6—9厘米。从上述情况看，"齐州故城"城垣的夯筑方法，为中原地区战国秦汉时期城垣中常用的方法。[①]

在"齐州故城"附近，如位于城东（今东张巨村东北）方向的东张巨遗址，现存面积6000平方米，文化层厚达3米，从采集的标本看主要为龙山文化遗存，但还发现有东周墓葬，并随处可见东周时期豆、鬲、罐等残片。到目前为止，我们还没有在"齐州故城"周围发现南北朝时期的墓葬和遗址，所见到的东周与秦汉墓葬应与城址的年代相吻合。[②]从实际调查的情况可以基本认识，这座城的年代至少可以早到东周战国时代。

齐州故城是豫北地区保存最完整的古代城址之一，现存四面城墙较为完整，如能进一步的科学发掘和开发利用，将是豫北地区一颗耀眼的明珠。

（三）延津胙与南燕国故都

延津位于河南省北部，新乡市辖县，古代黄河自此流过，为大河之津，主要渡口即名延津。周代有胙与南燕二国建都于此（见表4—2）。胙亦称柞，系周初封周公支子建立的姬姓国家，国名见于多种古籍。河南各地出土过多种胙国铜器，著名的有柞伯簋、柞伯鼎等。按铜器年代判断，该国由西周延至春秋初，最终亡于南燕，立国近300年。燕为姞姓黄帝之后，开国君主名伯鯈，因有别于北方的燕国，史称南燕。南燕有较强

---

① 邢亚平：《牧野风·文物考古卷》，河南美术出版社2008年版，第87页。
② 邢亚平：《牧野风·文物考古卷》，河南美术出版社2008年版，第88页。

势力，灭胙国，但在春秋早中期沦为卫国附庸，卫驱使南燕攻郑，大败而回。据《史记·郑世家》载，公元前649年郑文公娶"燕姞"为妾，说明南燕仍存，后约于公元前7世纪末至前6世纪初灭于卫，存在约400年。秦置燕县与酸枣县，后来燕县先后改南燕、东燕及胙城县。北宋改酸枣为延津县，以延津渡口命名。清代胙城并入延津。

表4—2　　　　　　　　　　　延津县建都史简表[①]

古都名	地理位置	历史时期	建都国名	起止年代	年限	备注
胙	延津北胙城村西	西周—春秋	胙	公元前1040年—前8世纪	约300年	封周公支子，灭于南燕
燕	延津东北王楼乡张杏村东	西周—春秋	南燕	公元前1040年—前7世纪末	约400年	姞姓国，灭于卫

胙国故城　位于延津县北19千米胙城村。因处于黄泛区，周代古城已淤埋于地下。今地上尚存两座胙城县城，一座位于胙城村北；另一座位于胙城村内。胙城村北的古城是北宋以前的县城，仅保存北墙及东墙北段；胙城村内古城是洪水冲毁原县城后在北宋熙宁年间（1068—1077年）重建，今保存有大部分城墙及许多古街巷、古民居和古寺庙。村民散居于古城东关、南关及城内、城北的沙丘上。

南燕国故城　位于延津县东北17千米王楼镇张杏村东新兖铁路北侧，俗称"城上"。古城平面略呈长方形，周长5600米。城北有一土筑高台，是南燕宫殿遗址。

（四）新乡鄘国故都

新乡位于河南省北部，省辖市，豫北的中心城市，也以商代鄘国建都闻名。鄘是鄘人所建，系商中后期的畿内国家，应始建于公元前14世纪。周武王灭商时鄘人助周反商，因此商亡后鄘国继续存在。武王派蔡叔到鄘监国，是西周初"三监"之一。武王死后，蔡叔与鄘均参与"三监"叛乱。成王三年（前1040）周公东征平定叛乱后灭鄘国，将其地并入卫国。鄘在商代存在约300年，入周后仅存在6年。汉代属汲县新中乡，隋因此置新乡县。1949年设新乡市，为平原省省会。1952年撤平原省。

---

① 张轸：《话说古都群——寻找失落的古都文明》，吉林文史出版社2009年版，第105页。

鄘国故城位于新乡市西南大召营镇店后营村至大家店村一带。原为商周鄘国建都地，今故城已严重破坏，仅存残迹，城址依稀可辨。残存石碑一块，上刻"大家店周围为古鄘城"字样。

二 牧野的历史文化名城名镇

（一）卫辉古城

卫辉，地处中原腹地，原为豫北三府之一。位于河南省北部，东连濮阳，西依太行，南临黄河，北接安阳。"左右山河，古称重镇"，"北通燕赵，南走京洛，山河之间，一都会也"，"东接齐鲁，西控三晋，南襟汴洛，北拱京畿，众水汇流，环带城隅，群山列屏，通道八省，两河之要地也，中土之名区也"，故素有"南通十省，北拱神京"之称。今有京广铁路、京港澳高速公路、107国道纵横南北，郑济高速铁路、新濮公路横穿东西，交通四通八达。境内主要河流有卫河、东孟姜女河、沧河、香泉河、十里河、共产主义渠等。

卫辉历史悠久，古今名人辈出，如亘古忠臣比干，林氏始祖林坚，商末谏臣箕子，军事家谋略家姜尚、邑姜，东汉水利学家杜诗，唐德宗宰相相播，北宋宰相魏仁浦、吕大防，元代翰林学士王恽，明代嘉靖皇帝的老师李文敏，清末宣统皇帝的老师、民国大总统徐世昌。

卫辉作为一座拥有两千多年历史的古城，自殷商时期为京畿之地的牧野，历代郡、州、路、府、道、县治所迭设于此，是豫北地区政治、经济、文化中心。历史上著名的以少胜多的牧野之战、曹操征讨袁绍、郭子仪大败安庆绪等历史事件不胜枚举。特别是汲冢书的发现和研究，为正史和补史提供了许多实物资料。史学界把汲冢书与鲁壁书、甲骨文、敦煌藏经洞誉为我国古文化史上的四大发现。1993年卫辉市被河南省人民政府公布为河南省历史文化名城。

现卫辉古城始建于东魏年间，为土城，辟有南、西、北三门。唐开元十四年（726）和金大定十一年（1174）曾有两次洪水决堤毁城。元至正十一年（1351）重修后，元末又毁于兵祸。明洪武年间（1368—1398年）又重筑城池。城墙为夯土结构，周长六里，高、宽各二丈，仍设南、西、北三个城门，敌楼、警铺各30座。明英宗正统年间（1436—1449年）将城墙外壁包以砖石。明神宗万历十三年（1585），潞王封藩于此，在城内东部修建王府，古城跨过原有的护城河向南扩建，使周长增加七百三十二丈，共八里三十步。同时修建了东门。这样，卫辉城就形成了内皇城、外古城的双城格局。

目前，虽然城墙和城门多被拆除，但古城的轴线没有改变，街道仍保留着传统格局。以鼓楼街为中轴线，东侧为潞王府（皇城），分布有玉带桥、戏楼、王府宫门、宫殿区、寝宫区、望京楼、煤山、梳妆楼、看花楼、花神庙等。主要街道有王府街、校场街、贡院街、经厅司胡同、南北秀才胡同、西华门街、东华门街、机房街、望京楼前后街、煤山街、北门大街等。西侧主要是衙署等公共建筑区，分布有府属、县治、府城隍庙、县城隍庙、府学、县学、府广积仓、鼓楼、分府属、守备属、察院等。主要街道有道西街、西门大街、府前大街、县前街、前后曹营街。西城门外有南北马市街、官驿街、三圣巷胡同、后营街、饮马口街、地坛东西大街、南北大街。至今保留有袁家大院、朱家大院、梁家大院等较完好的民居。此外，还有西盐店城、北盐店城。

古城的街道各有特色，城内主要街道取名多结合功能，具有历史渊源。[①]道西街，明清府衙西，曾名府西街。该街内老字号遍布，主要有满隆盛膏药店、俊泰杂货店、泰兴照相馆、宋长义木匠铺、石印局、诚信照相馆等。县前街，明清为县衙驻地，曾名县前大街。原有朝阳寺、县衙、喊冤胡同、县城隍庙、县文庙、鼓楼等。现存朝阳寺陀罗尼经幢、喊冤胡同、县城隍庙等。经厅司胡同，明清时府下设经厅司，负责收发公文、处理卷宗等公务。贡院街，潞王府西，东华门处，曾叫东华西午门，明、清时在文昌宫设科举考场——贡院。秀才胡同，明清时童生到贡院考试秀才时住宿的地方。机房街，明潞王府织造工匠作业的地方。药王庙街，清康熙时通判满经新在街头建药王庙。前后曹营街，明清曾为乡宦曹姓所居。南马市街为老商业街，明代以前的马市商业街。该街内老字号商业店铺有杨记百年牙科（原名杨记万宝堂）、杨记烧鸡店、杜家牛肉、弥记羊肉、李记兔肉、李家水果行、瑞华春饭庄等。北马市街原有贾三合布庄、华昌布庄、段大夫外科、刘佩民外科、美新文具店、竹匠铺、玩具店、竹器杂货

---

　　① 杨焕成、张家泰：《中原文化大典·文物典·历史文化名城》，中州古籍出版社2008年版，第217页。

店、皮行等。估衣街，现为北马市街，有振兴永鞋店、竹匠铺等店铺。板楼街，元时卫河畔建有土木结构的小楼，故名。官驿街，元时此地为过境官员和传递公文者临时住宿之处。地坛街，潞王在延寿宫西侧建有地坛。

卫辉古城虽然因循中国古代礼制的营城思想，但不拘泥于正南正北的朝向，而是从更宏观的山水关系相地尝水，通盘考虑。明万历三十一年（1603）的《卫辉府志》对于卫辉府的山水格局有这样的记载：卫辉府左孟门，右太行，大河经其南，常山跨其北"，"泉源在左，淇水在右"，"众水汇流，环带城隅，群山列屏，通道八省，两河之要地，中土之名区也"，这体现了古人讲究风水的规划思想。

卫辉古城既有中国传统城市空间格局的一般特点，又有其独特之处。城内按照礼制思想布局重要官署建筑及其附属建筑，城内街巷呈方格网状，鼓楼是城市的制高点和视觉景观中心。城市轮廓线由鼓楼、城门楼、城墙、角楼、衙署、公共建筑和大片的传统民宅院落、传统店铺构成。由于明朝潞王封藩于此，在城内东部修建王府，古城跨过原有的护城河向南扩建，护城河南移至城外，这样就形成城外有护城河，城内有玉带河（原护城河），二者形成"日"字形环城水系，别具特色。

除了潞王府外，卫辉古城还拥有众多的文物古迹，如徐氏家祠、镇国塔、陀罗尼经幢、孔子击磬处、王家大楼、李敏修故居、清真寺、玄帝庙、袁世凯旧居、嵇文甫旧居等。

（二）陈桥镇

陈桥镇地处河南省东北部，封丘县城东南13千米的黄河北岸，与古都开封隔河相望。古镇环境优美，气候温和，四季分明。南临滔滔黄河，镇东是一望无际的芦苇荡和悬河湿地，芦花飘荡，野鸟出没，珍禽聚集，有白天鹅、鹭丝鸟、灰鹤、雉等多种鸟类栖息，百鸟齐鸣，空气清新宜人。镇西的石榴、金银花植物园，五月石榴花红似火，金银花散发清香。镇北广阔的稻田边，林成行，树成荫，渠成网。这里交通方便，东有大广高速公路，西有京港澳高速公路和107国道，北通京津，南达湖广，黄河南岸有连霍高速公路，是贯通欧亚大陆桥的动脉，可谓四通八达。

陈桥历史悠久，人杰地灵。历史名人有张凤德、张子林等。张凤德早年在冯玉祥部下供职，后被送往莫斯科学习，从事革命，晚年教书育人。张子林出自豫剧祥符调发源地清河集"小天兴"班，8岁登台唱戏，唱响大河南北、中原大地，人送艺名"小妖怪"。

陈桥因历史上宋太祖赵匡胤发动陈桥兵变而名声大震。它是宋王朝发迹之地和宋文化的源头，也是宋都北方的门户和皇家御苑。1997年被河南省人民政府公布为河南省历史文化名镇。

相传，陈桥因陈氏筑桥而得名。五代后期后周在这里设驿站，故称"陈桥驿"。赵匡胤在此发动兵变，又称"宋太祖黄袍加身处"。

陈桥兵变后，它的历史地位迅猛提升，在宋史中占有显赫位置。北宋初，陈桥驿改为接待辽国使臣的"班荆馆"，成了宋朝的重要政治场所。宋徽宗赵佶为了显扬祖宗功绩，于崇宁四年（1105）将"班荆馆"更名为"显烈观"。明代将"显烈观"改为东岳庙，志书上也称"东岳庙"至今。陈桥是宋都北方的门户，通向河北东西两条大道都在这里交会，它担负着宋廷大量的政令军事情报传递和迎送过往官员的职能。它又是京畿地，陈桥东北的8个马牧村，是当年的皇家御苑。北宋大政治家王安石《陈桥》诗云："走马黄昏渡河水，夜争归路春风里。指点韦城太白高，投鞭日午陈桥市。杨柳初回陌上尘，胭脂洗出杏花匀。纷纷塞路堪追惜，失却新年一半春。"①皇族高官云集陈桥，其地位更为重要。

北宋定都开封后，陈桥被发展成为京城周围四大镇之一，护卫着开封，政治地位日益提高，镇貌得到发展，形成京城东北第一大镇。金元明清四代，开封的地位虽有较大的变化，但作为七朝古都开封东北部第一商贸基地的陈桥，始终保持着原来的格局。金代祥符县只有三个镇，而陈桥镇居其中之一。明代时，开封素有"南有朱仙镇，北有陈桥镇"之称。明末，水淹开封城，清顺治二年（1645），开封县衙迁至陈桥镇，陈桥地位进一步提高。

经过宋金元明清五代的兴建，陈桥镇主要布局为东西南北四门和镇墙，街道有南北向一条，东西向两条。南部是官府衙门、南北道、东西司、冀鲁豫三省河台。陈桥有"七十二条街，七十二眼井，七十二座庙"之称。商业店铺、手工业作坊、茶坊酒肆林立，临街开市。众多庙宇散落于民居区域。天爷庙的戏楼庄严威武，南街宋家花牌坊雕刻精湛。72座

---

① 杨焕成、张家泰：《中原文化大典·文物典·历史文化名城》，中州古籍出版社2008年版，第417页。

庙形成庞大的古建群，满布全镇。到清末民国初年，陈桥还保持着原来古镇的风貌，有寨墙、四门、官府衙门、南北道、东西司、冀鲁豫三省河台和传统民居等。由于军阀割据，战乱不休，特别是日寇侵华之后，黄河改道，民不聊生，陈桥趋向萧条。

陈桥从整体来看，居民聚落成梯形，紧贴大堤，形成传统主街三条，南北向一条最长，与东西向两条街垂直交叉，形成两个十字街口。南边十字街口古老，地势中间高，四周低，呈现龟背状，排水便利。镇近黄河，古今皆有渡口。

陈桥历史上有"七十二座庙"之说，由于时代变换，时至今日文物古迹保留下来的不多，现有东岳庙（陈桥驿）、陈桥、清真寺、系马槐、碑刻、民居等。

三　牧野的城市形态与结构

（一）牧野市域城镇体系结构

1.市域城镇体系等级结构

目前，牧野地区形成了"区域中心城市—县（市）区域中心城市—中心镇——般镇"四级城镇体系等级结构，包括1座区域中心城市（新乡中心城区），8座县（市）区域中心城市、16个中心镇、38个一般镇（见表4—3）。

表4—3　　　　　　　　　新乡市域城镇体系等级结构表

等级	数量（个）	城镇名称
区域中心城市	1	新乡中心城区
县（市）区域中心城市	8	辉县市、卫辉市、获嘉县、原阳县、延津县、封丘县、新乡县、长垣县
中心镇	16	南村镇、薄壁镇、太公泉镇、李源屯镇、亢村镇、徐营镇、师寨镇、齐街镇、丰庄镇、魏邱镇、陈桥镇、黄德镇、黄陵镇、丁栾镇、恼里镇、古固寨镇
一般镇	38	狮豹头镇、南寨镇、上八里镇、顿坊店镇、吴村镇、拍石头镇、七里营镇、福宁集镇、樊相镇、魏庄镇、赵堤镇、后河镇、应举镇、赵岗镇、留光镇、原武镇、苗寨镇、上乐村镇、唐庄镇、东屯镇、石婆固镇、郎公庙镇、大召营镇、翟坡镇、峪河镇、西平罗镇、高庄镇、常村镇、张三寨镇、照镜镇、黄堤镇、史庄镇、中和镇、冯庄镇、大新庄镇、常村镇、北云门镇、占城镇

2.市域城镇体系规模结构

新乡市域城镇规模分为五级。1座100万—150万人的一级城镇（新乡市中心城区），3座20万—30万人的二级城镇（辉县市、卫辉市、长垣县）；5座小于20万人的三级城镇（获嘉县、原阳县、延津县、封丘县、新乡县）；16座0.8万—1.5万人的四级城镇；38座0.5万—0.8万人的五级城镇（见表4—4）。

表4—4　　　　　　　　　　新乡市域城镇体系规模结构表

级别	人口规模（万人）	数量（个）	城镇名称
一级	100—150	1	新乡中心城区
二级	20—30	3	辉县市、卫辉市、长垣县
三级	<20	5	获嘉县、原阳县、延津县、封丘县、新乡县
四级	0.8—1.5	16	南村镇、薄壁镇、太公泉镇、李源屯镇、亢村镇、徐营镇、师寨镇、齐街镇、丰庄镇、魏邱镇、陈桥镇、黄德镇、黄陵镇、丁栾镇、恼里镇、古固寨镇
五级	0.5—0.8	38	狮豹头镇、南寨镇、上八里镇、顿坊店镇、吴村镇、拍石头镇、七里营镇、福宁集镇、樊相镇、魏庄镇、赵堤镇、后河镇、应举镇、赵岗镇、留光镇、原武镇、苗寨镇、上乐村镇、唐庄镇、东屯镇、石婆固镇、郎公庙镇、大召营镇、翟坡镇、峪河镇、西平罗镇、高庄镇、常村镇、张三寨镇、照镜镇、黄堤镇、史庄镇、中和镇、冯庄镇、大新庄镇、常村镇、北云门镇、占城镇

3.市域城镇体系职能结构

市域城镇职能分为七类。包括9座综合型中心城市；4座旅游型城镇；7座商贸型城镇；3座资源型城镇；14座工贸型城镇；9座综合型城镇；6座加工型城镇；11座工业型城镇（见表4—5）。

表4—5　　　　　　　　　　新乡市域城镇体系职能结构表

城镇职能结构类型	城镇数量（座）	城镇名称
综合性中心城市	9	新乡中心城区、长垣县、辉县市、卫辉市、获嘉县、延津县、封丘县、新乡县、原阳县
旅游型城镇	4	薄壁镇、狮豹头镇、南寨镇、上八里镇

城镇职能结构类型	城镇数量（座）	城镇名称
商贸型城镇	7	南村镇、李源屯镇、丰庄镇、陈桥镇、黄德镇、师寨镇、顿坊店镇
资源型城镇	3	太公泉镇、吴村镇、拍石头镇
工贸型城镇	14	亢村镇、徐营镇、黄陵镇、恼里镇、古固寨镇、七里营镇、福宁集镇、樊相镇、魏庄镇、赵堤镇、后河镇、应举镇、赵岗镇、留光镇
综合型城镇	9	魏邱镇、丁栾镇、齐街镇、原武镇、苗寨镇、上乐村镇、唐庄镇、东屯镇、石婆固镇
加工型城镇	6	郎公庙镇、大召营镇、翟坡镇、峪河镇、西平罗镇、高庄镇
工业型城镇	11	常村镇、张三寨镇、照镜镇、黄堤镇、史庄镇、中和镇、冯庄镇、大新庄镇、常村镇、北云门镇、占城镇

4.市域城镇体系空间布局结构

牧野地区的城镇体系已经形成了"一核、两带、三片区"的市域城镇空间布局结构。

一核：指包括主城区和凤泉、小冀、小店三个外围城市组团构成的城镇、产业发展核心部分，即一城三区范围。

两带：依托京港澳高速和京广铁路客运专线等快速交通廊道构成的纵向城镇连绵发展带；依托长济高速和新焦新菏铁路等交通廊道构成的横向城镇连绵发展带。

三片区：指新乡市域城乡空间三大片经济发展区。即以发展生态旅游和新能源产业为主的西北部生态旅游和新能源发展区；以发展先进制造业为主的中部城镇和产业发展密集区；以发展现代生态农业和农副产品精深加工为主的东南部现代生态农业发展区。

（二）牧野中心城区形态与结构

牧野中心城区指卫滨区、牧野区、红旗区和凤泉区。其中卫滨区、牧野区、红旗区为主城区。

1.牧野中心城区的地域形态

牧野中心城区地处平原地区，在地域上可以自由发展延伸，形成了较为规整的集中式地域形态。受城市规划影响，整个城市向东、向南发展。

2.牧野中心城区的功能区结构

根据自然分区和功能划分，新乡市规划^①。将中心城区划分为7个片区。

（1）中心片区：指卫河以南、新飞大道以西、南环路以北、京广铁路以东的区域。它是城市的核心功能集聚区，承担城市主要的商贸、居住和文化服务等功能。

（2）东部新区：指新飞大道以东、107国道以西的区域。它是规划期内重点发展的市级行政中心、商业和文化中心以及综合客运交通枢纽。该区域是城市的重点建设区域，随着城市的发展，东部新区将逐渐承接并完善提升主要的城市中心功能，到规划期末将与中心片区一起共同构成城市的核心功能区。

（3）卫北片区：指卫河以北的主城区部分。规划保留该区域为主城区内主要的集中工业用地，通过推动国企现代化改造，促进产业结构升级和产品档次提高，将卫北片区改造为具有新乡特色的现代化工业园区。

（4）铁西片区：指京广铁路以西的主城区部分。规划结合周边产业集聚区和工业园的发展，大力发展现代服务业，并通过对卫河、镜高涝河、西孟姜女和三支渠的河道整治和景观绿化，打造新乡市的生态商贸城，水岸宜居地。

（5）南部新区：指南环路以南的主城区部分。规划期内利用该区域的交通、环境和基础设施等优势条件，使开发区保持良好的发展势头，注重居住区和片区公共服务设施建设，为开发区提供完善的居住及公共服务配套。

（6）新东片区：指107国道以东的主城区部分。该区域是本次规划确定的主城区重点发展片区，位于城市的主要发展方向，是规划期内承接城市功能传递的重要节点。新城定位为综合配套服务片区，接纳部分中心片区分离和新建的工业项目，同时为工业园区提供综合配套服务，最终形成以工业、物流、商贸服务、居住配套为主的综合性城市拓展区，逐步承担新乡城市的副中心功能。

（7）凤泉组团：指凤泉。规划确定该片区的主要任务是传统制造业的技术更新和原有企业的产业升级，原则上不再扩大工业用地规模。依托现状和资源特点，布置化纤纺织产业园、新型材料产业园。规划期内逐渐

① 这里的规划指新乡市城市总体规划（2011—2020年）。

降低凤泉组团对主城区的依赖，提高片区公共服务水平，改善居住用地环境品质，同时配合凤凰山森林公园的建设补充都市旅游服务功能。

四　牧野的传统村落（古村落）

传统村落，原名古村落，是指民国以前建村，保留了较大的历史沿革，即建筑环境、建筑风貌、村落选址未有大的变动，具有独特民俗民风，虽经历久远年代，但至今仍为人们服务的村落。2012年9月，经国家传统村落保护和发展专家委员会第一次会议决定，将习惯称谓"古村落"改为"传统村落"，以突出其文明价值及传承的意义。

传统村落中蕴藏着丰富的历史信息和文化景观，是中国农耕文明留下的最大遗产。它不是"文保单位"，而是生产和生活的基地，是社会构成最基层的单位，是农村社区。传统村落的精神遗产中，不仅包括各类"非遗"，还有大量独特的历史记忆、宗族传衍、俚语方言、乡约乡规、生产方式等。它们作为一种独特的精神文化内涵，因村落的存在而存在，并使村落传统厚重鲜活，还是村落中各种"非遗"不能脱离的"生命土壤"。

新乡市现拥有卫辉市狮豹头乡小店河村、辉县市沙窑乡郭亮村、拍石头乡张泗沟村、沙窑乡水磨村4个国家级传统村落和长垣县蒲东街道学堂岗村、封丘县陈桥镇陈桥村、卫辉市狮豹头乡里峪村和辉县市南村镇石盆村等26个省级传统村落（见表4—6）。这些传统村落主要集中在新乡市境内的太行山区，且都具有丰富的人文元素、独特的历史风貌以及浓郁的地域特色。

表4—6　　　　　　　　新乡市域传统村落一览表

序号	村落名称	批次、级别	位置
1	小店河村	第一批省级 第一批国家级	卫辉市狮豹头乡
2	郭亮村	第二批省级 第二批国家级	辉县市沙窑乡
3	张泗沟村	第二批省级 第三批国家级	辉县市拍石头乡
4	水磨村	第三批省级 第四批国家级	辉县市沙窑乡
5	学堂岗村	第一批省级	长垣县蒲东街道
6	杜沙邱村	第一批省级	长垣县丁栾镇

序号	村落名称	批次、级别	位置
7	大车村	第一批省级	长垣县魏庄镇
8	蔡占村	第一批省级	长垣县恼里镇
9	陈桥村	第一批省级	封丘县陈桥镇
10	凤凰山村	第二批省级	辉县市南寨镇
11	西平罗村	第二批省级	辉县市西平罗乡
12	齐王寨村	第三批省级	辉县市南寨镇
13	石盆村	第四批省级	辉县市南村镇
14	西王村	第四批省级	辉县市南村镇
15	平岭村	第四批省级	辉县市张村乡
16	赵窑村	第五批省级	辉县市张村乡
17	和漫村	第五批省级	辉县市张村乡
18	里沟村	第五批省级	辉县市张村乡
19	滑峪村	第五批省级	辉县市张村乡
20	丁庄村	第五批省级	辉县市南村镇
21	司北村	第五批省级	辉县市南村镇
22	新庄村	第五批省级	辉县市沙窑乡
23	周庄村	第五批省级	辉县市薄壁镇
24	韩口村	第五批省级	辉县市黄水乡
25	里峪村	第五批省级	卫辉市狮豹头乡
26	正面村	第五批省级	卫辉市狮豹头乡
27	定沟村	第五批省级	卫辉市狮豹头乡
28	土池村	第五批省级	卫辉市狮豹头乡
29	蜘蛛窑村	第五批省级	卫辉市狮豹头乡
30	雪白庄村	第五批省级	卫辉市狮豹头乡

（一）卫辉市狮豹头乡小店河村

小店河村是我国首批国家级传统村落，位于卫辉市西北太行山东麓，自清朝建村，至今已有300多年历史。

小店河村始建于清乾隆十三年（1748），由阎氏第十世宗祖阎榜所建。据阎氏家谱记载：阎氏祖居山西林虑，几经迁徙，至第九世阎无觉时举家由林县吕儿庄迁至汲县（今卫辉市），后又由其子阎榜兄弟二人于乾隆十三年（1748）迁至沧河沿岸，在沧河边上建一小店铺，故取名小店河。

小店河村环境幽雅，三面环山，一面临水，地势更具特色，从远处看像一巨龟，头指沧河，如"神龟探水"。整个村寨都建在龟背上，人们形象地称之为龟背宝地。小店河村布局合理，规模宏伟。

村寨坐西向东，纵贯南北，现存寨墙、寨门、十座院落，含二十三进四合院、八十六座房屋。其房屋建筑呈梯形，建筑风格采用明清流行的硬山式建筑。每个院落有一进、两进、三进、四进四合院不等，依次为山门、配房、地厅、上房，其规格、布局造型、用料相同。村寨的四周，由石砌寨墙将其包围成一个完整的群体，每段寨墙中间有通往内外的寨门。在村寨墙外的后山上设有瞭望台。

（二）辉县市沙窑乡郭亮村

郭亮村是我国第二批国家级传统村落，位于辉县市西北60千米的太行山深处，在辉县市万仙山境内，是万仙山景区内三个行政村之一，自东汉建村，至今已有1800多年历史。

在东汉建安年间（196—220年），连年灾荒，加上地主和封建官府的剥削压迫，民不聊生。太行山区的农民儿子——郭亮，率部分村的饥民揭竿而起，反抗压迫，农民纷纷响应，跟随郭亮，很快形成了一支强大的农民队伍。当时封建王朝慌了手脚，屡次派兵镇压，只因山高路险，皆遭失败。后来，就采取了封官许愿的办法加以利诱，当时郭亮手下有一将领名叫周军，投降了官府，被封为"平西大将军"，率领官兵前来镇压。因寡不敌众，郭亮只得退守西山绝壁，后因周军围困，粮草断绝。郭亮急中生智，让士兵将战鼓与山羊悬挂在树上，羊四蹄乱蹬，鼓声咚咚日夜不停。同时，郭亮令士兵从山背后用绳索系下绝壁，安全转移到一自然村（今"会逃站"）。这个悬崖上的山村，人们为纪念郭亮，在建村时便将村名取为"郭亮"。

郭亮村人多姓申。申氏家族元朝末期在南京做官，明初朱元璋清洗京都，将申氏家族发配青海做苦役，途中申氏家族从山西逃离。全族几百口人砸掉大铁锅，一户分一块锅铁，各奔东西，但愿来年拼回原样，全族团圆，故称"大锅申"。当年一小部分申氏族人进入河南，躲进太行山中隐居于郭亮村。整个郭亮，只有申明富一人于20世纪60年代参军后离开了郭亮村。

郭亮村依山势坐落在海拔1700米、千仞壁立的山崖上，地势险绝，景色优美，以奇绝水景和绝壁峡谷的"挂壁公路"闻名于世，又被誉为

"太行明珠"。

郭亮村民居建筑有着自己的特色，在村里随处可见石磨石碾石头墙、石桌石凳石头炕、浑石到顶的农家庄院，一幢幢，一排排，依山顺势地坐落在千仞壁立的山崖上，处处显示着村里人的朴实气息。

（三）辉县市拍石头乡张泗沟村

张泗沟村是我国第三批国家级传统村落，位于辉县市拍石头乡政府东北22千米处（如图4—4所示），自明朝建村，至今已有600多年历史。

图4—4　辉县市拍石头乡张泗沟村

（图片来源：赫兴无拍摄）

明太祖朱元璋称帝后，实行迁民政策发展农业，大批农民从山西移居到中原地区，择地而居。当时山西省壶关县有一个姓张的人，在家排行老四，移居到与壶关县一脉相承的太行山中。选择了一个土壤肥沃、又兼有"龙虎把门、金鸡绕岭"的风水宝地，开始在这里繁衍生息。从此该村便叫作张泗沟村。

张泗沟村四面皆山，金鸡岭将村子环裹其中。龙头山、虎头山之间的缺口，曾是村子与外界的唯一通路。在长久以来笃信风水文化的村民看来，这是一片"龙虎把门、金鸡绕岭"的风水宝地。

村里的一栋两层建筑，是清代秀才张琳的故居。在这栋秀才楼的石头门匾上，有"多文为富"四个大字，语出《礼记·儒行》，昭示着屋主"不求金银、以知识渊博为富足"的文人情怀。此外，不少门匾上都刻着

"让""仁""俭""勤"等字样，足见儒家思想对当时人们广泛而深刻的影响。建村600余年来，村子里走出张琳、张瑜等秀才以及现代数学大家张锦文等不少人才。

张泗沟村的关帝庙，也有着一些神奇的传说。这座古庙，距今已有几百年的历史，至今仍有香火。当年日本侵略者入侵太行山，无所不至，与张泗沟周围1千米之隔的长珍村都被摸到了，但始终没有找到过张泗沟村。村民都说，这是村里的关爷庙在保佑他们。不少村民都说，在夜深人静时，仍可以听到关爷骑马回来时有节奏的马铃声。

（四）辉县市沙窑乡水磨村

水磨村是我国第四批国家级传统村落，位于辉县市西北60千米的太行山深处，在辉县市万仙山境内，是万仙山景区内三个行政村之一。水磨村由水磨、梯根、梯坡、核桃阶四个自然村落组成，两条小河在水磨汇聚然后缓缓外流。

水磨村的民居建筑大都是因地取材，由太行山的石头做成的，因此住房保存比较完好。在村子里，石桌、石凳、石墙、石径随处可见，向今天的人们昭示着其悠久的历史和不变的样貌。

（五）卫辉市狮豹头乡里峪村

里峪村是河南省第五批省级传统村落，位于卫辉市狮豹头乡，是依山而建的山寨式村落。寨墙外面为山涧河底，寨墙上有民国四年（1915）修筑的两个寨门，俨然两只鱼眼。寨子美名曰鲤鱼，只是在漫长的岁月中，慢慢演变成了后来人们所叫的里峪村。

在寨墙上，除了两个石砌的坚实寨门，还有8个瞭望孔，它不仅起到了美观效果，更有采光、瞭望、射击等实用性。

村里的院舍错落有致，有着很好的立体效果，现在被文物部门认定的有魏长根老宅、魏六海老宅、郭新同老宅、张米堂老宅。这里的几个老宅均为四合院，有的还有内院与外院之分，且非常精致，因为从门口的石阶、房屋的门楼、文字的点缀，均可以充分地反映出来。尤其在魏长根老宅内，有着众多的文化元素，门头上的刻字至今清晰，"云深处"3个大字，刻在大门的上方；正屋门的上方是民国六年（1917）镌刻的"诗书门第"，另一屋门上则为民国二十七年（1938）镌刻的"累洽重熙"四字。再有一院落，现为刘作丽家，门额上书"忠厚传家"和"九世同居"，在"九世同居"的门额上还配有一"苔痕上阶绿，草色入帘青"的楹联。在另一大门上，则有"山为壁"三字。这些门额上的石刻透着相当深厚的书法功底。

五　牧野的古建筑

（一）徐氏家祠

徐氏家祠，是民国初年曾任袁世凯的国务卿，后又任中华民国大总统的徐世昌的家祠，位于卫辉市城内贡院街的西端，1921年落成。1963年由卫辉市人民政府公布为县级重点文物保护单位，1992年回归市文物部门管理，2000年晋升为河南省文物保护单位。

徐氏家祠坐北朝南，主体建筑占地面积5250平方米，加上后花园，总面积达到1公顷。[①]建筑群分为四进院落，沿中轴线主要建筑自南向北依次为照壁、山门、石牌坊、二门、三门（已毁）、拜殿及大殿；一进院两侧分别设东西华门；二进院次门两侧分别设东西掖门；三进院两侧分别设东西厢房；四进院拜殿前两侧分别为东西配殿。

照壁：建在祠堂的最前面，高7米，长12.7米，砖石结构。顶部为元宝脊，用灰色筒瓦覆盖，并饰以垂脊、垂兽，檐部用砖雕飞檐斗拱。照壁前后正中镶有五颗谷穗组成的嘉禾图案，谐汉、满、蒙、回、藏"五族共和"和"五谷丰登"之音译。照壁两侧建东华门和西华门，两门对称，结构相同，皆为砖木结构，硬山式棚顶，顶部饰灰色瓦件，在垂脊处饰四垂兽，目视前方。

山门：照壁北面为山门，面阔三楹，进深二间，硬山卷棚灰瓦顶。其明间辟正门，正门装木板双扇大门，门的抱框前，左右蹲坐青石雕的石狮一对，昂首张口，栩栩如生。两次间为耳房，墙的四周基石浮雕各种飞禽走兽。

石牌坊：进入山门，有四柱三间石牌坊一座，面阔6.34米，高5米。石柱和额坊上全是嘉禾图案浮雕。石柱前后的抱鼓石上，雕有神采各异的石狮，构图新颖，雕刻细致。石牌坊明间正面坊额上题有"东海世家"四个大字。石牌坊西边原建有一座木石结构的正方形攒尖顶碑亭，亭内立

---

① 邢亚平：《牧野风·文物考古卷》，河南美术出版社2008年版，第148页。

《创建汲县徐氏家祠记碑》一通，后碑亭被拆除，现仅存碑碣。

二门（次门）：位于石牌坊北面，为垂花门形式，单檐悬山式建筑，卷棚灰瓦顶。垂花门两侧各设一掖门，顶同二门。垂花门与掖门中间墙壁上镶嵌着三组青砖砌造的"囍"字。掖门后小路用鹅卵石铺设，装饰葫芦藤蔓（喻万代长春）、牡丹花卉（喻平安富贵）等造型。

拜殿、大殿：两殿连为一体，整座建筑庄严肃穆。月台上装有青石栏杆，由仰莲火炬青石透雕富贵平安图案作装饰。拜殿面阔三间，进深一间，八根方柱均用青石雕琢而成，单檐歇山式建筑，卷棚灰瓦顶，垂脊端饰垂兽。额枋、柁墩、雀替（花牙子）表面均雕"嘉禾"图案。大殿面阔五间，进深两间，单檐硬山式建筑，卷棚灰瓦顶，垂脊端饰垂兽。明间和次间各装有木雕六抹隔扇门四扇，明间隔扇门腰板上雕刻有"蝠（福）寿双全"图案，裙板上雕刻有"五蝠（福）捧寿"图案，梢间为木雕透花十字海棠槛窗。

据说徐氏家祠的整体建筑布局是按慈禧太后在卫辉的小行宫的布局建造的，以多个四合院落互相连接相通，构成规模宏大、布局严谨、庄严肃穆的建筑群。整座建筑集木雕、石雕、砖雕等传统的装饰工艺于一体，建筑装饰设计新颖，风格独特，富有时代感，充分展示了古代劳动人民的聪明才智。

徐氏家祠建筑群堪称民国初年的代表作，对于研究清末民初的历史和建筑史具有较高的价值。

（2）七世同居坊

七世同居坊，又名石牌坊，坐落于新乡市平原路牌坊街北端（如图4—5所示），建于清道光四年（1824）。1961年被公布为新乡市文物保护单位，1986年被公布为省级文物保护单位。

牌坊坐北朝南，横跨街心，为三间四柱五楼式，青石结构。坊部脊吻、瓦垄、飞檐、梁架等构件，均仿古代传统的木构建筑雕刻而成，具有典型的民族风格。通高8.6米，基座上宽8.46米，通体用青石仿三重檐的木结构牌楼雕刻而成。

牌坊明间为殿顶，刻有瓦垄、飞檐、梁架、斗拱等构件。正脊中部有一立狮，通高0.94米，长0.92米，狮身正中有一圆形孔，其上原立有葫芦形脊饰，现已不存。顶两边各有一鸱吻，高0.85米，长0.54米，厚0.28米。

图4—5　新乡市七世同居坊

（图片来源：赫兴无拍摄）

顶层檐下正中立一匾额，高0.65米，宽0.4米，其上阴刻"圣旨"二字，周围有线刻龙纹。匾额两边各有二组斗拱。其下有三根横梁，其间镶两面匾额。依次为：第一根横梁，长4.3米，宽0.53米，南面浮雕一组"天官赐福"人物故事，北面浮雕"八仙过海"人物故事。第二根、第三根横梁长3.3米，宽0.5米，均浮雕有大型狮子滚绣球图案，南北两面大体相同。第一面匾额，长3.3米，宽0.48米，南北两面相同。第二面匾额大小尺寸与第一面相同。匾额阳刻欧体"候选布政司经历赵珂七世同居坊"。右上题跋为阴刻小字"大清道光四年，岁次甲申"，右下边落款为"夏四月上瀚，穀旦建立"。匾额周围有线刻二龙戏珠和几何花边纹饰。匾额南北两面相同。明间两根立柱高4.3米，宽0.50米，立柱南北两面均为缠枝牡丹浮雕。

　　明间两边为造型对称的两个次间，次间为双层庑殿顶，每层顶上均有一个鸱吻。顶层鸱吻高0.61米，宽0.41米，厚0.21米；下有两组斗拱。第二层顶上面吻兽已毁，下有三组斗拱。下有两根横梁，中间镶一扇亮窗。第一根横梁，长1.9米，宽0.47米，东西次间横梁浮雕图案相同，南面均是一龙戏珠图，北面均是牡丹凤凰图。亮窗长1.3米，宽0.5米，镶刻有变形龙纹图，东西次间相同。第二根横梁，长1.3米，宽0.5米，西次间南面浮雕图案是花草双鹤图，北面为玉兰树飞鸟图；东次间南面为花草双鸭图，北面为荷花凤鸟图。两次间的立柱高2.45米，宽0.5米，厚0.5米，立柱南北两面均浮雕有缠枝牡丹图。

　　明次间四根立柱根部四面均有贴面石相抵护，立柱南北两面的贴面石均为抱鼓蹲狮石刻造型，大小相同，均为高94.5厘米，与立柱等宽。该贴面石底部为方形石基，高55厘米，南北长0.75米，石上为一鼓，鼓面直径为0.47米，鼓上蹲一石狮。四根立柱东西两面均有长方形贴面石，高94.5厘米，宽70厘米，厚17厘米，面上刻一圆窗，里面浮雕有玉兰花、荷花、葡萄、牡丹、凤鸟等吉祥图案。方形贴面石上方蹲一石刻小狮，高25厘米，身长27厘米。

明间跨度为3.3米，次间跨度为1.3米，次间下各有一基石，支撑明次间立柱，高0.9米，东西长2.6米，南北长3.45米，基石立面刻有几何花纹。

该坊为旌表而造，雕刻题材多取寓意富贵、吉祥内容，所谓"善以示后"，故群众称它为"善人坊"。[①]全坊浮雕、立体雕、镂雕、线刻人物故事和花草树木、瑞禽瑞兽、狮子等图像80多幅，堪称是一座颇具时代特征的石刻艺术作品。

七世同居坊系仿我国古代传统的木结构建筑雕刻而成，具有典型的民族风格。该坊气势雄伟，造型比例适当。坊身满镌各种图案花纹，刻工纤巧细致，线条柔和流畅。坊上所雕图案，不论是动物还是植物，都极富装饰性，厚重华美。该坊通体满镌各种图案，几乎没有留下任何空间。在技法上，各种刻法混合使用恰到好处，达到了画面清晰、层次鲜明、形象动人的效果，立体感强烈，代表了清代石刻的杰出水平。

（三）战国魏长城

在河南省北部，从新乡市与卫辉市交界的太行山至林州市境内，自古就存在着一条古代长城遗迹，这就是著名的战国魏长城。它的南端在新乡市凤泉区分将池村，这里是新乡市境内太行山余脉的南端。远望太行山，长城盘旋游卧于群山峻岭之上，气势雄伟壮观，以长城为界，东为卫辉市，西为辉县市，故长城两边的百姓称之为"边界岭""边墙岭""边疆岭"。

长城基本上沿太行山脊从北向南盘旋逶迤而下，大致呈南北走向。它北接林州市的战国赵长城，经卫辉市原拴马乡、辉县市原南村乡、张村乡、卫辉市原池山乡、太公泉乡、唐庄乡直至新乡市凤泉区分将池村，绵延数百里。

---

① 邢亚平：《牧野风·文物考古卷》，河南美术出版社2008年版，第145页。

长城在原池山乡歪脑自然村段保存最好，它从北向南盘卧在小灰心垴、灰心垴、搬舅峰、南大岭四座山峰上。最高处位于小灰心垴山顶，海拔867米。

1.长城现存状况

从南大岭到小灰心垴700余米，长城修筑在从南大岭到小灰心垴的山脊上（最高处），基本上为南北走向。整个地势，东面（长城以东）多峭壁、悬崖，难以攀登，西面则呈坡状，较缓。现南大岭段长城保存最好，现存最高处达1.6米，其余地段则因自然和人为损毁已成乱石一堆，但其走向和构造仍清晰可辨。

2.长城构筑形制

此段长城全系用青石垒砌而成，为石块构筑。石块间未有任何粘接物，直接用石块垒叠而起，长城剖面略呈梯形，底宽为2—2.6米不等。现存最高处约1.6米，大多仅剩高不足0.4米的墙基和乱石堆。从南大岭长城残存高度推测，此长城的高度应在2.5—3米。长城的构筑方法为：两边用大的石块（石片）垒砌，中间用碎石填充，所用石料皆为就地取材（在池山乡境内的长城用石皆在长城西面的缓坡地带开凿，现仍可辨析当时开凿长城用石的石料开凿场所）。

3.长城遗迹和遗物

卫辉市池山乡境内的古长城除雄伟壮观的石筑长城外，经考察还发现一处城堡要塞，两处哨所，两处经人工刻意平整的场地等重要长城遗迹。此外，在城堡要塞还发现了大量的战国绳纹筒瓦和一件石铲等遗物。

（1）城堡要塞

位于灰心垴山峰最高处，东西长29米，南北宽约26米，略呈方形圆角。城堡要塞筑有内外两道石墙，外墙宽约0.8米，现存高度仍有1米。西、南两边外墙已被坡土覆盖，地表已无迹可寻，但地表下还可见近1米高的墙体；东、北两边外墙在地表上还清晰可辨。从现存外墙情况看：东、北面坡度较缓，墙体较低，西、南面坡度较陡，墙体较高，整个地势是东北高，西南低。因此，外墙的作用主要是加固山坡，防止坡土被雨水冲刷下滑，保护要塞建筑。另外，外墙还可作为平台，起瞭望、监视的作用。内墙宽约1米，东北角地势最高。内墙墙基在地表上保存较好，比较清晰。在内墙东北角，发现一件石铲，双面刃，器表已风化。内墙西南角有一缺口，应为内墙出口。

在城堡要塞中间有一间东西长5米，南北宽3.5米的石筑房屋，屋墙宽0.4—0.5米，屋内铺一层石板作为屋面，现屋面低于地表0.5米。屋门开在西南角，门宽0.7米。在坍塌在屋内的石块中，发现有许多战国绳纹筒瓦残片。从遗迹可知，这是一座石筑木构架瓦顶建筑。

石屋南面紧靠内墙南墙有一条长14米，宽约0.4米的石筑通道，通道南面从东到西挖有5个圆形和半圆形石窖，石窖直径约0.5—0.8米。通道现高1.2米，通道底面及石窖底皆为修治平整的石块，在这些石块上发现有白灰铺底的痕迹。这些通（甬）道、石窖应为当时储备食物及武器的地方。

因城堡要塞中间地势低凹，为此，它还专门挖了一条排水沟。排水沟宽约0.4米，从石屋门前开始，曲折向西北，穿过内墙流向西北。

在城堡要塞北外墙外与长城的夹角处有一半径约为3米的半圆形遗迹，它连接长城与北外墙，可能是瞭望台遗迹，如遇敌人入侵，也可作烽火台使用。

长城连接要塞外墙东北角和东南角。站在要塞顶上举目四望，周围地势环境一览无余，尽收眼底，特别是要塞的山脚下就是一条古代道路。因此，要塞地理位置非常重要，它的设置是为了防备西北敌人的入侵（也有关卡收税的作用）。所以，该城堡要塞应是长城中重要的城堡要塞遗迹。

（2）哨所遗迹

共有两处，一处是在灰心脑山与搬舅峰之间的低凹处；另一处是在搬舅峰与南大岭之间的低凹处。哨所建在长城的西边，距长城约4米。哨所为直径约3米的圆形石构建筑，其筑法为：依山势开凿出圆形的平面后，用石块垒砌。在哨所内未发现用火遗迹及其他生活用品。

（3）经人工刻意平整的场地

共有两处，一处是在搬舅峰西坡；一处是在小灰心堖山顶。两处皆是在开凿用于垒长城的石块后，经平整形成的较大面积的平地。其中搬舅峰西坡面积较大，约400平方米，场地规矩平整，推测可能是练兵的场所。小灰心堖山顶的场地也在长城的西侧，但面积较小，略呈圆形，约30平方米。小灰心堖山为池山乡境内海拔最高的山，在此处开凿出一块圆形场地，当为瞭望、报警的场所，推测很可能是烽火台遗迹。

从长城的构筑形制看，它与林州赵长城及山东齐长城的构筑形制一样，特别是在长城上的城堡要塞中发现有战国时期的绳纹筒瓦，因此可以断定卫辉市池山乡境内的长城遗迹应为战国时期的长城遗迹。据考证，新乡魏长城距今有2300多年的历史，它比秦长城修建早37年。[①]

长城是中华民族团结一心，众志成城的向心力、凝聚力的象征，也是民族精神的体现。恩格斯在《家庭私有制和国家的起源》一书中曾形象地指出："城楼高耸云霄已进入文明时代，城下壕沟深陷是为民族制度的墓地"，说明城市的出现是进入文明时代的标志之一。而早在我国传说中的人文初祖黄帝和与之相当的仰韶文化时期就已经发现了城市遗迹，证明此时我国已经开始步入文明时代。夏、商、西周三代之际，虽然作为政治、经济、宗教文化和军事中心的城市发展和规模更加规范和制度化，但是，此时并未出现长城建筑。我国古代长城的修筑建设是到了春秋和战国时期才达到初始与兴盛阶段的。因此，战国长城无论是在考古还是在历史研究中都有着极其重要的价值和独特的地位。同时，它在现代地方人文旅游景观中以及综合性的经济开发中也有独特的价值和不可取代的地位。这段由新乡市凤泉区分将池开始、中经卫辉、辉县、西北转至林州的战国长城，不仅显现了它在战国时期的政治、军事方面的重大作用，而且在我国古代长城史和古代建筑学上也具有重要的地位和价值。

（四）望京楼

望京楼又名崇本书楼，位于卫辉市城内望京楼后街，建于明万历二十一年（1593），为明万历皇帝同母弟潞简王朱翊镠思母所建，距今已有五百年的历史。1986年汲县（现卫辉市）人民政府将其公布为县级文物保护单位，2000年河南省人民政府将其公布为第三批省级文物保护单位，2006年国务院批准将其列入全国第六批重点文物保护单位。

望京楼主体建筑高23米，宽32米，进深19米，平面呈长方形，坐北朝南，共分两层，具有典型的官式建筑风格。[②]砖石结构，外壁用青石砌筑，内壁用白石镶嵌，外壁中间有白石腰檐。东西两侧各开券门，内设石阶可供上下。第一层楼的中部四面均有大券门，中间为无梁十字拱券

---

① 邢亚平：《牧野风·旅游名胜卷》，河南美术出版社2008年版，第105页。
② 邢亚平：《牧野风·旅游名胜卷》，河南美术出版社2008年版，第139页。

顶，高大宽敞，为乘凉佳处。每券门上有两道木栏杆槽，下有一道石栏杆（0.5米）槽。第一层楼东、西、北三面共有四窗，均为券顶，青石窗棂残迹尚存。第二层楼原有五间歇山式大殿，名曰"崇本书楼"，是供潞王父子读书写字的宫室，崇本书楼已毁，但大殿柱基尚存。大殿前，左、右有回廊，大殿后有两个小门。大殿前东西两侧原有凉亭作上下之用，凉亭已毁，但遗迹尚存。大殿正前方有石坊一座，名曰"诚意坊"。此坊平面呈一字形，为青石结构建筑，高5.02米，宽5.08米，以四柱三楼四阿顶结构形式组成。每柱下端前后以如意形抱鼓石围绕，抱鼓石下为须弥座，刻有折枝花。抱鼓石上面雕一昂首挺胸、傲视一切蹲坐的石狮，造型逼真，雕琢精美。四阿顶筒瓦瓦垅清晰地延伸到飞檐的瓦当，下为仿木质结构的昂，昂与昂之间分别有三块镂空石板作装饰。正面横额有线雕阳文"诚意坊"三字，下为"童子拜寿"图。四根石柱分别有龙衔华表式挂轴对联，明间联曰："画栋耸青霄依凭日月；雕檐接碧汉会合风云。"次间联曰："宝殿建千年胜概；云楼壮万国雄观。"对联两边为"海兽人物"图、"鹤禄同春"图等。背面横额上为"三龙戏珠"图，下为"八仙庆寿"图。中柱联曰："高阁端严沐九天雨露；崇台镇肃瞻万象光明。"外柱联曰："南联地脉嵩衡秀；北觐天枢斗极辉。"两柱间横额均雕"二龙戏珠"图，对联左边为"迎宾"图，右边为"携子访友"图。石坊的左右两侧均雕有盆景牡丹作装饰。

望京楼上的诚意坊是典型的官式建筑风格，具有建筑、绘画、书法、雕塑等综合艺术。就书法而论，笔锋挺秀，笔法娴熟，书体工整美观，端庄秀丽，风度洒脱，气象生动。

绘画均为祝寿、吉祥之意，如童子拜寿图、海兽人物图、鹤禄同春图、八仙庆寿图、迎宾图、携子访友图、二龙戏珠图、三龙戏珠图等。从艺术角度看，这些绘画有着自己独特的风格和鲜明的艺术特色，即静中有动，寓动于静，形神兼备，栩栩如生。

雕塑浮雕立体感强，人物花卉、亭台楼阁、龙纹祥云等正好弥补了雕刻不能表现色彩的缺陷。从整体看，不仅注重细部的精雕，其线刻人物、花卉图线条流畅，刀工细腻，而且把高浮雕龙的结构和特征表现得更为准确，使这座轮廓分明、风格庄重的石坊具有较高的艺术价值。

望京楼形体高大，内砖外石，端正浑厚，结构坚固，砌筑工整，雕刻精湛，设计科学，是我国目前保存规模最大的石构无梁殿建筑。

（五）山西会馆

山西会馆，位于辉县南关西街西段路北，清乾隆二十五年（1760）创建。嘉庆二年（1797）以后续建15年。

山西会馆中轴线上有大门、戏楼、拜殿、正殿；两侧有配殿、钟楼、鼓楼，总建筑面积2706平方米。大门和戏楼均为六铺作悬山式建筑。拜殿为卷棚顶，建于须弥座月台上。正殿面阔3间，为六铺作悬山顶、斗拱檐、格扇窗。额坊、雀替皆为木刻浮雕。钟楼、鼓楼皆为斗拱檐、卷棚顶。会馆周围雕花砖，刻工精细。整个建筑布局对称，气势雄伟，工艺精巧，造型优美。

（六）同盟山武王庙

同盟山，在新乡市西17千米处获嘉县境，彦当村北。它是平原上一座巍然丘阜，高约数丈，占地数十亩。多少年来，有关同盟山的神奇传说和《封神演义》中荒诞怪异的描绘交织在一起，常常把人们的思绪带向3000多年前的古战场上。早在殷商末年，纣王残虐暴戾，民心丧尽，天下大乱。周武王兴师东进讨伐纣王，大军渡过黄河后在宁邑（今获嘉）休整，数十万大军捧土造坛，武王与八百诸侯在此同盟誓师，共伐无道。后人就把这座坛叫作"同盟山"。

同盟山上的武王庙，始建于周末，元末曾毁于兵火，明代初年重建，以后历代均有修葺。中华人民共和国成立后，人民政府又两次拨款进行维修。现存有山门、拜殿、大殿、后殿、东西配殿以及武王饮马池、太公校阅台、20余通历代碑刻、唐槐等文物古迹。山门前有一对精工细雕的石狮子，昂首挺胸，形态逼真。顺着台阶可以拾级而上。大殿面阔三间，进深三间，单檐歇山式，殿顶覆盖琉璃瓦，浮雕花脊。后殿也称玉皇殿，面阔三间，进深一间，是较为典型的明代建筑。整座建筑殿宇嵯峨，格局严谨，琼雄肃穆且掩映在苍松翠柏之间，愈发显得古朴苍劲。

（七）文庙

文庙，位于新乡市西大街，创建年代无考。北宋元祐、金大定、明洪武年间和清初曾屡次扩建、重修，共建有大成殿、东西廊庑、棂星门、戟门、崇圣宫、明伦堂、泮池、尊经阁等建筑。今仅存大成殿、明伦堂旧址、《大观碑》《重修新乡县儒学记碑》及《重修文庙记碑》等残碑若干。

大成殿为文庙主体建筑，庑殿顶覆盖绿琉璃瓦，坐北朝南，面阔5间22.2米，进深3间12.3米，原殿面脊筒后均被拆除。大成殿三面环墙，墙厚80厘米，为大砖垒砌，方砖长48厘米，宽24厘米，厚14厘米，上有明代"正德拾年武陟县造"和"怀庆府修武县窑造"字样。大殿内无神道，均为木主（用木为之，书死者姓名以供祭祀，木主即神牌），早已无存。大殿内至今还保留元代建筑的实物与构件，这在河南地区极为罕见。

明伦堂系学宫建筑之一，建于宋末，历经宋、金、元、明、清多次修葺与重修。自清雍正九年（1732）重建后，因年久失修，势将倾毁。1985年红旗区人民政府在原址重建。

（八）关帝庙

关帝庙位于新乡市红旗区劳动路与东大街交叉路口向东100米路北，建于元至正年间（1341—1368年），明万历、崇祯，清康熙、乾隆年间相继重修。民国初期将关羽与岳飞合祀，关帝庙又名"关岳祠"。

关帝庙坐北朝南，庙内现存建筑有戏楼、拜殿、正殿3座，计13间，占地面积2000平方米。戏楼面阔3间，宽10.8米，进深7米，重檐歇山顶，顶覆盖灰色小布瓦和蓝色琉璃瓦。戏楼中间正下方辟为山门，两侧还各造有耳房若干间。拜殿面阔5间，宽15米，进深6.6米，悬山卷棚顶，上覆灰色筒、板瓦，脊饰龙兽，檐下旋斗拱数攒。正殿面阔5间，宽15米，进深7.5米，单檐歇山顶，上覆绿色琉璃瓦，有兽吻。

新乡关帝庙大部分木构件仍保持元代建筑风格，3座主建筑基本上保留了原貌，是新乡市现存最老的一组古代建筑群。它是研究中国豫北元、明寺庙建筑及新乡地方建筑发展的重要实证材料。

（九）文昌阁

文昌阁，位于辉县市东约1千米，因阁顶覆盖琉璃瓦，俗称琉璃阁。琉璃阁是历代文人学士祭祀孔孟的场所，它原在古城的东南隅，创建年代不详，明万历五年移建于此，清咸丰年间重修。

文昌阁为砖木结构，通高15.35米，两层，三重斗拱檐，八角形钻尖顶，内有楼梯，中有楼板，二层外为走廊。楼阁建在方形石砌高台上，周围置以石栏。整个建筑结构严谨，艺术精巧，宏伟而又高大，实为古代建筑中的瑰宝。

六　牧野的标志性现代公共建筑

牧野地区的标志性现代建筑主要有平原博物院（新乡市博物馆）、平原文化艺术中心、新乡市政府大楼、新乡市公安大楼、新乡市海关大楼、新乡市体育中心等。

（一）平原博物院（新乡市博物馆）

平原博物院又名新乡市博物馆，位于新乡市东区核心区，北临人民东路，隔中央广场与新乡市政府大楼遥相呼应，东临东如意街，与平原文化艺术中心相邻，西临西如意街，是政府文化广场内的建筑之一。它于2011年建成，是新乡十大标志性文化建筑之一。平原博物院是今河南省馆藏量第二大博物馆，仅次于河南博物院，为全国重点博物馆之一。其前身是成立于1949年的原平原省博物院、新乡市博物馆、新乡市档案馆，现为集博物馆、档案馆、史志馆、城建档案馆于一体的综合性建筑。平原博物院规划总用地面积7.5公顷，总建筑面积52585平方米，地上三层建筑，首层为库房、技术用房及设备电气用房；二、三层为展览空间和办公用房，设文物展厅19个，档案展厅6个。

平原博物院地处新区政府文化广场，建筑因势利导，沿规划道路呈弧形展开，强调与周边环境的和谐共生，与环境有机地融合，形成开放式的文化广场，生成了"对话"的趣味空间，同时也表达出自身独特的文化气质与建筑性格特征。博物院总体规划着重强调"以人为本、以物为本"的设计思想，突出政府广场庄重、大气、包容的性格特征。采用现代、大气的设计手法，依据以市政府办公楼所在的中心轴线，采用对称式布局，成功地构建出有序的城市空间，创造出博物馆强烈的场所感。同时，在中轴对称布局的基础上，各单体建筑又各自具有独特的性格。这种差异中的对话，体现了城市文脉与地域文化，创造出人与自然充分和谐的城市空间。

在建筑艺术上，其一表现为"华夏之光"——文明精神的传播，借助规划形式的放射状规划图景与建筑形象上的独特个性，通过以竖向线条为主的石材巨大实体尺度，以及其富于韵律的排列，形成了博物院震撼人心的整体气势，寓意着新乡牧野大地，作为夏、商、周中国最早王朝的中心，中华文明的发源地；其二表现为"历史年轮"——历史的沉淀与传承，平原博物院平面呈半圆形，通过与树的"年轮"在形态、肌理上的呼应，体现出历史延续性。它寓意城市是成长着的城市，而平原博物馆，正式要记录下这座城市成长过程中的"年轮"，让人们得以通过这些"年轮"，重视她的点滴回忆；其三表现为"太行山势"——地域性与生长性，平原博物院建筑形象强调竖向上的生长感与层叠起伏的态势，外形硬朗、刚毅，意指牧野儿女坚忍不拔的性格。

（二）平原文化艺术中心

平原文化艺术中心，又名新乡市文化艺术中心，位于新乡市东区核心区，北临人民东路，东临新中大道，西临东如意街，与平原博物院相邻，是政府文化广场内的建筑之一。它于2012年建成，是新乡十大标志性文化建筑之一。它与平原青少年活动中心、平原妇女儿童活动中心、平原科普活动中心（三合一）工程组成文化艺术娱乐中心区。建筑面积约59000平方米，由北京著名的设计师设计，融入太行文化，采用独特的异型建筑，主体建筑抽象简练显现太行山脉。东侧为大剧院，拥有1418席位，分上下两层。舞台面积约1380平方米，具有伸缩、升降、旋转和平移功能。西侧为拥有640席位的音乐厅和拥有700席位的演播厅。

七　牧野的特色民居
（一）小店河清代民居建筑群

小店河清代民居建筑群，位于卫辉市西北太行山东麓的狮豹头乡小店河村，始建于清代乾隆年间（1736—1795年），嘉庆年间（1796—1820年）续建，兴盛于同治、道光、光绪、宣统、民国年间，至今已有近三百年历史。据卫辉市地名志记载：清初有户闫姓人家在沧河边开了一座小店铺，此村（地）因店取名小店河。1963年汲县人民政府将小店河清代民居建筑群公布为县级文物保护单位，2000年河南省人民政府将其公布为第三批省级文物保护单位。

小店河环境优雅，三面环山，一面邻水，地势更具特色，从远处看像是一头巨龟，整个村寨建座在龟背上，龟头伸向沧河，这一优美的自然形势被风水学称为"神龟探水"[①]。整个村寨都建在龟背上，人们形象地称之为龟背宝地。

整个村寨坐西向东，纵贯南北，占地面积约五万平方米。现存有寨

---

① 邢亚平：《牧野风·旅游名胜卷》，河南美术出版社2008年版，第98页。

门、寨墙和十座院落，含二十三进四合院、八十六座房屋。每座院落有一进、两进、三进、四进四合院不等，依次为山门、配房、地厅、上房。其房屋建筑呈梯形，建筑风格采用流行于明清时期的硬山式建筑。据考证，乾隆年间，闫氏有三兄弟，由于兄弟三人的生活道路不同，至今村寨留下了不同模式的建筑。老大重耕织，建房保持了中原传统的三门四户的四合院、三进院过厅式建筑，由东向西呈梯形；老二仕途顺利，复制了京城阁楼式建筑图纸，修建了宫式阁楼庄园，但仍带有中原建筑特色，全庄园四合院为四进院，建筑规模宏伟，大有鹤立鸡群之势；老三生意兴隆，靠官经商，富豪乡里，修建了包括地下室在内的楼阁庭院数座，护院和贫雇农居住的房屋大而阔，且靠近南北寨墙。整个村寨规模宏伟，布局合理，依山傍水，景色秀丽。

寨门：面阔一间，进深一间，砖石结构，青石券门。进入寨门，整个村寨坐西向东，纵贯南北。街道细刻的古建筑装饰，门前的系马桩等，一派古润风貌。

1号院：闫氏家祠，建于嘉庆二十五年（1820），一进四合院。上房面阔三间，进深一间，隔扇门窗，砖石结构，朱楹粉墙，硬山瓦顶。南北配房各三间。

2号院：建于民国十五年（1926），一进四合院。二门前有九级青石台阶，门高2.1米，砖石结构，硬山式建筑，布瓦顶。二门楣石碣有"侨云山房"行楷四字。二门双柱之间有木雕石榴。上房面阔五间，进深一间，建筑面积80平方米，上下两层，砖石结构，粉墙方窗，硬山式建筑，布瓦顶。配房北屋面阔三间，建筑面积36平方米，上下两层，屋内有4平方米地下室一间。二层木制隔扇一间，阳台两间，周围为0.6米高青砖镂孔花墙。门楣石碣有楷书四字："春观鱼跃。"配房南屋面阔三间，面积36平方米，门楣石碣有楷书四字："秋听鹿鸣"。两侧对联：四面云山都在眼；万家烟火最开心。周围雕刻有麒麟呈祥、双喜闹梅、长寿富贵、如意平安等吉祥花卉图案。

3号院：建于嘉庆年间，三进四合院。五间倒座门楼上悬一块"捍卫乡间"木匾。二门位于中轴线上，面积4平方米，垂花门楼，木制扇门，门楣上书"迎日丽"楷书三字。上房明三暗五，上下两层，绣楼上青砖铺地，木制隔扇门窗，阳台为几何图形木制栏杆。南北配房各三间，整个建筑上的瓦当滴水均有"福、喜"二字。穿过厅堂，踏九级青石台阶进入三门，三门影壁为木制隔扇，对面有太极八卦图，直径1.9米，黑朱两色，青砖镶嵌在粉墙上，以镇邪去魔，取吉祥避凶、福禄长寿、保宅平安之意。

4号院：建于嘉庆年间，两进四合院。倒座门楼门楣上有"平为福"三字，二门双柱间有方格木雕装饰，灰瓦房脊上有"公忍相济"楷书四字。入二门第一进院落，厅房面阔五间，进深一间，木制隔扇门窗，硬山布瓦顶，房脊上有"吉星临"楷书三字，山墙分别有砖雕楷书"寿"字。南北配房各三间，山墙上各雕一字，分别为"修、诚、正、庆"字，房脊上有"秀竹宣"楷书三字。穿过厅堂，踏青石台阶进入第二进院，上房五间，配房各三间，硬山布瓦顶，瓦当滴水有"福、喜"二字。

5号院：建于嘉庆年间，三门四户，四进四合院。三道门原有四块匾，第一道门砖石结构，券门，门楣上有"恩贡"木匾。第二道门木制扇门，上悬"礼让可风"木匾，均已毁坏。第三道门木制双扇门，门楣上有"丽融和"楷书三字。两侧木雕有牡丹、菊花、凤桃、石榴、梅花、荷花等吉祥图案。第二进院落为秀才读书场所，上房五间，南北配房各三间两层，粉墙门窗，墙头分别为"麟趾呈祥""关雎起化"楷书四字。

7号院：建于同治五年（1866），两进四合院。上房五间，南北配房各三间两层，墙头分别为"守身为大""作善降祥"楷书四字。

8号院：建于道光二十九年（1849），三进四合院。倒座门楣上有"行叠翠"楷书三字，门楼上有木雕四艺图，即琴、棋、书、画，两侧为"暗八仙"木雕，象征喜庆吉祥。上房五间，门楣上有"和始致祥"楷书四字。上为八仙图，两侧为富贵平安图，下为春、夏、秋、冬四季花卉图，四角有祥纹。

9号院：建于1826年，三进四合院。倒座门楣上有"惠迪吉"楷书三字，院内墙头两侧有楷书"宜磬、谷吉"四字。第一进院，占地490平方米，过厅面阔七间，进深一间，砖石结构，房脊上有"攸宁所"楷书三字，背面有"活之安"楷书三字。第二进院占地面积403平方米，院内有石锁三件，石盆一件。正房面阔七间，上下两层，房脊上有"日月有恒"四字。南北配房各四间，房脊上分别有"竹苞""松花"二字。两进院均为练武场地。

10号院：一进四合院。现存两座建筑，为闫氏女子学堂。

整个小店河民居建筑群保存完整，规模宏大。民居依山势而建，建筑形式多样。民居主要为四合院落，采取纵向扩展，以重重院落互相连接相通构成一个个相对独立又相互连接的独特的建筑群。建筑单体有硬山式、阁楼式建筑。建筑中，除主房外，还有地下室、书房、绣楼、伙房等类型，功能齐全。

小店河民居建筑群，是清代典型特色的官民相结合式建筑群，是我国北方清代民居建筑的优秀范例之一，是豫北地区规模最大和原有风貌最完整的清代民居建筑群。

（二）夏家大院

夏家大院位于新乡市原阳县，建于明末清初。因其饱经黄河文明的沧桑熏治，与精致灵巧的南方庄园相比，更显高墙森严，檐角凝重。而这种坚门厚壁、庄严古朴的封闭式建筑特色，也是黄河流域汉族民居建筑的典范。但夏家大院整座建筑虽然封闭森严，却没有给人一种压抑的感觉。

夏家大院是一处古建筑群，有房屋150余间，占地8000余平方米，分4座院落，主院又分三进。主房，房房相衔，配院，院院相通，步入其内，曲径回廊，深邃幽静。夏家大院建有"转厢楼"，后院上布"蒙天网"。主院槛墙皆为木雕隔扇，图案精美，刀法娴熟，禽兽花鸟栩栩如生，篆刻有"金玉其相""追琢其章""桂森举立"等字样。室内陶砖铺地，木柱擎顶，残留雕饰比比皆是。

现在，夏家大院已被辟为"原阳历史名人馆"，给这座古朴典雅的建筑赋予了新的历史责任。

第六节　牧野的特色地域文化

一　牧野的市花、市树与城市精神

自1982年始，经新乡市绿化部门提名，全市人民民意调查，市长办公会议讨论，1988年6月9日新乡市六届人大常委会第二十四次会议研究决定：石榴花为新乡市花，国槐树为新乡市市树。

石榴花为石榴科，落叶灌木或小乔木，有花石榴和果石榴两大类。其特点是健壮多汁，适应性强，花果并茂，是我市乡土花木，具有地方特色。《河南通志》记载："公元前2世纪，汉武帝派张骞出使西域，从安息国（今伊朗）带回石榴良种，种在河阴县（今荥阳北邙、广武一带），又名安石榴。"《河阴县志》记有："北邙石榴，其色古，籽盈满，其味甘而无渣泽，甲于天下。"河南古时三大特产是河阴石榴、郑州梨、新郑大枣。河南师范大学生物系教授李大卫考证：石榴的第二大故乡是河南。新乡市自唐朝就有人在县城西北、卫河南岸种植大片石榴，形成居民点，称为石榴园，石榴园的街名沿用至今。群众传统绿化庭院的主要方式是"葡萄架、鱼缸、石榴树"。封丘县是全省石榴三大产地之一（封丘、荥阳、开封），河南省已将其列为万亩石榴基地。现在封丘县已有石榴林7000余亩，42万余株，年产石榴40万余斤。[①] 原阳县沿黄河滩区栽种优质石榴连绵几十千米。新乡市区内已有花石榴2万余株。市区内有很多社会团体、商家、商品以榴花为命名，如榴花牌香烟、榴花饭店、小石榴花艺术团、榴花期刊等。康熙皇帝咏石榴："小树枝头一点红，嫣然六月醉荷风，攒青叶里珊瑚朵，疑是移银金碧丛。"宋朝诗人朱熹有"五月榴花照眼明，枝间时见籽初成"的诗句。新乡市是1949年5月5日解放，石榴作市花象征着新乡市436万人民的解放，象征着立足本地，春华秋实，欣欣向荣。

国槐为豆科落叶乔木，我国原产，主要有家槐、紫花槐、盘槐三种。其特点是树冠大，枝荫浓，易栽培，寿命长，作为行道树栽植和电线矛盾较少。明朝朱元璋向河南移民时，在山西洪洞县广济寺大槐树下设移民站，河南群众有"问我祖先在何处，山西洪洞大槐树"的传说。市区内最老最大的古树以国槐为最多，现市区南大街72号居民杨树富院内，有一大国槐树树龄达200余年，是清朝所植，仍长势旺盛。封丘县陈桥村有一株宋朝古槐，传说是960年，后周禁军统领赵匡胤带兵在此反戈，黄袍加身，拥为宋帝，当时拴马于此树，人称"拴马槐"。卫辉市桥北街的大槐树（唐槐）、辉县市人武部院内的唐槐、原新乡市政府院内的槐抱榆、百泉风景区内的柏抱槐等，都是远近闻名的古树名木。每年七八月份可以把国槐花蕾摘后晒干，成为槐米。槐米是一种经济价值很高的医药原料，内销外贸都供不应求。近年来在新乡市东干道、西干道、劳动路北段、自由

---

① 邢亚平：《牧野风·旅游名胜卷》，河南美术出版社2008年版，第235页。

路南段、文化路、南二干、姜庄街、一横街等街道栽种此树，效果很好。唐朝诗人韩愈有"绿槐十二街，涣散驰轮啼"，王维有"仄径阴宫槐，幽阴多绿苔"的诗句。国槐因其古老庄重，根深叶茂，材质优良，经久不衰，深受人民群众欢迎。国槐作为市树，象征着新乡市民族传统的特色。

2006年，市委、市政府组织专家学者在对新乡历史文化、优良传统、现代思想理念进行高度概括的基础上，提炼出"厚善、崇文、敬业、图强"的城市精神，经媒体公示，广泛征求市民意见后予以确定。

二　牧野特有的人文地理现象——"新乡先进群体现象"
（一）"新乡先进群体现象"的含义

中华人民共和国成立以来，牧野大地上先后涌现出以史来贺、吴金印、刘志华、郑永和、张荣锁、耿瑞先、裴春亮、范海涛、许福卿、梁修昌等为代表的一大批先进典型人物。[①]他们在全省乃至全国都产生了广泛而深远的影响，形成了先进典型辈出、代代接力传承的现象，称之为"新乡先进群体现象"，简称"新乡现象"。

"新乡先进群体"代表人物有：

史来贺：新乡县七里营镇刘庄村原党委书记。全国劳动模范、全国农村党支部书记的榜样、中华人民共和国成立以来在群众中享有崇高威望的共产党员的优秀代表、100位新中国成立以来感动中国人物、全国优秀共产党员、全国优秀党务工作者。

吴金印：卫辉市唐庄镇党委书记。全国五一劳动奖章获得者、全国乡镇党委书记的榜样、100位新中国成立以来感动中国人物、焦裕禄式好干部、全国优秀共产党员、全国优秀党务工作者。

刘志华：新乡县小冀镇京华村党委书记。全国劳动模范、首届"中国十大女杰"、全国优秀党务工作者。

郑永和：辉县市原县委书记。全国模范县委书记。

张荣锁：辉县市上八里镇回龙村党支部书记。全国劳动模范、感动中国十大人物、全国优秀共产党员。

---

① 本文引用的"新乡先进群体"人物事迹均参阅"新乡先进群体教育基地"网站，http://www.fcgldz.com。

耿瑞先：凤泉区耿黄乡耿庄村党委书记。全国劳动模范、全国五四青年奖章获得者、全国十大杰出村干部。

裴春亮：辉县市张村乡裴寨村党支部书记。全国道德模范、全国优秀共产党员、中国十大杰出青年、全国最美村干部。

范海涛：辉县市孟庄镇南李庄村党支部书记。全国劳动模范、全国五一劳动奖章获得者、全国道德模范。

许福卿：获嘉县照镜镇楼村党委书记。全国劳动模范、全国优秀党务工作者。

梁修昌：新乡县七里营镇龙泉村党委书记。全国劳动模范。

（二）"新乡先进群体"的基本特征

1.群体性

从"新乡先进群体"这个名称就可以看出，群体性是其固有特性。新乡先进典型不是个案，而是一个群体，这是"新乡先进群体现象"成为全国独一无二的现象的主要原因之一。截至2015年，"新乡先进群体"中有10多个国家级先进典型，100多个省级先进典型，1000多个市县级先进典型。其中，在国家级先进典型人物中有5人是中央组织部号召学习的先进典型人物，有2人被评为全国"双百"人物，有4人被评为"全国优秀共产党员"，有5人被评为"全国优秀党务工作者"。一花独放不是春，百花齐放春满园。群体性特征使得"新乡先进群体"在全国的影响广泛而深远。

2.多层次性

从性别层面看，既有男性先进典型，又有女性先进典型，如"中国十大女杰"刘志华。从职务层面看，先进群体中既有县委书记，如郑永和，又有乡镇党委书记，如吴金印，还有村庄党委、党总支、党支部书记。从时间层面看，既有中华人民共和国成立以来多个历史时期始终保持先进本色的老典型，如史来贺、吴金印、郑永和等，也有改革开放时期涌现出来的新典型，如刘志华、张荣锁、耿瑞先、许福卿、梁修昌等，还有社会主义现代化建设新时代出现的新典型，如裴春亮、范海涛等。从业绩层面看，不同的先进人物的典型事迹中，各有其突出的闪光点，如吴金印、郑永和、张荣锁等带领群众开山辟路、筑库造田与大自然做斗争；史来贺、刘志华、耿瑞先、许福卿、梁修昌等带领全村群众共同致富；裴春亮、范海涛等带领全村人民建设社会主义新农村。从影响层面看，既有产生区域性影响的县级、市级、省级先进典型，又有产生全国性影响的国家级先进典型。多层次性特征使得"新乡先进群体"为不同岗位、不同角色的党员干部都提供了标杆和榜样，具有较强的可学性和可模仿性，对全国广大党员干部尤其是基层党员干部具有较强的教育功能和激励功能。

3. 基层性

"新乡先进群体"的身份都是基层的党组织书记，既有县委书记，如辉县市原县委书记郑永和，也有乡镇党委书记，如卫辉市唐庄镇党委书记吴金印，更多的是村（社区）党支部（委）书记，如新乡县七里营镇刘庄村原党委书记史来贺、新乡县小冀镇京华村党委书记刘志华、辉县市上八里镇回龙村党支部书记张荣锁、凤泉区耿黄乡耿庄村党委书记耿瑞先、辉县市张村乡裴寨村党支部书记裴春亮、辉县市孟庄镇南李庄村党支部书记范海涛、获嘉县照镜镇楼村党委书记许福卿、新乡县七里营镇龙泉村党委书记梁修昌等。在他们身上所展现的先进精神是立足于他们的身份角色、岗位职责和对应的工作业绩而言的。他们之所以能成为先进典型，主要源于对自己身份角色的准确定位和岗位职责的清晰认识，能够在自己的岗位上中贯彻落实党的政治路线、思想路线、组织路线和群众路线；能够按照角色要求和岗位职责，通过个人的不懈努力和锐意创新，做出优异的工作业绩，从而赢得群众的认可与赞扬。他们是党的优秀基层干部的典型代表，展现了优秀基层干部的良好形象。由于我国的基层党员干部占全国党员干部的绝大多数，因此基层性特征使得"新乡先进群体"的塑造、教育和激励功能有广泛的受众面。

4. 时代性

时代性是"新乡先进群体"典型事迹中最突出的共同点。作为党的基层干部的优秀代表，他们始终紧跟时代步伐，与时俱进，突出问题导向，回应群众关切，担起时代重任，进而能够引领时代潮流，成就自己的一番事业。不同的时代，涌现出了不同的先进典型人物，先进典型事迹内容有所不同。比如，中华人民共和国成立初期开山辟路、筑库造田改造自然环境的典型事迹，改革开放后共同致富的典型事迹，社会主义现代化建设新时代建设社会主义新农村的典型事迹。同一个先进典型人物在不同的历史时期先进典型事迹也会有所不同。例如，吴金印在中华人民共和国成立之初主要事迹是引领群众开山辟路、筑库造田改造自然环境；在改革开放后主要事迹是带领群众共同致富；在社会主义现代化建设新时代主要事迹是带领群众建设社会主义新农村。时代性特征使得"新乡先进群体"具有旺盛的生命力，在不同时代都能发挥其彰显、塑造、教育和激励功能。

5. 广泛性

"新乡先进群体"的广泛性是指"新乡先进群体"在地域分布上不是仅仅集中出现在新乡地区的某一个县市区，而是广泛分布在牧野大地的四区八县。如辉县市有郑永和、张荣锁、裴春亮、范海涛等，新乡县有史来贺、刘志华、梁修昌等，卫辉市有吴金印等，获嘉县有许福卿等，凤泉区有耿瑞先等。这种广泛性显示出"新乡先进群体"的出现不是偶然，而是一种必然。这种必然使得"新乡先进群体"不仅存在于现有乡镇、村社、单位、部门，而且必将呈燎原之势，席卷整个牧野大地。

6. 持续性与传承性

"新乡先进群体现象"之所以成为全国独一无二的现象，究其原因不仅仅是"新乡先进群体"的群体性特征，更有其在时间上的持续性和一代一代薪火相传的原因。从中华人民共和国成立初期的史来贺、吴金印、郑永和到改革开放时期的刘志华、张荣锁、耿瑞先、许福卿、梁修昌，再到社会主义现代化建设新时代的裴春亮、范海涛，一个又一个的先进模范在牧野大地脱颖而出，一个又一个的光辉典型在灿烂星空绽放光明。可以看出，"新乡先进群体现象"不是某阶段的现象，而是从中华人民共和国成立一直到今天近70年始终持续出现的现象。在这近70年的时间里，老典型长盛不衰，新典型层出不穷，新老典型交相辉映，互相带动，互相促进，形成了普遍而持久的社会引领效应，使得先进典型人物的精神品质得到一代代传承。他们之间不仅有精神思想的影响传承，还有口耳相传的交流沟通。例如，辉县市张村乡裴寨村党支部书记裴春亮曾经说过，自己是在小广播里听着史来贺的故事长大的。新乡县小冀镇京华村党委书记刘志华在20世纪70年代担任京华小队长后多次到刘庄村向史来贺当面请教学习。引领与传承使得"新乡先进群体"不仅存在于今天，明天将继续延续。

（三）"新乡先进群体"的精神内涵

"新乡先进群体"的精神内涵是对新乡先进典型群体各自诸多优秀品质

的共性提炼。它是新乡基层优秀党员干部在长期的奋斗中创造的宝贵精神财富，是这一群体的灵魂，不仅凝聚形成了这一群体，而且也将聚合和扩大这一群体。它是由先进典型群体的政治品质、价值取向、思维方式、工作作风、生活作风等长期积淀而成的，是新乡先进典型群体长盛不衰、层出不穷的精神源泉。"新乡先进群体"的精神内涵主要表现在六个方面。

1.政治品质方面：理想信念坚定，对党忠诚

《中国共产党章程》在入党誓词中要求党员：对党忠诚，积极工作，为共产主义奋斗终生。习近平总书记在谈到县一级党员干部时曾指出，"县一级阵地，必须由心中有党、对党忠诚的人坚守"；"要把牢政治方向，强化组织意识，时刻想到自己是党的人，时刻不忘自己对党应尽的义务和责任"；"只有理想信念坚定，心中有党、对党忠诚才能有牢固思想基础"。①习近平总书记的论述，点明了基层党员干部应具备的最核心最基本的政治素质——理想信念坚定，对党忠诚。"新乡先进群体"始终坚守共产主义理想信念，始终坚持党的领导，心中有党，对党忠诚，并把这种政治品质切实落实到自己的工作、生活实践中。比如，新乡县七里营镇刘庄村原党支部书记史来贺曾经说过，自己一生干了两件事：一件是让刘庄人跟党走，另一件是让刘庄人富起来。"跟党走""听党的话"是优秀基层党员干部对理想信念坚定，对党忠诚这一价值取向的朴素认识与简化理解，是"新乡先进群体"的首要精神品质。"新乡先进群体"从两个方面来保持和践行这种政治品质。一是坚决彻底贯彻执行党的路线、方针、政策。这是对党忠诚的表象表现和基本要求。从党的过渡时期总路线到社会主义建设时期总路线再到社会主义初级阶段基本路线，"新乡先进群体"始终坚定不移地执行，始终按照党的路线把发展生产力、带领群众致富、改善人居环境作为中心工作来抓，并取得了卓越成绩。二是坚持用中国特色社会主义理论指导自己的行为。这是对党忠诚的深层次表现。"新乡先进群体"始终注意与时俱进，学习党的最新理论成果，用毛泽东思想、邓小平理论、"三个代表"重要思想、科学发展观、新时代中国特色社会主义思想武装自己的头脑，潜移默化，根植于心，并通过消化吸收内化为自己的思想，以此改进思维方式，指导工作、生活实践。理想信念坚定，对党忠诚是"新乡

---

① 习近平：《做焦裕禄式的县委书记》，《学习时报》2015年9月7日第1版。

先进群体"精神内涵形成的前提。

2.价值取向方面：全心全意为人民服务

中国共产党的根本宗旨是全心全意为人民服务。胡锦涛总书记曾说过，我们一定牢牢秉持全心全意为人民服务的宗旨，坚持立党为公、执政为民，着力解决人民最关心、最直接、最现实的利益问题，真心实意为人民办实事、办好事，努力促进社会公平正义。中国共产党党章规定党员的义务之一：坚持个人利益服从党和人民的利益，吃苦在前，享受在后，克己奉公，多做贡献。习近平总书记曾指出，为人民谋幸福，是中国共产党人的初心，必须始终把人民放在心中最高的位置，始终全心全意为人民服务，始终为人民利益和幸福而努力奋斗。[①]"新乡先进群体"正是这样的一个群体，他们作为地方党组织领头人努力工作不是为了获得提拔和个人物质利益，而是将全心全意为人民服务作为自己的价值取向和工作旨趣。新乡县七里营镇刘庄村党委书记史来贺的感言："共产党员的称号是奉献，而不是索取。"先进群体中，有的干部在面临提拔机会或者提拔之后，仍然选择坚守基层，与基层群众一起奋斗，不为官位，只为百姓。比如，卫辉市唐庄镇党委书记吴金印、新乡县七里营镇刘庄村党委书记史来贺就是这类干部的典型代表。他们几十年如一日扎根于基层干部的岗位上，用实际行动诠释了扎根基层、服务群众的人生志向与精神追求。先进群体中，有的干部淡泊名利，个人富裕之后不忘乡亲，带领乡亲共同致富，不为金钱，只为群众。比如辉县市张村乡裴寨村党支部书记裴春亮就是这一类干部的突出代表。他成为成功的农民企业家后回村参选村委会主任，个人购买两台大型农机供群众免费使用，拿出3000万元为村里每一户人家修建楼房。不为名利、一心为民、始终坚定不移地做党的根本宗旨的积极践行者，这种价值取向是"新乡先进群体"精神内涵形成的基本路径。

3.思维方式方面：实事求是，与时俱进

中国共产党的思想路线是一切从实际出发，理论联系实际，实事求是，在实践中检验真理和发展真理。简而言之就是解放思想，实事求是。邓小平同志曾在党的十一届三中全会上作过《解放思想，实事求是，团

---

① 中共中央宣传部编：《习近平新时代中国特色社会主义思想学习纲要》，学习出版社、人民出版社2019年版，第40页。

结一致向前看》的报告。解放思想，实事求是是党的革命和建设不断夺得胜利的思想法宝。"新乡先进群体"无不都是党的思想路线的积极践行者，他们从两个方面来实践这一路线。一是坚持实事求是，求真务实的思想路线。作为基层党员干部，"新乡先进群体"始终立足于所在县市、乡镇、村社的县（市）情、乡（镇）情、村（社）情，从实际出发解决存在和面临的突出问题，推动所在地区的政治、经济、文化、社会、生态文明建设各项事业不断发展。比如，吴金印任卫辉市唐庄镇党委书记初期，经过深入调研，结合乡镇实际，分别施策，提出了"西抓石头东抓菜，北抓林果南抓粮，乡镇企业挑大梁，沿着国道做文章"的发展思路，使唐庄镇的多项事业发展位居全市前列。又如，改革开放初期，全国农村几乎都分田到户，实行家庭联产承包责任制。而新乡县七里营镇刘庄村党委书记史来贺却没有这样做，他根据村里集体经济建设基础好、成效显著和人多地少的实际，决定刘庄村继续实行统干统分的集体经济建设制度，同时将发展工业作为村里的经济支柱。史来贺的这种决策使得刘庄村很快成为全国闻名的富裕村。实事求是，求真务实成为"新乡先进群体"带领群众在各项建设事业上不断获得成功、取得胜利的法宝。二是坚持解放思想，与时俱进的思想路线。"新乡先进群体"始终努力走在时代前列，始终力争引领基层的发展。诸如史来贺、吴金印等老典型之所以在乡镇、村社等基层岗位上能够适应不同历史时期的时代特点、发展要求，几十年如一日始终保持先进性、发挥引领性，就是因为他们在思想上不停滞、不僵化，坚持了解放思想，与时俱进的思想路线。"实事求是"与"与时俱进"分别强调思想层面的两个不同方面，但这两个方面在"新乡先进群体"身上是统一的，成为推动"新乡先进群体"精神内涵形成的动力。

4.工作作风方面：崇尚实干，艰苦奋斗

习近平总书记指出："大量事实证明，一个地方的工作，成在干部作风。败也在干部作风；一个地方的事业，兴在干部作风，衰也在干部作风。"[1]好的作风与个人修养是精神内涵中最具感召力的部分，是真正从精神上贴近群众的必要条件。"新乡先进群体"在几十年的形成、发展过程中集中表现了崇尚实干、艰苦奋斗的优良作风。比如新乡县七里营镇刘庄

---

[1]《论群众路线——重要论述摘编》，中央文献出版社2013年版，第126页。

村党委书记史来贺，从1953年开始，带领刘庄人肩挑、人抬、车推，起岗填沟，拉沙盖碱，用了整整20年，投工40万个，动土200多万立方米，将最初的荒地、盐碱地变成了"旱能浇，涝能排"的高产稳产田。1953—1957年，他和农业技术人员一起住进棉花试验田，以科研为业，为夺取棉花粮食高产不懈努力。通过5年的探索苦干，1957年刘庄取得了皮棉平均亩产107斤，粮食平均亩产超千斤的大丰收，成为全国粮棉高产的先进典型。辉县老县委书记郑永和，在20世纪六七十年代，他带领全县10万民工苦战10年，开凿34个公路隧道，修筑59座公路桥梁，新建、扩建公路556千米；建成中小型水库18座，修建灌溉干、支渠5122条；修整水平梯田29.2万亩，创造了"辉县人民干得好"的辉县精神——自力更生、艰苦奋斗、团结实干、无私奉献、百折不挠、敢为人先。辉县市回龙村党支部书记张荣锁，带领村里150名党员民兵，苦干8年，劈开9座山头，打通4个隧道，开山凿石830万立方米，修建了8千米长的盘山挂壁公路，彻底改变了村庄与世隔绝的历史面貌，铸就了自力更生，艰苦创业的"回龙精神"。这些事例充分体现了中国共产党艰苦奋斗的优良作风。毛泽东也曾指出："共产党也有他的作风，就是艰苦奋斗！这是每一个共产党员，每一个革命家的作风。"而"新乡先进群体"的典型事例也证明，对基层党员干部来说，一步实际行动比一打纲领更重要。群众对基层党员干部的印象，不是来源于干部的理论水平与说教，而是来源于干部的实际表现。"新乡先进群体"中的每个代表，正是以这样一种苦干实干的精神，从基层干部队伍中脱颖而出并赢得群众敬佩与爱戴的，这也成为"新乡先进群体"精神内涵形成的基础。

5. 生活作风方面：密切联系群众

中国共产党的群众路线是：一切为了群众，一切依靠群众，从群众中来，到群众中去，把党的正确主张变为群众的自觉行动。简而言之就是密切联系群众。群众路线是中国共产党的生命线和根本工作路线，也是中国共产党的优良传统。中国共产党党章强调：我们党的最大政治优势是密切联系群众，党执政后的最大危险是脱离群众。"新乡先进群体"正是党的群众路线的忠实践行者，他们的智慧在密切联系群众中产生，是依靠群众，与广大人民群众群策群力的结果；他们的业绩在密切联系群众中创造，是依靠群众，与广大人民群众同甘共苦的成果。比如，十一届三中全会以后，新乡县七里营镇刘庄村党委书记史来贺就是在与村委班子成员、村民们充分商量后才决定刘庄村不实行家庭联产承包责任制，而走集体经济道路的。"新乡先进群体"都是基层党员干部，具有密切联系群众的天然优势，他们每天行走于群众之中，了解群众的疾苦，倾听群众的诉求，征询群众的建议，依靠群众的力量，满足群众的需求，真正做到了"从群众中来，到群众中去"。因此，密切联系群众是"新乡先进群体"精神内涵形成的不可或缺的条件。

6.利益认知方面：清正廉洁，甘于奉献

党员干部坚持全心全意为人民服务价值取向的必然结果就是在利益认知方面清正廉洁、克己奉公、甘于奉献。胡锦涛总书记的廉政格言："常修为政之德，常思贪欲之害，常怀律己之心，为党和人民的事业不懈奋斗。"基层党员干部在处理个人利益与集体利益、群众利益关系问题上的表现，是群众衡量一个干部是否优秀的一个基本标准。党员干部应坚持党和人民的利益高于一切，个人利益服从于党和人民的利益。"新乡先进群体"集中展现了党员干部清正廉洁、先公后私、克己奉公、甘于奉献的优秀品质。比如，吴金印在担任卫辉市唐庄镇党委书记时，不管是订购山楂树苗，还是水泥厂订购设备，都有供应商私底下许诺"回扣"，数字十分诱人。吴金印都一口回绝："拿人民的钱财换取好处费，岂不成了吸血鬼？"体现了一个清正廉洁的好干部本色。1976年，新乡县七里营镇刘庄村党支部书记史来贺带领村民自筹资金给每家每户盖独门独户的二层小楼。第一批新房建成后，村民们要建房出力最大、操心最多的史来贺先搬进去住。史来贺召开大会说："搬新房先群众，后干部。群众中谁住房困难谁先搬。"就这样，盖好一批，搬迁一批。直到6年以后，史来贺才和最后5户一起搬进新居。体现了一个先公后私、克己奉公的好干部本色。"新乡先进群体"在利益认知上廉洁奉公，不计个人得失，而是把集体利益、群众利益放在首位，保持了共产党员的本色，树立了党员干部的良好形象，成为"新乡先进群体"精神内涵形成的保障。

（四）"新乡先进群体"的社会功能

1.彰显功能

"新乡先进群体"的彰显功能是指"新乡先进群体"从某一个角度集中展示了中国共产党的先进性。《中国共产党章程》规定：中国共产党是中

国工人阶级的先锋队，同时是中国人民和中华民族的先锋队，代表中国先进生产力的发展要求，代表中国先进文化的前进方向，代表中国最广大人民的根本利益。这种规定既指出了中国共产党的性质，又指出了中国共产党的先进性。而中国共产党的先进性需要它的每一个成员在政治、思想、道德、能力、业绩等方面具有、保持先进性才能体现出来。"新乡先进群体"正是通过新乡地域上一大群基层党员干部的优秀精神品质、卓越决策与组织领导能力、感人事迹和突出业绩向人民群众和社会彰显了中国共产党的先进性。

2.塑造功能

"新乡先进群体"的精神品质具有标杆作用，体现和指示了优秀基层干部的普遍标准，因此"新乡先进群体"具有较强的形象塑造功能。其主要体现在两个方面：一是面向人民群众和社会塑造了基层党员干部的良好形象。近年来，部分基层党员干部素质较低，形式主义、官僚主义、享乐主义、奢靡之风"四风"问题较为严重，以权谋私、贪污腐败现象较为突出，严重损害了基层党员干部群体及党在人民群众心中的形象。在狠抓基层党员干部队伍建设特别是作风建设的同时，还需要通过大力宣传先进典型来改变人民群众对基层党员干部的认识，增加正能量，塑造良好形象。而"新乡先进群体"则以其群体性、基层性、时代性与传承性，成为塑造基层党员干部形象的最好范例。二是面向党内广大基层党员干部塑造优秀基层党员干部的良好形象。榜样的力量是无穷的，我们党内也需要众多的先进典型为广大基层党员干部树立学习的标杆。"新乡先进群体"以他们优秀的精神品质、感人的事迹和突出的业绩为广大基层党员干部塑造了先进典型形象，树立了可以学习效仿的榜样，提供了可以参照执行的行为准则和行为模式。

3.教育功能

它是指"新乡先进群体"对广大基层党员干部的示范效应。"新乡先进群体"是中国共产党优秀基层干部的代表，其精神内涵集中了优秀基层党员干部的精神特质，其典型价值对于广大基层党员干部具有重要的示范、教育意义。根据中共中央组织部2016年6月公布的数字，截至2015年年底，全国有基层党组织441.3万个，其中，全国7828个城市街道、32341个乡镇、94424个社区（居委会）、571544个建制村已建立党组织，覆盖率均超过99%。加强基层党员干部队伍建设面临着人员数量较多的现实情况，需要不断地发现典型、树立典型，使如此庞大的基层党员干部队伍群体学有榜样，行有示范，通过典型带动，提升队伍建设效果。而采取典型引领的方式教育引导全体党员、干部，一直是党的工作的优良传统和行之有效的重要方法。"新乡先进群体"的教育功能来源于其作为先进群体的三个相互关联的规定性特征。①一是特殊性。"新乡先进群体现象"属于独一无二的群体现象。从基本特征可以看出这个群体与其他类型的精神载体（包括人物、事迹等）相区别的特殊性。二是代表性。代表性是特殊性的延伸表现，代表性越强，典型性越高。从整体与部分的关系看，"新乡先进群体"不是基层干部队伍整体，而是整体中的一个部分，但能集中代表整体的优秀特征和本质属性。三是超越性。"新乡先进群体"既来自普通的党员干部，又有高于一般基层党员干部的思想和实际。与普通基层党员干部相比，作为典型的"新乡先进群体"更丰富、更完满、更理想，代表着基层党员干部特定的价值取向，并规定着基层党员干部队伍建设的方向。这三个方面的特性决定了"新乡先进群体"的典型性，使其具有重要的教育功能。另外，"新乡先进群体"中的许多先进人物依然工作在基层第一线，依然在先进的道路上继续前行，可以更好地起到"身边事教育身边人"的作用，这也为其教育功能增加了强烈的现实意义。

4. 激励功能

它是指"新乡先进群体"对广大基层党员干部的推动促进作用。激励功能在教育功能的基础上发展而来。广大基层党员干部在接受"新乡先进群体"的精神与事迹教育之后，内心势必受到触动而激发出满腔激情，并将这种激情转化为行动，在工作中争做先进典型，在各自的岗位上带动广大基层人民群众为全面建成小康社会，为实现社会主义现代化和中华民族伟大复兴的中国梦而努力奋斗。

（五）"新乡先进群体现象"产生的历史文化因素

1. 远古神话为"新乡现象"的产生注入了原始基因

（1）共工治水

共工治水是我国古代最早的治水故事，讲述了远古人物共工氏治理黄河水灾的英雄事迹。传说，共工氏族生活在今辉县市一带。共工氏是一

---

① 王明科：《试论新乡先进群体的精神内涵与社会功能》，《中州学刊》2017年第1期。

个治水世家，当时的黄河经常泛滥，威胁到了部落的生存，共工氏便率领大家与洪水英勇搏斗。他们采取"堵"而不"疏"的办法虽然未能根治洪水，但是为后人治水积累了宝贵经验。后来，他的治水精神得到了人们的赞赏，共工氏也成为我国历史上最早的治水英雄，被后人尊为水神。共工治水所表现出来的与天斗，与地斗，永不言败，改造自然，造福于民的英勇精神，深深植根于牧野儿女的骨髓里，为新乡先进群体的产生注入了原始基因。

共工氏在治理洪水、人工造田和发展农业生产上的许多做法，一直影响着当代新乡先进典型。比如，他发明了修堤筑坝蓄水的方法，这样涝季可以拦截洪水，旱季可以灌溉农田。他发现地势较高的地方灌溉很费力，地势较低的地方很容易被水淹没，这些状况都不利于农业生产。于是他提倡挖渠修堤，兴修水利，以保证农业稳产丰收；号召大家开垦荒地，铲高填低，以扩大耕地面积。因此，在当时的社会中他享有很高的威望。在共工治水精神的鼓舞下，"河南三书记"之一的郑永和在辉县大战洪州城，改造乱石滩，建成中小型水库18座，修建灌溉干、支渠5122条；修整水平梯田29.2万亩；开凿34个公路隧道，修筑59座公路桥梁，新建、扩建公路556千米，极大地改善了辉县山区的农业生产条件。乡镇党委书记的好榜样吴金印在卫辉市狮豹头乡一干就是15年，他想尽各种办法，采取多种方法蓄水、造田、修路，带领当地群众修筑大坝85座，修建水库和蓄水池25座，改造农田2400亩，开凿隧道6个，架公路大桥8座，植树20余万株，彻底改变了狮豹头乡一穷二白的落后面貌。吴金印到唐庄镇担任镇党委书记之后仍然造田不止，一造就是几十年，共造田15000亩。在郑永和与吴金印身上，处处都折射出共工治水精神。

（2）愚公移山

愚公移山是中国古代的一则寓言故事，选自《列子·汤问》。它讲述了远古时期愚公不畏艰难，坚持不懈地挖山、搬山的故事。该神话故事发生在原新乡地区济源县（今河南省济源市）。一位名叫愚公的老者住在山区，家门口有两座大山——太行山、王屋山阻挡了出行的道路。为了改善自家的交通出行条件，愚公带领子孙不畏艰难，矢志不渝地搬移挡在家门口的这两座大山。虽然受到了河曲智叟的嘲笑，但愚公对此给予了有力反驳，仍然坚持不懈地挖山、搬山。愚公的诚心最终感动了天帝，天帝于是派天神将这两座大山挪走了。愚公移山所表现出来的下定决心，坚持不懈，克服困难，争取胜利的精神深深融入了牧野儿女的血液里，再一次为新乡先进群体的产生增添了原始基因。

愚公移山对新乡市当代先进典型的涌现产生了重大的影响。"新乡先进群体现象"的领军人物史来贺从1952年12月当上刘庄村党支部书记开始，就组织村民大搞农田基本建设，改造盐碱地，修建水利工程，引来黄河水灌溉农田，并在农田上精工细作，创造了不平凡的业绩。经过5年苦干，棉花获得大丰收，平均亩产皮棉达到107斤，而当时全国平均亩产皮棉只有17斤，遥遥领先于全国平均水平。在粮食生产方面，粮食亩产超千斤。刘庄村成了全国粮棉高产的先进典型。

"愚公"成了新乡先进典型们的代名词。20世纪60年代中期，在凤凰山西麓峙儿山脚下新乡市北站区人民发扬愚公移山精神，艰苦奋斗，战天斗地，用手工一锤一锤凿泉，经过8年苦干，最终凿出4眼泉，凿出一个令世人震惊的宏大的地下天河。4眼泉出水量为1.6立方米/秒的流量，能灌溉农田1.6万亩，后来该泉被命名为"愚公泉"。辉县县委原老书记郑永和带领辉县人民劈山凿洞，后来该洞被命名为"愚公洞"，郑永和也被辉县山区人民亲切地称为"老愚公"。还有，辉县市上八里镇回龙村总支部书记张荣锁带领群众劈山修路，被群众称为"太行新愚公"；卫辉市唐庄镇党委书记吴金印带领群众开山造地，彻底改变了唐庄镇一穷二白的落后的面貌，被群众称为"当代愚公"。

可以看出，在史来贺、"愚公泉"英雄群体、郑永和、张荣锁以及吴金印身上，处处都折射出愚公移山精神。如今，中共河南省委、河南省人民政府也将愚公移山精神确立为中原崛起的三大精神支柱之一。

透视"新乡先进群体"的精神内涵，在史来贺、吴金印、刘志华、郑永和、张荣锁、耿瑞先、裴春亮、范海涛、许福卿、梁修昌等先进典型身上，无不体现着上古神话中共工治水和愚公移山的那种不胜自然、不达目标就永不言败的战天斗地精神。正是这些神话故事为新乡先进典型的产生注入了原始基因，孕育了新乡一代又一代的先进典型。

2.厚重的历史文化为"新乡现象"的产生培育了深厚肥沃的土壤

（1）正统思想的确立为"新乡现象"的产生提供了成土母质

在中国历史上河南省是一个古都大省。新乡市虽然不是任何一个朝代的都城，但是不少朝代的都城都分布在新乡市周围。例如，夏都阳城、斟鄩都在登封，商都在郑州和安阳，东周都、东汉都、曹魏都、西晋都、后唐都在洛阳，后梁都、后晋都、后汉都、后周都、北宋都在开封。新乡则在它们的中间，紧临当时的统治中心，成为王都交汇之地，是重要的王畿之地，并深受正统文化的影响，这种特点是任何一个城市都不具备的。这种交汇性看似边缘化，但实际上是由多个副中心而形成的中心。①正是因为具有这种交汇性，牧野大地才始终沐浴在忠君爱国为民、修身齐家治国平天下的正统文化氛围之中，确立了忠君爱国为民、修身齐家治国平天下的正统思想，催生了一大批忠君爱国为民、修身齐家治国平天下的文臣武将儒士，并使这种正统思想世代薪火相传，延续至今。如夏代的关龙逄，西周的吕尚（姜子牙），春秋时期卫国的蘧伯玉，西汉的陈平、周勃、张仓、周亚夫，东汉的杜诗，三国时期魏国的毛玠，南北朝时期陈朝的毛喜，唐代的韦思谦、韦承庆、韦嗣立、娄师德、杨再思，五代十国时期后周的魏仁浦、北汉的李恽，北宋的李穆、吕景初，元代的慕完、王恽，明代的李戴、李化龙、张缙彦、王永光、崔景荣、王家桢、胡睿、胡锭、许宗礼，清代的申启贤等。也正是因为所处的这种特殊地理位置而形成的根深蒂固的正统思想，为"新乡现象"的产生提供了成土母质，新乡才孕育了先进典型人物敢为人先、创业有为、坚忍不拔、奋发图强的精神品质。

（2）灿烂的文化为"新乡现象"的产生提供了丰富的有机质

成语典故是历史的缩影、文化的载体，一个地方产生成语典故的数量是衡量其历史是否悠久，文化是否灿烂的重要标志。许多修德、励志、忠君爱国、治国平天下的成语典故都产生于新乡大地。修德的如谨言慎行、唾面自干、善始善终等，励志的有毛遂自荐、脱颖而出、家徒四壁等，忠君爱国的有周勃安刘、白登救主等，治国平天下的有逐鹿中原、一言九鼎、运筹帷幄等。悠久的历史，灿烂的正统文化为"新乡先进群体现象"的产生提供了丰富的有机质，使孕育"新乡先进群体现象"的土壤初步形成。

（3）发达的教育为"新乡现象"的产生提供了充足的水分

新乡地区地处王畿之地，官学和私学都很发达。春秋时期，孔子为了

---

① 张新斌：《牧野文化论文集（上）》，内蒙古人民出版社2008年版，第10页。

宣传自己的思想，周游列国，先后几次在蒲邑（今长垣县城）办学招徒，传授儒学。北宋的邵雍，元代的姚枢、赵复、许衡、窦默，清代的孙奇逢等理学大师先后在辉县百泉书院开坛讲学，传播理学，广泛宣扬正统的忠君爱国、天下为公、仁义礼智信等思想。发达的教育增加了牧野地区的文化底蕴，为"新乡先进群体现象"的产生提供了充足的水分，使孕育"新乡先进群体现象"的土壤更加成熟。

这些正统思想在新乡大地流传了几千年，经久不衰，并凝聚成新乡市"厚善、崇文、敬业、图强"的城市精神。可以说，新乡悠久的历史文化铸就了牧野百姓尊重知识、尊重人才、崇尚文明、开明开放的良好风尚，辈出的名人贤士展示了太行子孙追求真理、勇于探索、敬业负责、无私奉献的精神境界。这些正统思想已经融入新乡先进群体的血液中，成为"新乡先进群体现象"产生的历史根源。

3. 红色文化革命传统为"新乡现象"的产生提供了不竭动力

在革命战争年代，伟大的新乡人民不屈不挠，英勇抗敌，产生了一批抗日英雄。如新乡县早期共产党员和抗日英雄李毅之（1948年11月新乡市人民政府新乡县小冀镇成立，李毅之任新乡市人民政府第一任市长）、抗日英雄李向阳的原型——辉县敌后武工队队长郭兴等。郭兴组建敌后武工队歼日寇、除汉奸，荣获"太行山特级战斗英雄"称号，后任北疆军区司令员。在抗日英雄的精神鼓励下新乡人民不畏强敌，英勇抗战。在解放战争时期，新乡人民更是积极组织支前队伍，送水送粮，送儿参军，支援前线。这种革命传统直接催生了先进群体的领军人物史来贺。史来贺在1949年曾被新乡军分区、新乡县人民武装部授予"支前模范"荣誉称号，1949年8月被河南省军区授予"民兵英雄"荣誉称号。从1949年到1952年，他仍是民兵队长，由于剿匪反霸有功，1950年被新乡军分区授予"民兵模范"荣誉称号，1952年被河南省军区、新乡军分区、新乡县人民武装部授予"民兵模范"荣誉称号。1952年10月1日，史来贺出席全国民兵工作会议，在天安门观礼台上受到毛泽东等党和国家领导人的亲切接见。同年12月，他当选刘庄村党支部书记。从此，他带领刘庄人民走上了建设社会主义新农村的康庄大道。

党和国家领导人对新乡的先进典型交口称赞并亲自撰文宣传，也给新乡先进群体现象的产生注入了无穷力量，1958年4月，封丘县应举合作社引起毛泽东的关注，他亲自撰写了《介绍一个合作社》的文章。他在文章里写道："一张白纸，没有负担，好写最新最美的文字，好画最新最美的画图。"①1958年8月6日，毛泽东来到了河南省新乡县七里营人民公社视察。在七里营人民公社大门口，毛泽东看到"新乡县七里营人民公社"这个牌子后，一字一顿地读了起来。七里营是全国第一个把自己的公社命名为人民公社的地方。当时在中央的正式文件里只有"公社"的说法，没有"人民公社"的说法，走在他身边的新乡地委书记耿其昌小心地问毛主席："他们起这个名字怎么样？行不行呀？"毛主席笑着答道："人民公社这个名字好！"

　　这些红色文化革命传统极大地鼓舞了新乡先进群体为民服务、彻底挖掉穷根的斗志，为新乡先进群体的产生提供了不竭动力。

---

　　① 《建国以来毛泽东文稿（第七册）》，中央文献出版社1992年版，第178页。

参考文献

新乡市地方史志编纂委员会编：《新乡市志（1986—2000）·上册》，中州古籍出版社2008年版。

新乡市地方史志编纂委员会编：《新乡市志（1986—2000）·下册》，中州古籍出版社2008年版。

新乡市地方史志编纂委员会编：《新乡市志·上册》，生活·读书·新知三联书店1994年版。

新乡市地方史志编纂委员会编：《新乡市志·中册》，生活·读书·新知三联书店1994年版。

新乡市地方史志编纂委员会编：《新乡市志·下册》，生活·读书·新知三联书店1994年版。

新乡市地方史志局编：《新乡年鉴·2014》，中州古籍出版社2014年版。

卫辉市地方史志编纂委员会编：《卫辉市志》，生活·读书·新知三联书店1993年版。

新乡县志编纂委员会编：《新乡县志》，生活·读书·新知三联书店1991年版。

获嘉县志编纂委员会编：《获嘉县志》，生活·读书·新知三联书店1991年版。

原阳县志编纂委员会编：《原阳县志》，生活·读书·新知三联书店1991年版。

延津县志编纂委员会编：《延津县志》，生活·读书·新知三联书店1991年版。

封丘县志编纂委员会编：《封丘县志》，中州古籍出版社1994年版。

长垣县地方史志编纂委员会编：《长垣县志》，中州古籍出版社1991年版。

辉县市史志编纂委员会编：《辉县市志》，中州古籍出版社1992年版。

张玉石主编：《中原文化大典·文物典·城址》，中州古籍出版社2008年版。

杜启明主编：《中原文化大典·文物典·建筑》，中州古籍出版社2008年版。

杨焕成、张家泰主编：《中原文化大典·文物典·历史文化名城》，中州古籍出版社2008年版。

王景荃主编：《中原文化大典·文物典·中小型石窟与时刻造像》，中州古籍出版社2008年版。

杨作龙、邹文生：《中原文化景观》，中国三峡出版社2000年版。

李景旺：《河内文化通论》，中国广播电视出版社2003年版。

邢亚平主编：《牧野风·旅游名胜卷》，河南美术出版社2008年版。

邢亚平主编：《牧野风·文物考古卷》，河南美术出版社2008年版。

邢亚平主编：《牧野风·科技教育卷》，河南美术出版社2008年版。

原建国主编：《新乡手册》，中州古籍出版社2003年版。

张放涛、史广群主编：《新乡大观》，河南人民出版社1989年版。

杜彤华主编：《牧野文化论文集·上册》，内蒙古人民出版社2005年版。

杜彤华主编：《牧野文化论文集·下册》，内蒙古人民出版社2005年版。

张新斌主编：《牧野文化论文集（上）》，内蒙古人民出版社2008年版。

张新斌主编：《牧野文化论文集（下）》，内蒙古人民出版社2008年版。

张轸：《话说古都群——寻找失落的古都文明》，吉林文史出版社2009年版。

李涛主编：《中国地理·上册》，东北师范大学出版社2007年版。

李涛主编：《中国地理·下册》，东北师范大学出版社2007年版。

王静爱主编：《中国地理教程》，高等教育出版社2007年版。

赵济、陈传康主编：《中国地理》，高等教育出版社1999年版。

人民教育出版社地理社会室编：《高级中学课本·地理·上册》，人民教育出版社1995年版。

人民教育出版社地理社会室编：《高级中学课本·地理·下册》，人民教育出版社1995年版。

人民教育出版社地理社会室编：《全日制普通高级中学教科书（必修）·地理·上册》，人民教育出版社2006年版。

人民教育出版社地理社会室编：《全日制普通高级中学教科书（必修）·地

理·下册》，人民教育出版社2006年版。

人民教育出版社地理社会室编：《全日制普通高级中学教科书（选修）·地理·第一册》，人民教育出版社2006年版。

人民教育出版社地理社会室编：《全日制普通高级中学教科书（选修）·地理·第二册》，人民教育出版社2006年版。

人民教育出版社课程教材研究所编：《普通高中课程标准实验教科书地理必修1》，人民教育出版社2009年版。

人民教育出版社课程教材研究所编：《普通高中课程标准实验教科书地理必修2》，人民教育出版社2009年版。

人民教育出版社课程教材研究所编：《普通高中课程标准实验教科书地理选修3——旅游地理》，人民教育出版社2007年版。

人民教育出版社课程教材研究所编：《普通高中课程标准实验教科书地理选修5——自然灾害与防治》，人民教育出版社2007年版。

人民教育出版社课程教材研究所编：《普通高中课程标准实验教科书地理选修6——环境保护》，人民教育出版社2007年版。

汪新文主编：《地球科学概论》，地质出版社1999年版。

刘南主编：《地球与空间科学》，高等教育出版社2010年版。

杨景春、李有利：《地貌学原理》，北京大学出版社2005年版。

张凤荣主编：《土壤地理学》，中国农业出版社2002年版。

杨万钟：《经济地理学导论》，华东师范大学出版社1999年版。

程潞：《中国经济地理》，华东师范大学出版社1993年版。

李永文主编：《旅游地理学》，科学出版社2004年版。

金海龙等主编：《中国旅游地理》，高等教育出版社2002年版。

王恩涌等：《人文地理学》，高等教育出版社2000年版。

许学强等：《城市地理学》，高等教育出版社1997年版。

杨圣敏：《中国民族志》，中央民族大学出版社2003年版。

周尚意等：《文化地理学》，高等教育出版社2004年版。

王会昌：《中国文化地理》，华中师范大学出版社2010年版。

《论群众路线——重要论述摘编》，中央文献出版社2013年版。

《建国以来毛泽东文稿（第七册）》，中央文献出版社1992年版。

中共中央宣传部编：《习近平新时代中国特色社会主义思想学习纲要》，学习出版社、人民出版社2019年版。

王园园:《探访新乡先进群体现象》,《河南法制报》2014年10月20日第3版。

赵改荣:《新乡先进群体的嬗变轨迹》,《新乡日报》2014年9月20日第2版。

刘征孝:《新乡先进群体的精神特征》,《新乡日报》2014年2月18日第11版。

习近平:《做焦裕禄式的县委书记》,《学习时报》2015年9月7日第1版。

王明科:《试论"新乡先进群体"的精神内涵与社会功能》,《中州学刊》
　　2017年第1期。

张有智:《"新乡现象"产生的历史文化因素》,《新乡学院学报》2015年
　　第7期。

段晓华:《卫河与卫河航运》,《档案管理》,2006年第6期。